职业教育教学论

ZHIYE JIAOYU JIAOXUELUN

徐英俊◎主编
李爱国　曲　杰◎副主编

知识产权出版社
全国百佳图书出版单位

内容提要

职业教育学伴随着职业教育理论和实践的发展而不断丰富，由此导致这一学科不断分化，《职业教育教学论》就是职业教育学不断发展而从中分化出来的一门学科。

本书重点研究中等职业教育教学理论问题，编写的主要内容有：中职学校教学过程、中职学校教学原则、中职学校教学方法、中职学校教学媒体、中职学校实践教学、中职学校教学模式、中职学校教学设计、中职学校教学艺术、中职学校教学策略等关于中等职业教育理论与实践问题。

责任编辑：纪萍萍

图书在版编目（CIP）数据

职业教育教学论 / 徐英俊主编．—北京：知识产权出版社，2012.2

ISBN 978-7-5130-1050-4

Ⅰ．①职…　Ⅱ．①徐…　Ⅲ．①中等专业教育-教学理论-研究　Ⅳ．①G718.3

中国版本图书馆CIP数据核字（2012）第000303号

职业教育教学论

徐英俊　主编

出版发行：知识产权出版社

社　　址：	北京市海淀区马甸南村1号	邮　　编：	100088
网　　址：	http：//www.ipph.cn	邮　　箱：	bjb@cnipr.com
发行电话：	010-82000860转8101/8102	传　　真：	010-82000860转8240
责编电话：	010-82000860转8130	责编邮箱：	jpp99@126.com
印　　刷：	北京中献拓方科技发展有限公司	经　　销：	新华书店及相关销售网点
开　　本：	720mm×960mm　1/16	印　　张：	13.75
版　　次：	2012年2月第1版	印　　次：	2012年2月第1次印刷
字　　数：	240千字	定　　价：	38.00元

ISBN 978-7-5130-1050-4/G·465（3931）

目　　录

第一章　职业教育教学论概述

◎ 职业教育教学论的研究对象与任务

◎ 学习职业教育教学论的意义与方法

第一节　职业教育教学论的研究对象与任务

一、职业教育教学论的研究对象

（一）职业教育教学[1]

在我国古代，教与学的含义实质上是接近的，更多的时候是用学代替教、教学和教育。例如，我国最早的教育专门著作《学记》开篇讲“古之王者，建国君民，教学为先”，这里“教学”一词具有教与学双方活动的意思，其含义大体与“教育”一词相似。英语中的 teach（教）、learn（学）也有着密切关系，是由同一词派生出来的。但随着教育及教学活动的不断发展，人们对教学的认识越来越丰富和深入，并出现了各种不同的认识和主张。

1. 教学即教授

从最早的学代替教，逐渐发展到教代替学，教学就是教。这是教学活动发展中的一个钟摆现象。我国 19 世纪末 20 世纪初就流行教学即教授的主张，人们更重视教的作用，研究教多于研究学。长期以来，我国的传统教育也是注重教，把教学过程理解成教的过程。这在很大程度上忽视了学生的学习主体地位。

2. 教学即教学生学

“教学即教学生学”不同于“教学即教授”的单纯强调教的活动和过程，而是更强调教的结果，即要教会学生学习。但这里仍然存在将学生视为被动客体之嫌，没有彻底地承认学生的主体地位。学习不仅要教，还要主动学，单纯的教无法收到良好的教学效果，必须发挥教师教与学生学的两方面的作用，做到教与学的有机结合。

---

[1] 徐英俊．职业教育课程与教学论［M］．哈尔滨：东北林业大学出版社，2009：13～14．

3. 教学是教与学的双边统一活动

教学是教与学的双边统一活动是当前被普遍接受的观点。离开了教的学，不是教学，而是自学；同样，离开了学，教就失去了意义。教学必须将教师的教和学生的学融为一体，做到教学相长。即教师研究学生，根据学生的发展特点开展教学，促进学生发展；同时，学生在教师指导下主动学习，逐步达到社会的要求。

对于职业教育而言，其教学也是教与学的双边统一活动。需要注意的是，不应把教学单纯地理解成课堂教学或理论教学，还应包括实践教学等。职业教育与普通教育的区别不仅仅在于职业教育的理论教学不强求学科体系的完整性，强调必需、够用，突出应用性；而且在实践教学的作用及比重方面，职业教育与普通教育的区别更加明显，即职业教育的实践教学所占比重越来越大，各种实践教学将越来越受重视。随着职业教育不断发展，人们开发出多种形式的实践教学，如工读结合、顶岗实习、现场教学等。可以说，实践教学将成为职业教育教学的一个重要研究领域。

（二）职业教育教学论

1. 教学论历史发展

虽然系统和完整的教学论是从近代教育学形成独立的理论体系时开始的，即自捷克大教育家夸美纽斯出版《大教学论》一书之后，教学论就进入了教育学的殿堂。但在古代、近代中国和西方的教学思想与教学实践中，已有对教学的各种认识。

（1）孔子的教学思想

孔子时代，学习是教学工作的主要方面。因此，孔子及其弟子在论述教学问题时，多是提到“学”。例如，孔子认为，“闻”、“见”是知识的可靠来源，他强调“学而知之”，主张“博学于文，约之以礼”，提倡启发教学。孔子及其弟子强调“学思结合”，《论语·为政》中说，“学而不思则罔，思而不学则殆”，认为学与思二者不可偏废，只有把学习与思考结合起来，才是最好的学习方法。因此，严格说来，学思结合是一种学习模式，它包含着按怎样的步骤去学，对教师而言，则意味着应按学的步骤施教；同时，孔子还提倡“躬行”，即身体力行，不断去践行所学所思。因此，初步形成了学、思、行结合的教学思想。

（2）《中庸》中的教学思想

孔子讲过学与思、学与行的关系，荀子讲过“不闻不若闻之，闻之不若见之，见之不若知之、知之不若行之”。这些思想在《中庸》中得到继承和发展，该著作提出了“博学之，审问之，慎思之，明辨之，笃行之”的学习程序，在孔子的学、思、行的基础上增加了问、辨两个环节。这不仅是教育教学的过程和步骤，也是一套反省的教学方法和学习方法。

(3) 朱熹的教学思想

朱熹是南宋理学的集大成者，一生都从事书院讲学。他的教学思想也是强调学习的问题。他注重对学生进行读书指导，强调为学的方法，他的学生把他的读书指导法归纳为六条，即著名的“朱子读书法”：“循序渐进，熟读精思，虚心涵泳，切己体察，着紧用力，居敬持志”，这反映出朱熹的教学思想本质也是学习思想。

(4) 苏格拉底的教学思想

古希腊哲学家苏格拉底认为，知识是一切人德行完美所必需的，知识不是直接传授给学生的，而是通过一系列有技巧的对话（提问、争辩），帮助学生探求什么是接受正确知识的过程。苏格拉底称他的谈话问答方法是“产婆术”，认为教师不应该直接把结论教给学生，而应引导学生自己得出结论，因此教师的作用是“知识的产婆”，他的这一思想导致了西方启发式教学方式的形成。

(5) 夸美纽斯的教学思想

捷克教育家夸美纽斯在《大教学论》中开宗明义地把教学说成是“把一切事物交给一切人类的全部艺术”❶。在该书中，他通过把教学直接与自然界的事物进行类比，将教学同自然界的各种现象联系起来，从而得出教学要遵循自然的结论，教学的原则应当从自然中去寻找，教学的步骤应与自然步骤相一致。他崇尚自然，认为人作为自然的一部分，应服从自然的最普遍的法则，所以“知识的开端永远必须来自感官”❷，用“感官去施教”是教学的金科玉律。因此，教授一切知识必须“从感官的感知开始，然后才由想象的媒介进入记忆的领域；随后才由具体事物的探讨对普遍生成理解；最后才有对于业已领会的事实的判断”❸。这样就确立了世界上第一个较成型的，以“感知—记忆—理解—判断”为基本教学程序的教学思想。

---

❶ 夸美纽斯．大教学论［M］．傅任敢，译．北京：人民教育出版社，1984：1.

❷ 夸美纽斯．大教学论［M］．傅任敢，译．北京：人民教育出版社，1984：156.

❸ 夸美纽斯．大教学论［M］．傅任敢，译．北京：人民教育出版社，1984：112.

（6）赫尔巴特的教学思想

德国著名教育家赫尔巴特在其《普通教育学》和《教育学讲授纲要》两本著作中确立了作为一门独立的教育学理论的体系。他认为教育的目的是培养道德性格的力量，而作为教育基本手段的教学是培养德行的核心，教学的任务在于通过不同学科的教学来形成儿童的各种观念，教学必须使学生在接受新教材时，唤起心中已有的观念。他反对夸美纽斯提出的教学要遵循自然的理论，指责教学要遵循自然在理论上牺牲了教师个人的全部生活。他把教师摆到了儿童心灵塑造者的位置上，教学变成了建设。他从心理学的统觉论出发，引申出一套教学方案，试图为教师提供一个可在任何时间教授任何功课的简单明了的程序。为此，他提出了一个较有普遍意义的，以教学过程中的四个程序（明了—联合—系统—方法）为基础的模式。在当时这四个程序的提出，相当有助于教师的讲授和学生对知识的掌握，是教学理论发展史上的里程碑，为提高教学质量寻找到了一条使人可以效仿的新途径。该教学模式后经赫尔巴特的弟子莱因细化而成为著名的"五段教学法"——"预备—提示—联合—总结—应用"，这成为教师进行课堂教学的一种经典教学程序。

（7）杜威实用主义教学思想

美国实用主义教育家杜威认为传统的赫尔巴特的教学模式及其变式容易忽视儿童学习的主体性，一味让儿童被动接受书本知识，甚至让儿童到学校里静坐在教室内，针对一本书反复背诵，这不仅学不到一点活知识，相反会使儿童神经紧张、厌恶学习，丧失思维能力和创造力。他强调，儿童天生是好动的，教学应该让儿童自己做试验，自己在活动中直接接触各种事实，从而获得有用的经验。因此，教学必须"以表现个性和培养个性，反对从上面灌输；以自由活动反对外部纪律；以从经验中学习，反对向教科书和教师学习；以获得为达到直接需要和目的的各种技能和技巧，反对以训练和方法获得那种孤立的技能技巧；以尽量利用现实生活的各种机会，反对为或多或少遥远的未来作准备；以熟悉变动中的世界，反对固定不变的目标和教材"❶。杜威提出了以"儿童为中心"和"从做中学"（learning by doing）为基础的实用主义教学模式，并形成了著名的"五步教学法"，其教学基本程序是"创设情境—确定问题—提出假设—推理—验证"。此外，杜威还提出了一系列教学策略。杜威的教学思想及模式在教学论发展史上有着突出贡献，尤其他所倡导的发现式教学，后经布鲁纳等人的发展，已作为探究教学理论而风

❶ 卿成，等．课堂教学改革新论［M］．北京：中国华侨出版社，1990：15.

靡全世界。

人们对教学论的认识越来越深入，取得了一些重要成果。概括而言，当前关于教学论的认识至少有四种观点：第一，教学论是教与学的科学，这一广义性的解释包括学校外的教育元素，故教学论涵盖学校内外所有的教育领域；第二，教学论是授课的科学，这一针对性的解释特指有计划和有组织的教与学的形式，故教学论被框定在学校教师的授课领域；第三，教学论是教育内容和教学计划的科学，这一界定性的解释导致教学内容与教学方法的分离，故教学论被定位于教学内容及课程设计的研究领域；第四，教学论是行为改变的科学，这一工具性的解释强调基于控制论的教学方法的重要性，故教学论回归为可检验的自然科学的研究领域[1]。

2. 职业教育教学论产生、发展基本情况[2]

职业教育与其他类型教育相比较一直处于一个弱势的地位，许多国家不重视职业教育，职业教育研究包括职业教育教学论也就处在一个边缘化状态；即使视职业教育为经济社会发展的“秘密武器”的德国，职业教育的发展也是笼罩在普通教育的光环之下，很长时间没有形成职业教育独特的教学理论。只是在近几十年，随着职业教育对经济社会发展的贡献作用越来越大，尤其是随着知识经济的到来，职业教育才逐渐受到重视，研究职业教育的理论也才逐渐丰富起来。

尽管职业教育发展缓慢，但是从普通教学论诞生的那天起，许多著名的教学论专家的基本思想就都闪烁着职业教育的光芒。从教学论的创始人夸美纽斯于1632年写就的《大教学论》中的活动原理和直观原理，卢梭在教育小说《爱弥尔》中体现的活动教学和实物教学都强调培养自然人，到现代著名教育家杜威的经济论和职业知识组织功能论，这些都是深植于职业教育活动中的基本思想，也是研究职业教育教学论的深厚根基。

至今，国内外职业教育教学论研究如火如荼地开展，出现了一些代表性的成果。但由于其研究仍处在起步阶段，仍有一些争论。例如，姜大源研究员将德国职业教育的教学论（结合我国实际情况）概括为三种基本模式：

第一种模式是专业＋教育学＋教育心理学。由于没有明确提出专业教学论的概念，或者说没有单独开设相关专业的专业教学论课程，导致在专业科

---

[1] 姜大源．职业教育的通用教学论［J］．中国职业技术教育，2007（16）：1.

[2] 孙荣良．职业教育教学论的产生、发展与现状研究［J］．新课程研究（职业教育），2007（12）：12～13.

目的学习与教育科学的学习这两者之间无法建立有机联系。

第二种模式认为职业教育的教学论从属于某一学科专业，不是独立的。这一模式的主要特点是：在职业教育师资培养过程中，专业教学论不作为一门专业科目单独开设，只是置于某一门学科专业之下。

第三种模式认为职业教育的教学论应是一门独立的学科，它之所以不从属于某一门学科，在于它是一门整合了专业科学与教育科学的学科，故应赋予其独立的研究地位。

相应地，专业教学论的地位则大致有三种：一是专业教学论作为普通教学论或者教育科学的一部分，其主体是教育科学；二是专业教学论作为相关专业科学的一部分，其主体是专业科学；三是专业教学论是一门独立学科，其主体是专业科学与教育科学整合的一门学科。因此，职业教育专业教学论可归纳为三种模式，即基于教育科学的职业专业教学论模式、基于专业科学的职业教育专业教学论模式和基于“整合科学”的职业教育专业教学论模式❶。姜大源研究员认为职业教育的教学论应是一门独立学科，并就此进行深入探索。

（三）职业教育教学论的研究对象

每门学科都有自己特定的研究对象和研究范围。毛泽东同志曾明确地指出：“科学研究的区分，就是根据科学对象所具有的特殊矛盾性。因此，对于某一现象领域所特有的某一种矛盾的研究，就构成某一门科学的对象。”❷ 例如，社会学就是研究社会现象及其规律的一门科学，经济学就是研究经济现象及其规律的一门科学。职业教育教学论是教育学的一门分支学科，换句话说，职业教育教学论就是研究职业教育教学基本原理和教学规律的一门科学。它是人们对职业教育教学的客观规律的一种主观反映，包括对职业教育教学的认识和主张等。但正如前述，职业教育教学论也是仁者见仁、智者见智，人们从不同角度阐述自己的认识，产生了不同的流派和主张。人们研究的问题仍然具有集中性，主要侧重于职业教育教学目的与任务、教学过程、教学规律、教学原则、教学方法、教学媒体、教学组织形式、教学工作环节、实践教学、教学模式、教学设计、教学评价等基本问题的研究。

---

❶ 姜大源．职业教育专业教学论初探［J］．教育研究，2004（5）：51～52.

❷ 毛泽东选集第一卷［M］．北京：人民出版社，1991：300.

1. 职业教育教学目的与任务

职业教育教学目的与任务主要研究职业教育教学为什么和做什么的问题，涉及职业教育要为培养技能型人才而提供必要的基础知识教学、专业技能和技术教学、基本素养教育等，具体研究职业学校教学的含义、功能和特点，教学目的的含义和体系，中职学校教学的基本任务等方面。

2. 教学过程和教学规律

教学过程和教学规律主要研究教学过程的要素、层次结构、特点、功能、最优化、本质、基本教学规律，以及职业教育教学过程与普通教育教学过程的区别等职业教育教学过程的基本问题。

3. 教学原则

中职学校必须根据自己的生源特点开展有针对性的教学。因此，在中职学校教学中应贯彻科学性与思想性相结合原则、职业性与技术性原则、理论联系实际原则、统一要求与因材施教原则等。

4. 教学方法

对于职业教育而言，它的教学方法与普通教育教学方法有一致性，如都要贯彻启发式教学，都有讲授法、实验法、讨论法、练习法等教育方法；但是职业教育也有自己的特色，如专业课教学要突出顶岗实习教学、案例教学、项目教学等。

5. 教学媒体

教学媒体包括教具等传统教学媒体和视觉媒体、听觉媒体、系统媒体等现代教学媒体。教学实践证明，精心选择的教学媒体有助于学生集中注意力和激发学习兴趣；适当的教学媒体可以促进学生对事物的理解和加深记忆；一些媒体（如电脑、学习机等）可为学生个体操作和行为进行自我分析提供机会。但在具体操作时要注意教学媒体选择的原则和具体应用。

6. 教学组织形式

职业教育的理论教学同其他类型教育有共同之处，主要是在教室里、课堂上进行，也就是课堂教学。然而，由于职业教育的教学除理论教学之外，还有实践教学，这就决定了其教学组织形式的多样性。职业学校现行的教学组织形式有课堂教学、小组教学、个别教学、现场教学、分层次教学等。

7. 教学工作环节

中职学校的教学工作环节同普通学校的教学工作环节具有一致性，主要包括教学准备环节（主要是备课）、教学实施环节（包括上课、课外作业的布置与批改、课外辅导、学业成绩的检查与评定）、教学评价环节（包括学生学习评价和教师教学评价）。

8. 实践教学

理论教学与实践教学共同构成了职业教育完整的教学体系。但是对于职业教育而言，为实现培养技能型人才的人才培养目标，更加突出和注重实践教学。因此，要研究如何构建实践教学体系，应加大实践教学比重，重视综合实践能力培养，并走产学结合之路，鼓励学生到企业顶岗实习。

9. 教学模式

由于职业教育的特殊性，职业教育教学形成了不同于普通教育的教学模式。例如，职业教育教学更多的是让学生掌握一定的技能，它不同于理论学习，需要从教师准确示范，到学生反复练习，再到学生形成迁移，最后到学生应用在实际中。这个教学过程中蕴涵着“做中学”的教学模式。

10. 教学设计

教学设计是运用系统方法分析教学问题、确定教学目标、建立解决教学问题的策略、试行解决方案、评价试行结果和对方案进行修改的过程。职业教育的教学设计需要对学习需要、学习内容、职业学生进行前期分析，其基本的设计过程包括教学目标的设计、教学策略的设计、教学媒体的设计、教学过程的设计、教学设计的评价等。

11. 教学评价

一般来说，在中职学校教学中采用的教学评价方法有多种。由于职业教育的特殊性以及本身的一些特点，理论课和实践课所采用的评价方法又有所不同。理论课一般采用量表评价法、随堂听课评价法、标准化测验、替代性评价以及课堂观察与调查。在实践课教学评价方法上，一般采用绝对评价法、过程评价法和综合评价法，来评价每个学生在实践项目中的学习与训练情况，激励学生更好地掌握能力目标，发挥调节教学活动的功能。

二、职业教育教学论的研究任务

（一）研究职业教育教学现象和问题

职业教育教学论的首要任务就是要认识各种职业教育教学现象。这些现象是职业教育教学活动中所表现出来的外部形态和联系，是教学外在的、易变的方面，包括一些物质环境（如校园建筑、实验设备、教室布置等）、教学活动（如课堂教学、实训活动、顶岗实习、劳动等）和一些关系性的现象（如师生关系、教材与学生关系、教学环境与教学效果关系、学生与学习制度关系等）。在上述教学现象中，有一些是急于解决、难于解决的现象，这就上升到教学问题的角度，也就是所谓的重点、难点、热点教学问题。职业教育教学研究不是泛泛地研究一般的教学现象，而是要重点研究那些特殊现象，即教学问题。可以说，职业教育教学问题是职业教育教学研究的核心。

（二）总结职业教育教学经验，揭示职业教育教学规律

广大职业教育教师在长期的职业教育教学实践过程中，积累了大量的、丰富的、鲜活的教育教学实践经验，依据这些实践经验，他们取得了较好的教育教学效果。经验是人类在长期社会实践中逐渐积累起来的，是人类认识客观世界的成果，无疑也是人类认识的基础。但是，经验毕竟是一种感性认识，是人类认识的低级阶段，是一种非科学形态的知识。因此，职业教育教学论要总结广大职教老师的教育教学实践经验，对这些实践经验加以提炼、概括、升华，上升到理性认识，使其对职业教育教学具有普遍的指导作用。

教学规律是不以人的意志为转移的客观存在的教学与其内外部各种因素间的本质的必然的联系及教学自身的必然发展趋势。教学研究就是要揭示这种客观存在的规律。一般而言，人们通过各种手段所总结出的教学规律都可能有其局限性，也就是说，人们只能不断认识规律，不断逼近规律，但很难再现规律，即人们揭示出的教学规律可能不等同于客观规律，它与人们的认识水平、个人能力等有关系，是主客观的统一。这意味着，研究无止境，教学规律研究具有复杂性和永恒性。职业教育教学论研究的目的就是要通过研究职业教育教学的现象和问题，揭示职业教育教学的规律。

（三）研究职业教育教学方法，提高职业教育教学质量

职业教育和普通教育一样，都是培养人的一种社会实践活动。但是，培养目标、培养人才的类型各不相同，职业教育主要是为生产、管理、服务第一线培养技能型人才。因此，职业教育教学除了与普通教育教学有共同的教育方法外，还有自己的教育方法。职业教育教学论就是要研究职业教育教学特有的方法，以指导职业教育教学实践活动。例如，职校生的生源素质普遍低于普通教育的生源素质。为此，就要采取多种形式的教学方法，有针对性地、富有成效地实施教学。职业教育强调实践教学，就要研究实践教学的教学方法。

研究职业教育教学方法的目的是为了提高职业教育的教学质量，职业教育的教育教学质量是职业学校的生命线。凡是教育教学质量比较高的职业学校，其所培养人才的素质就比较高；反之，教育教学质量比较低的职业学校，所培养的人才素质就较差。这就直接影响了职业学校的生存与发展。职业教育教学论就是要研究如何提高职业学校的教育教学质量问题，以期不断地提高职业学校的教育教学质量。

(四) 指导职业教育教学实践

职业教育教学论同其他学科一样，除了要继续不断地丰富和完善本学科的理论体系，加强本学科的思想性、系统性、理论性和科学性外，还要指导职业教育教学实践，发挥指导教育教学活动的功能。尤其是要指导职教教师实施最优化的课堂教学，不断提高课堂教学的效率和效果，还要指导实验、实习、实训、毕业实习、社会实践、社会调查、课外科技活动等实践课教学，以提高实践教学的教学效果和教学质量。

教学理论研究的最终目的就是要指导教学实践，只有发挥了这种功效，教学研究才有价值和意义。职业教育教学实践表现形式多种多样，要使其更加科学、合理、有效，就离不开职业教育教学论的指导。

第二节 学习职业教育教学论的意义与方法

一、学习职业教育教学论的意义

(一) 有助于树立正确的职业教育教学思想

学习职业教育教学论，可以帮助职教教师提高职业教育教学理论水平，树立正确的职业教育教学思想，更好地理解和分析职业教育教学的特点、基本规律和基本功能。职教教师只有树立和坚持正确的职业教育教学思想，才能做好教育教学工作，不断提高教育教学质量，顺利地完成教育教学工作任务。学习职业教育教学论，能正确认识自身的差距，正确对待职业教育理论学习，正确认识职业教育教学，从而能在职业教育的天地里寻求自己的理解和认识，成为学校、社会所需要的高素质、高技能的教学人才或管理人才，成为有别于学术型而以高技能型为特征的“专家”。

(二) 有助于认识和掌握职业教育教学规律

学习职业教育教学论，可以帮助职教教师更加明确地认识和理解职业教育教学的基本规律和基本原则，掌握职业教育教学方法和教学媒体，不断提升从事职业教育教学工作的水平和能力。学习职业教育教学论，能自觉地遵循职业教育教学的基本规律，同时按照教育教学工作的规律从事教育教学实践活动，能克服教学工作的盲目性和随意性，增强自觉性和预见性，取得预期的教育教学成效。

(三) 有助于指导教学改革和教育科研

职业教育教学改革需要职业教育教学理论的指导，只有在职业教育教学理论的指导下进行教学改革，才能获得教学改革的成功。职业教育教学科研也需要职业教育教学理论的指导，只有在职业教育教学理论的指导下，结合自己的职业教育教学实践活动进行职业教育教学科研，才能取得实际的效果。学习和研究职业教育理论不仅能提升理论研究的水平，还能有效地促进教学质量的提高。因此，职教教师要学习职业教育教学理论，在职业教育教学理论的指导下，科学地从事教学改革和教育教学研究。

二、学习职业教育教学论的方法

（一）自学

当今，“以人为本”的教育理念呼唤教师的自学意识，要求教师首先是全面发展和人格完善的人，应努力成为自觉创造自身职业生命的主体。[1] 教师的自学意识是学习职业教育教学论的内在动力，使教师本人在学习过程中的能动作用得到极大的发挥，也使得实践终身教育思想成为可能，并可促使自己专业发展能力的形成。

教师一般都具有较强的学习能力，在学习职业教育教学论时，要以教材为依据，认真阅读教材，并进行独立的思考，这样才能深刻理解和掌握职业教育学的基本理论。除了自学教材，还应大量阅读生理学、心理学、教育学、伦理学、信息论、系统论、控制论等相关学科的书籍和报刊，以拓宽视野，丰富知识，加深理解职业教育教学论的基本理论。

（二）听课

职业教育教学论所包含的内容比较多，而学习这一学科的课时又比较少，所以教师应抓住听课这一环节。通过听课，把握职业教育教学论的体系和结构，理解职业教育教学论的基本概念和基本原理，掌握职业教育教学论的主要内容。通过听课，将教师所讲授的主要内容进行归纳整理，使之具有系统性和结构性，同时加强记忆。这就要求我们要珍惜并善于利用课堂教学的宝贵学习时间。

（三）研讨

研讨会能促使组织人员有效地进行相互的沟通和交流，是促使组织内人员提升学习能力的最大利益组织，它具有持续学习的作用，能产生高于个人绩效的综合绩效。因此，职校教师积极参与研讨会，深入沟通和交流，有助于促进职业教育教学论的学习。

---

[1] 古光甫，何应林．论职业学校教师专业化发展的自我努力［J］．职业教育研究，2006（11）：55.

无论是职业教育教学实践还是职业教育教学理论，都在不断发展之中。职业教育教学实践中出现的许多新问题，特别是热点问题，不可能及时地反映在教材之中。这就要求我们在学习职业教育教学论时，要结合职业教育教学实践中的实际问题进行研讨，用所学的职业教育教学理论解释实际问题，提高分析问题和解决问题的能力，在这一过程中，又会加深对职业教育教学论的理解。

（四）实践

实践的方法是指在学习职业教育教学论时，要做到理论联系实际。联系我们在长期职业教育教学实践活动中积累起来的丰富的、鲜活的职业教育教学经验，联系我们在职业教育教学过程中遇到的实际问题。同时，对这些经验和问题进行总结和分析，以便在今后的职业教育教学实践活动中加以应用。只有做到了理论联系实际，才能掌握职业教育教学理论，学好职业教育教学论。

第二章 中职学校教学目的与任务

◎ 中职学校教学目的

◎ 中职学校教学的基本任务

第一节 中职学校教学目的

一、中职学校教学的含义与特点

（一）教学的含义与功能

1. 教学的含义

从教学活动的发展历史上看，教学是作为一种人类社会实践活动而存在和发展的。自有人类社会以来，教学就是人类社会的一种社会实践活动。这种包括人类在所有情况下（不拘时间、地点、内容、形式、方法、条件等），无论是有组织的或无组织的，系统的或零碎的，人与人之间一切含有传授和学习某种知识与经验、技能与技巧成分的共同活动或行为都可称之为广义的教学。可见，教学活动广泛存在于人类社会实践活动之中。

职业教育教学论所研究的教学是狭义的教学，是指在中职学校里，教师传授和引导学生学习并掌握基础知识和专业知识，掌握本专业基本技能技巧，培养学生职业能力和思想品德，促进学生身心健康发展的一种双边统一活动。教师的“教”以学生的“学”为前提条件，离开了学生的“学”，教师的“教”就失去了意义；学生的“学”需要教师的“教”，离开了教师的“教”，学生的“学”就是自学，而不能称之为“教学”。因此，教与学是同一过程的两个方面，二者相互依存、相互依赖、缺一不可。

2. 教学的功能

教学的功能归纳起来主要体现在以下两个方面。

一是教学对社会发展起着重要作用。自有人类社会以来，就产生了教学活动，通过教学活动，传递人类在长期社会实践中积累起来的知识与经验

（社会生产经验和社会生活经验）。随着社会的发展，产生了专门从事传授这种知识和经验的学校。在中职学校中，通过这种具有鲜明的目的性、严密的组织性、科学的系统性的教学活动，有效地传递人类社会的历史经验。社会要发展，人类要延续，就必须把人类自身在实践中所形成的知识和经验，通过教学活动一代一代地传递下去，这不仅是社会存在和发展的需要，也是人类社会自身发展的需要。

二是教学对个体发展也发挥着重要作用。教学活动对社会发展的作用是通过对个体发展的影响而实现的。在中职学校中，通过教学活动，将人类在社会实践中积累起来的文化科学知识、专业知识和技能，有目的、有计划、有组织、有系统地传递给年轻一代，使他们能够在较短的时间内，利用集中的时间，在教师的引导下，有效地学习和掌握更多的知识与经验、技能与技巧，发展智力，形成良好的道德品质和行为习惯及科学的世界观与健康的体魄，获得生存与发展的条件，形成生产、管理、服务第一线所需要的职业能力，成为一个全面发展的人。这些都有赖于通过有效地教学活动促进个体的发展。

鉴于教学对个体发展乃至对社会发展的重大意义，我们认为，在中职学校诸多活动中，必须以教学活动为中心。这种教学不仅包括理论教学，也包括实验教学、现场教学、实习教学、参观访问、社会调查等各种不同形式的实践教学。也只有以教学为中心，才能有效地实现教学促进社会发展和个体发展的两大功能。事实上，各级各类学校都要以教学活动为中心，离开了这一中心，教学质量就会明显下降。因此，必须紧紧抓住教学活动这一中心。

（二）中职学校教学的特点

1. 教学活动的统一性

在教学活动中，教与学的活动是两种相对独立的活动，但同时这两种活动又相互依赖、相互依存、相互制约。失去了教师教的活动，学生学的活动就成了自学活动；失去了学生学的活动，教师教的活动就失去了意义。因此，这两种活动是教学活动的两个方面，教师教与学生学的统一性是所有教学活动的基本特点。据此，我们可以把教学的概念简单概括为：教学是教师教与学生学的双边统一活动。中等职业教育教学活动统一性的基本特点与普通教育教学活动的特点具有一致性，这也说明了这一特点是各级各类学校教育教学活动普遍存在的一个基本特点。

2. 教学活动的实践性

教学活动的实践性是职业教育区别于普通教育的主要特征之一，是职业教育目的在教学工作上的明显反映。当然，普通教育的教学活动也有一定的实践性，但是活动的性质、内容、形式、方法、手段等是不同的。职业教育的教学要以职业实践为出发点，并作为教学工作的导向和目标。因此，职业教育的教学必须做到理论与实践相结合，即教师要理论联系实际地教，学生要理论联系实际地学，做到学用一致，学以致用。在中职学校的教学过程中，实习、实践教学始终占有一定的比例，这也使得中职学校的教学活动，无论是教学方法、教学组织形式的选择，还是教学手段的选用，都呈现出鲜明的实践性特点。

3. 教学对象的复杂性

首先，进入中职学校的学生素质普遍低于同等普通学校的学生。这主要表现在：首先知识基础薄弱，认知结构存在严重缺陷。其次，很多学生学习目的不明确，学习态度不端正，学习的积极性不高、主动性差，克服困难的意志力薄弱，理解能力、接受能力、分析问题和解决问题的能力较低，组织纪律性较差。再次，学生对所学专业的认识模糊，专业方向不明确，对今后从事的职业和岗位缺乏认识和理解。这些消极因素极大地影响了教学，增加了教学的难度，提高了教学的复杂性，这些消极因素无疑也需要通过教学活动加以有效地解决。

4. 教学内容的实用性

中职学校的教学主要是传授学生学习和掌握生产、管理、服务等领域的专业知识和专业技能，以期使学生形成职业能力，形成技能型人才所需要的各种素质，以适应将来所从事的职业和岗位的需要。因此，在教学内容上，必须选取生产、管理、服务等实用性较强的专业知识和专业技能，确保教学内容的实用性，这样才能使学生所学的知识和技能在生产、管理、服务等领域发挥作用。在确保教学内容实用性的同时，还要使所传授的知识和技能与当前生产、管理、服务的发展水平保持一致，确保教学内容的先进性。这样才能使学生毕业后很快就能适应职业和岗位的需要，并发挥他们的重要作用。

5. 教学方法的直观性

人类的认识活动总是从具体的感性认识开始，进而上升到理性认识的。职业教育的实践性、操作性的特点决定了职业教育教学方法的直观性。由于学生缺少社会经验和职业经验，无法从书本上理解技术的实现过程和设备的操作过程，学生的抽象概括能力和想象力还很有限。因此，在教学活动中，教师要尽可能地利用直观的教学方法，例如采用实验法、演示法等大量直观的教学方法，以减少学生认识过程中的困难，扫清认识道路上的障碍，帮助学生建立起实践经验和理性思维的联系，帮助学生更好地理解各种技术、程序和方法。同时，在教学过程中，教师要更多地选取学生参与性强的教学方法，以获得良好的教学效果。

6. 教学形式的灵活性

从目前教学组织形式上看，我国中职学校同普通学校一样，主要还是采取班级授课制（课堂教学），即把学生按照相同专业（工种）、程度分成班级进行教学。在班级授课制的条件下，具体的教学形式主要有全班教学、小组教学、个别教学三种。其中，尤以小组教学、个别教学为最多。中职学校的文化课和专业理论课的教学基本采用全班教学的教学组织形式，但像实验课、社会调查等，一般采用小组教学的形式；分组一般采取混合的方式，即一个组内有能力强弱程度不同的学生。个别教学常用于练习、教学实习、生产实习等。

7. 实践教学的多样性

中职学校是为生产、管理、服务等领域第一线培养技能型人才的中等职业教育学校。中职学校的教学不仅包括理论教学，也包括实践教学。因此，文化课、专业基础课、专业课都要依据教学大纲的要求，依据教学内容组织实践教学活动。实践教学包括认识实习、教学实习、生产实习、毕业实习、课程设计、毕业设计、调查、参观、访问、练习、实验等多种形式。在中职学校，大多数学校把实习教学归纳为实习实训和毕业综合实习两种形式。不仅如此，实践教学的内容、组织方式、教学时间和教学地点也具有多样性。正是通过这些具有多样性的实践教学活动来培养、训练和提高学生的实践技能，使其成为技能型人才。

8. 教学场所的开放性

职业教育的理论教学与其他类型教育的理论教学有着共同之处，主要是在学校的教室里进行，也就是采取课堂教学的教学组织形式来实施理论教学。但是，职业教育的教学不仅仅有理论教学，还有更多的实践教学。因此，这也就决定了职业教育教学场所具有开放性的特点。职业教育除理论教学外，还要进行模拟操作、实验、实习、设计、工程测绘、社会调查实践教学，这就要求学生要走出课堂，来到模拟工厂、实验室、实训室、生产车间，甚至要走向社会、工厂、企业等，以有效地实施实践教学，同时锻炼他们的实践能力，从而塑造从业所必需的职业能力。由此可见，职业教育教学场所呈现出开放性的特点。

二、中职学校教学目的的含义及体系

（一）教学目的的含义和确定教学目的的依据

1. 教学目的的含义

人类所从事的任何实践活动都有其自觉的目的性，教学是培养人的一种社会实践活动。因此，教学这种活动也是有其自觉的活动目的性的。教学目的就是教学活动预期所要达到的最终结果。有学者说，教学目的是“目前达不到的事物，是努力争取的、向之前进的、将要产生的事物”[1]。教学目的就是人们对教学活动结果的一种主观上的愿望。教学目的的意义在于按其所规定的目的设计教学活动，围绕教学目的展开教学过程，按照教学目的师生共同实施教与学活动，保证教学活动的顺利进行，提高教学活动的效率，使教学活动按照预期目标的方向运动，从而有效地实现教学的功能。

2. 确定教学目的的依据

确定中职学校教学目的的主要依据是：一是教育目的；二是中职学校学生身心发展特点和规律；三是中职学校教学自身的特点。

（1）教育目的

教育目的是把受教育者培养成为一定社会所需要的人的总要求。教育目的是根据一定社会的政治、经济、文化、生产、科技发展的要求和受教育者身心发展特点和规律确定的。它反映了一定社会对受教育者的要求，是进行教育活动的出发点和归宿。我国的教育目的是根据马克思主义关于人的全面发展学说和结合我国实际确定的。因此，教育目的是我们确定教学目的的重要依据。职业教育有别于普通教育，因此，确定职业教育的教学目的，除了要依据教育目的外，还要依据职业教育的教育目的。其培养目标就是把接受中等职业教育的受教育者培养成经济社会发展所需要的技能型人才。

（2）中职学校学生身心发展特点和规律

青少年的身心发展具有一定的顺序性和阶段性、稳定性和可变性、不均衡性和个别差异性等特点。中职学校的学生除了具有青少年的身心发展的普

---

[1] ［美］L. H. 克拉克．中学教学法（上）［M］．北京：人民教育出版社，1985：163.

遍特点外，还有自身的一些特点。从心理特点上看，中职学校学生具有强烈的自我意识、较强的独立性、较为封闭的情感体验、不稳定的人生观等；从思维特点上看，中职学校学生具有敏捷性、批判性和一定的创造性；从行为特点上看，中职学校学生具有比较强的独立性、散漫性等。因此，在确定中职学校的教学目的时，必须考虑到中职学校学生的身心发展特点和规律，提出适当的要求，才能促进其身心健康发展。

（3）中职学校教学自身的特点

不同的中职学校具有不同的教学特点。因此，在确定教学目的时，也必须考虑到学校自身的教学条件。例如，要考虑到学校的教学条件是否具备实现教学目的，如所需要的教学设备、教学材料、教学空间等；要考虑到教师自身的条件是否能满足教学目的提出的要求，如教师的教学方法是否能灵活运用，教学媒体是否能熟练操作，教师所安排的教学内容是否符合学生的实际状况；还要考虑到教师的理论教学能力和实践教学能力。总之，在确定教学目的时，必须充分利用和发挥学校自身的条件和优势，发挥教师集体的优势，以有效地实现既定的教学目的。

（二）教学目的的体系

为了能够把教学目的落实到具体的教学活动之中，我们需要把教学目的具体化。教学目的是由一系列有递进关系的教学目标所组成的一个目标系统，包括教学总目标、中职学校教学目标、课程目标、单元目标和课时目标。教学目标体系如图 2—1 所示。

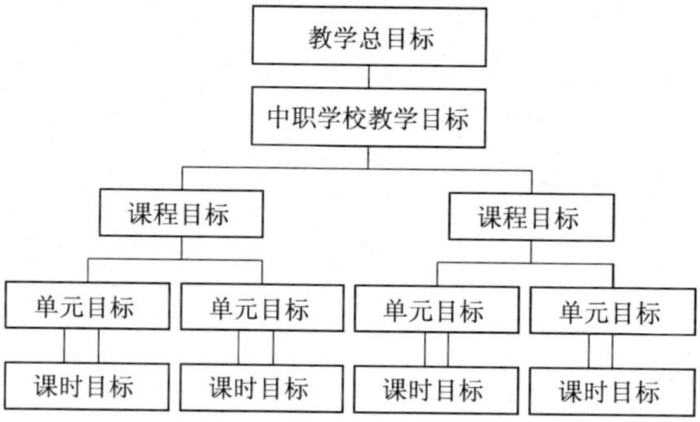

图 2—1　教学目标体系

第二节 中职学校教学的基本任务

一、确定教学任务的基本依据

（一）教学目的

教学目的是教学工作的出发点和归宿，无论是教学内容的选择、教学方法的选用、教学媒体的选取，还是教学过程的组织、教学活动的设计、教学时空的安排、教学材料的组织、教学组织形式的采用等都要根据所确定的教学目的来进行。教学任务是为教学目的服务的。我们要确定什么样的教学任务，就要确定什么样的教学目的。通过教学活动的实施、教学任务的不断完成，逐步实现预定的教学目的。因此，我们必须围绕着教学目的来确定教学的基本任务和教学任务的基本内容。

（二）体现职业教育的特点

由于职业教育在很多方面有别于普通教育，因此，中职学校教学的基本任务的确定还必须体现职业教育的特点。例如，在内容上就要体现职业教育的特点，普通教育教学的基本任务之一就是强调“双基”（基础知识、基本技能），职业教育的基本任务则强调“三基”（基础知识、基础理论、职业技能）。再如，普通教育的教学强调理论教学，而职业教育教学的显著特点是重视实践教学，以培养能完成生产、管理、服务等行业岗位任务的职业技能，其理论知识基本上以“够用”为基本原则。

（三）依据学生特点

中职学校教学基本任务的确定，要符合中职生身心发展的特点和规律。中职生有其特定的年龄特征、生理特征和心理特征，有其自己认知结构上的特点，也有其自己的认识规律和发展规律。在确定教学的基本任务的内容时，必须时时处处考虑到学生的实际情况，只有符合中职学生身心发展的特点和规律的教学任务的内容，才有可能收到良好的教学效果。如果只是考虑到教学大纲和教材所规定的内容而主观臆想确定教学的基本任务，忽视学生的实际水平和能力，忽视其原有的知识和技能的基础，则无法取得良好的教学实效。

二、中职学校教学的基本任务

人们总是力图从不同角度、不同侧面归纳教学的基本任务。有学者认为，教学的基本任务可以概括为四种[1]：一是基础性任务——传授必要的文化、专业基础知识；二是形成性任务——形成熟练的专业技能、技巧；三是发展性任务——发展职业智力、能力与体力；四是教育性任务——提高思想政治、职业道德素质。也有学者认为，教学的基本任务可以概括为四个方面[2]：一是由单为学生就业准备变为兼顾学生就业与发展；二是由培养专业型、从业型人才变为注重培养通才型、创业型人才；三是由“知识本位”、“学科本位”转为注重“能力本位”、“人格本位”；四是由片面强调针对性转为注重基础知识和适应能力培养。也有学者认为，教学的基本任务可以概括为三个方面[3]。一是由仅为学生就业准备变为兼顾学生就业与发展；二是由“知识本位”、“学科本位”转为注重“能力本位”、“人格本位”；三是由片面强调针对性转为注重基础知识和适应能力培养。也有的学者把教学的基本任务概括为三个方面[4]：一是实施课程计划；二是发展学生的认识能力和体力；三是培养辩证唯物主义世界观和良好的职业道德品质。

我们认为，教学的基本任务是教学目的的具体化。依据我们对中职学校教学目的的认识和教学所具有的价值与功能，确定中职学校教学的基本任务，具体包括以下五个方面。

（一）向学生传授并使其掌握科学知识

知识反映了人类群体的社会生活经验和生产经验，这些知识包括自然科学知识、社会科学知识、思维科学知识等。这些科学知识集中反映在职业学校各科教学大纲和教科书中，体现在各门学科教学内容的基本事实、基本概念、基本原理、基本规律之中。在中职学校中，也可把知识分为文化基础知识、专业基础知识、专业知识等。教学的任务就是按照教学大纲的规定系统地传授，并使学生学习和掌握这些科学知识。在职业教育领域，虽然说理论知识基本上是以“够用”为原则，但并不意味着不重视理论知识的学习。相反，只有掌握比较系统的、扎实的专业理论知识，才有利于学习和掌握职业技能。

（二）训练并使学生获得职业技能

中职学校的教学不仅要使学生学习和掌握科学知识，而且要训练并使他们形成运用所学科学知识的职业技能，以适应今后所从事的职业和岗位的需要。这些职业技能不仅包括读、写、算、实验操作的基本技能，人际交往、

❶ 叶立群．职业技术教育学［M］．福州：福建人民出版社，1995：186～187.

❷ 刘春生．职业教育学［M］．北京：教育科学出版社，1995：171～172.

❸ 刘合群．职业教育学［M］．广州：广州高等教育出版社，1995：113～114.

❹ 张家祥．职业技术教育［M］．上海：华东师范大学出版社，2001：158～159.

口头语言和非语言交往、体育运动、卫生保健等方面的基本技能，还包括能完成生产、管理、服务等行业岗位任务的职业技能。在职业教育领域，我们非常重视学生所学专业的职业技能的训练，目的是能使学生学习和掌握所学专业的职业技能，以适应职业和岗位的需要。但是也要注意学习和掌握从事某一职业所需要的相关技能。

（三）发展学生的智力，培养学生的能力

发展学生的智力是指培养学生的观察力、训练学生的记忆力、发展学生的思维力、丰富学生的想象力、集中学生的注意力。在智力因素中，发展学生的思维力是关键，因为，在智力因素中，思维力是核心要素，所谓发展学生的智力是以发展学生的思维力为核心展开的。培养学生的能力是指提高学生独立发现问题、分析问题和解决问题的能力，道德判断和评价是非能力，进行体育运动和卫生保健的能力，从事脑力劳动和体力劳动的能力，学习能力和动手操作能力，参加社会实践活动能力和创新能力等，最终形成能够从事某一职业、适应某一岗位的职业活动能力。

（四）培养学生的非智力因素

中职学校的学生，不仅仅是在认知结构方面存在着一定的缺陷，而在非智力因素方面也存在着一定的问题。例如，缺乏学习兴趣和动力，学习动机不端正等。因此，中职学校的教学，不仅要发展学生的智力，更要促进其非智力因素的健康发展，从而有效地促进学生的学习。在理论和实践教学过程中，要培养学生具有正确的学习动机、浓厚的学习兴趣、坚强的意志品质、强烈的职业情感和优良的个性品质。教师要培养学生进行体育运动的兴趣、高尚的职业志趣、劳动的态度和兴趣、正确的职业审美观。因此，教学不仅承担着发展学生智力的任务，而且还承担着培养学生情感、意志、兴趣、性格等非智力因素的任务。

（五）形成良好的心理品质和行为习惯

良好的心理品质和行为习惯是日积月累逐渐形成和发展起来的。但是，教学活动在学校教育的全部活动中所占比例最大。因此，中职学校不仅要通过理论教学，更要通过实践教学培养学生具有良好的学习习惯、道德行为习惯、人际交往的个人风格、进行体育运动的习惯、卫生保健的习惯、劳动习惯等。要通过教学活动，改变学生不良的学习习惯，矫正不文明的道德行为习惯等。在学习活动和实习实训中，要培养学生形成认真严谨、踏实肯干、谦虚谨慎、钻研进取、克服困难的好作风；在团队合作中，要形成真诚友善、团结合作的人际关系。同时，逐渐形成敬业爱业、勤业乐业的职业道德理想。

第三章　中职学校教学过程与规律

◎ 中职学校教学过程

◎ 中职学校教学规律

第一节　中职学校教学过程

一、教学过程的要素与结构

（一）教学过程的要素

1. 教学过程要素研究概述

过程是指事物进行或发展所经过的程序。教学是一种需要一定时间并按一定流程进行的活动。因此，一般地说，教学过程是指教学活动的发生、发展、结束的一般进程。

对构成教学过程的基本因素人们尚未取得共识，主要有以下几种说法："三因素"说，即认为构成教学过程的基本因素有教师、学生、教材；"四因素"说，即认为构成教学过程的基本要素有教师、学生、教材、教学手段；"五因素"说，即认为构成教学过程的基本要素有教师、学生、教材、教学手段、教学气氛；"六因素"说，即认为构成教学过程的基本要素有教师、学生、教材、教学手段、环境、评价；等等。所有这些观点都说明，构成教学过程的因素是复杂的，同时也说明，构成教学过程的因素也是多方面的。

2. 教学过程的要素

我们认为，把参与教学过程的基本因素相对区分为结构因素和过程因素更为合理和科学。结构因素是指参与教学过程实体性较强的要素，主要包括教师、学生、课程和教学手段，其中教师是结构因素中的主导因素，学生是结构因素中的主体因素，课程和教学手段是结构因素中的客体因素。这些因素分别构成了认识活动中的三对矛盾：教师与学生之间的矛盾；教师与课程和教学手段之间的矛盾；学生与课程之间的矛盾。这些矛盾构成了教学过程的基本矛盾。过程因素是指参与教学过程实体性较弱的要素，主要包括教学目的、教学方法、教学模式、教学内容、教学形式、课程计划、教学大纲、教学环境、教学时间、教学空间、预期效果等。教学过程的结构因素与过程因素构成了十分复杂的教学系统，每一个要素在教学系统中都发挥着一定的作用。这些要素相互联系、相互制约、相互影响，贯穿于教学过程的始终，形成了一定的整体功能，有效地完成教学任务，促进学生身心健康发展。

（二）教学过程的层次结构

从时间和空间上看，教学过程是一个具有多层次的过程。我国有学者从整体和发展的角度出发，把教学过程分为四个层次：第一个层次是学生从小学到大学毕业或受完一定阶段的教育为止，这是一个总的教学过程，可称作第一教学过程；第二个层次是一门课程从开始到结束，这是一个教学过程，可称作第二教学过程；第三个层次是一门课程的一章或一个单元的教学，这又是一个教学过程，可称作第三教学过程；第四个层次是一部分知识或一课书的教学，这也是一个教学过程，可称作第四教学过程。这种划分具有一定的积极意义。当然我们还可以继续划分，例如，一个知识点、技能点的教学也可看做是一个教学过程。

二、教学过程的特点与功能

（一）教学过程的特点

1. 历史性

教学活动是人类社会产生以来就有的一种社会实践活动。新生一代通过学习和接受、继承和发展人类在长期的社会生活和社会生产中积累起来的大量的、丰富的社会生活和社会生产经验，才得以生存和发展。而随着人类社会的演进，社会需要及教育目的在不断发生变化，导致了教学过程中各种因素的变化，使教学过程打下了深深的社会烙印。如古代社会教育，在教学过程中，教师的权威是绝对的，教材内容是固定的。因此，学生是被动的，没有自己的思想和见解，只需要呆读死记。在近现代，随着机器生产和商品经济发展，科技广泛运用到生产中，旧的教育传统受到冲击。因此，在教学过程中，就不仅要求学生掌握基础知识和基本技能，还要求学生要有实际的动手操作能力和应用能力，教学活动也加强了同生活、生产和实际的联系。但这时的教学过程仍基本是一个单向的过程，教学活动是教师向学生单向地传授知识和技能的过程。

新的科学技术革命浪潮的到来，带来了社会生产力的飞跃发展，引起了物质生产乃至生活方式、思维方式、价值观念的巨大变化。面对新的科学技术革命的高潮，各国都在寻找经济对策和社会对策，纷纷把教育提高到前所未有的重要地位。教育改革、智力开发和人的个性，已成为人们普遍关注的重要问题。这时的教学过程就变得丰富起来，强调学生不仅能运用知识，而且能创造知识，学生不仅是教学过程的接受者，而且是主动的、积极的参与者。教学不再仅仅是教师教的活动，而且是教师教、学生学的双边共同活动。

2. 周期性

教学活动是师生之间的双边统一活动。在这个双边统一的活动过程中，师生之间以教学活动为对象相互作用。在教学活动过程中，新知与旧知、未知与已知始终是一对矛盾。解决了这个矛盾后，又会出现新的新知与旧知、未知与已知的矛盾，然后再解决，教学过程呈现出一种波浪式的前进。每一个波浪就是一个教学周期，教学周期的运转导致了教学过程的实现。教学过程在时间上就可以描述为它的各个教学周期的前进运动。

3. 整体性

教学过程的最终结果是使学生的身心获得全面发展，它是一个培养人的过程，和其他社会活动过程不同。任何一门科学都应该竭力把客体当做整体来认识，教学过程的整体性主要体现在以下几方面：第一，教学过程是一个整体，是一个统一体。第二，教学过程内部存在着构成统一体的各个组成部分：教学目标、教学内容、教学方法、教学媒体、教学形式、教学评价等。第三，教学过程中的活动种类、形成的个性品质等都具有整体性。

4. 个性

要培养人、塑造人，就需要由具体的、个别的教学过程构成一个立体的、交叉的教学过程系统，这一个个具体的、个别的教学过程赋予了教学过程系统以丰富的个性。首先，从学生的年龄阶段和教育系统内部来看，存在着独特的、不同于其他类型学校的教学过程，职业教育的教学过程与普通教育的教学过程也不尽相同；其次，教学过程要达到学生全面发展的目的，就需要进行智力、体质、品德等各方面的教学。因此，形成了一些相对独立的、富有个性的教学过程，如语言教学过程、数学教学过程、德育过程、美育过程等。教学过程的个性，要求我们不仅要从系统的层次上、方法论的层次上去认识和研究教学过程，还要从具体的、个别化的层次上去认识和研究教学过程。

（二）教学过程的功能

1. 实现教育教学目标的功能

教学过程具有组织性、调控性和目的性。学生进入教学过程就成了教学的对象，他的发展就不再是各种因素随机作用的结果，而是有目的的人为因素引导，促使他前进和发展。因此，教师必须根据社会的需要和教育教学目标及学生的身心发展规律来进行教学活动。在教学过程展开之前，教师就必须对教学过程具有明确的意识，要知道从哪里开始，怎样开始，最终达到什么目标，采取哪些步骤或手段实现预期的目标，要采取哪些训练方法，怎样开展实践教学。而且教师在教学过程中还要根据是否能够达到预期的教育教学目的和目标以及各种条件、设备的情况来调控教学过程，使教学过程为直达目标而组织起来、维持和发展下去，提高教学活动的效果和效率。

2. 统合团体的功能

教学过程是教师与学生之间、学生与学生之间的团体活动，有着共同的、明确的目的的教学过程促使团体作为一个整体而保持统合状态，使团体形成强烈的内聚力。在教学过程中，教师起着主导作用，学生作为学习的主体，通过教师的教实现自己的学，两者相互作用才维持了教学过程的顺利进行。教学过程的正常有效的运行也紧紧维系着教师与学生、学生与学生之间的密切关系。因此，在教学过程中，无论是课堂教学，还是小组教学；无论是理论教学，还是实践教学，教师都要从团体的角度把握教学过程。

3. 促进发展的功能

教学过程促进个体发展的功能主要表现为以下几个方面。

（1）掌握基础知识和专业知识

把人类社会长期积累起来的基础知识和专业知识迅速有效地传授给新生一代，并把它内化为个体的经验和智慧，是教学过程的基本功能之一。离开了基础知识和专业知识的掌握，教学过程就无法发生和展开，一切教学活动都成了无源之水、无本之木。因此，在职业教育中，我们虽然强调技能、动手能力、操作能力的重要性，但是掌握基础知识和专业知识也是十分重要的，理论教学也不可忽视。我们常说要理论联系实际，没有掌握基本理论，联系实际就成了一句空话。

（2）形成基本技能和专业技能

教学过程不仅使学生掌握系统的专业知识，而且还能使学生形成运用专业知识的基本技能和专业技能。技能是指运用所掌握的专业知识去完成某种实际活动的行动方式。基本技能是指各门学科中最主要、最常用的技能，如语文和外语的阅读、写作技能，数学的运算技能等。技能又分为动作技能和智力技能。前者是指一系列实际动作以合理、完善的程序构成的操作活动方式，如写字、游泳、踢球等；后者是指借助内部语言在头脑中进行的认知活动的方式，如默读、心算、作文等。知识与技能是相辅相成、互相促进的。专业技能是指某一职业和岗位所需要的专门技能，学生通过教学过程掌握某一专门技能，形成职业能力，以适应今后职业和岗位的需要。

（3）发展智能

在教学过程中学生会在智慧和能力方面得到发展。智慧是人们认识、适应和改变外界环境的心理能力，它主要包括观察力、注意力、记忆力、思维力和想象力，其中思维力是智力的核心。能力能直接影响个人的活动效率，是个人顺利有效地完成某种任务的心理特征。这里我们要注意的是，我们不能把发展智能看做是普通教育所要求的，在职业学校中，学生的智能还处于发展的过程之中，通过理论教学和实践教学发展学生的智能仍然是职业学校教学过程中的一项重要任务。我们要避免教师在教学过程中，只顾传授知识、培养技能，忽视学生智能培养的倾向。必须把发展智能看做是教学过程的一项重要任务。

（4）发展个性

在教学过程中，学生在教师的指导下进行学习，与教师、教材相互作用、相互影响，并借助这种相互影响，获得新的知识、技能及人生观，发展个性，成为有个性的人，形成创造能力及优良的道德品质和职业道德。

三、教学过程的最优化

（一）教学过程最优化的概念与特点

1. 教学过程最优化的概念

（1）最优化

从语源上看，“最优化”术语来自拉丁文 optimus，即“最佳的”、“最适宜于一定条件的任务”之意。现代科学上使用的“最优化”术语源于数学，今天在系统工程中，在控制论、系统论和管理科学中，都已作为基本范畴来运用。这个概念反映了人类社会实践活动中的一种普遍现象，即在一定的社会经济条件及人力、设备、材料、资金和时间等因素的约束下，人们总是希望自己的工作成效最大，如性能最佳、能耗最低、成本最少、风险最小，等等。这种寻求最优效果的愿望和可能性，几乎渗透在一切社会实践中，以致有人把“最优化”看成是劳动的普遍规律。因此，“最优化”的基本思想也完全适合职业学校的教学。

综上所述，最优化就是从实际具体条件出发，确定效果和时耗的双重质量指标，选定最佳方案，按实施中的反馈信息及时调整活动进程，以期达到最大效益的工作方法系统。用简洁语言概括最优化基本涵义，即低耗高效。

（2）教学过程最优化

把最优化这个概念的基本涵义，尤其是最优化的实质意义（低耗高效）推广到教学工作中来，我们可以把教学过程最优化概念的基本含义描述为：教学过程最优化是指导教师有效地组织教学活动的理论体系和工作体系。教师通过对教学系统的分析和综合，通过对最优教学方案的选择和设计，在现有条件下，用最少的时间和精力去获得最大可能的效果。“最优的”术语，按巴班斯基所说，不等于“理想的”术语，它是指从一定标准看对该条件来说是“最佳的”之意。巴班斯基认为，“教学过程最优化”并不是某种特异的教学形式或方法，并不向学校提出特别的任务，而只是一套行之有效的教育教学工作任务。“最优性”是一个开放的、动态的概念，其标准随着历史的发展、条件的改善而不断提高。实施教学过程最优化，关键是选择最优的教学方案。

2. 教学过程最优化的特点

（1）最优化不是某种特殊或具体的教学方法手段，而是指导教师合理安排整个教学过程的重要的方法论原则

最优化的根基是组织和管理的学问。它要求教师合理地组织自身的教学活动，强调把科学的管理方法落实到具体的班级教学活动中去。从实际出发，将原有的教学形式、教学方法、教学媒体等加以组合系列化，从而通过合理利用教学系统中各要素之间的相互作用来提高教学质量和教学效果。

（2）最优化的理论依据是马克思主义哲学中关于真理的具体性的原理，它要解决条件、方法和结果之间的关系问题

最优化总是相对于一定的标准和条件而言的，不存在普遍的、固定的、万能的教学方式和方法，具体问题要具体分析。“在教学过程中要求分析具体的教学任务、内容的特点，学生和教师的可能性，并且依据教学原则，选择每一种情况下从一定标准看来是最好的方案。”（巴班斯基语）

（3）最优化理论的实质是用经济的、科学管理的眼光来安排教学过程，它是以对教学过程系统考察为基础，在联系和结构中提高教学质量的方法

最优化的核心问题是如何以最少的时间和精力的耗费来求取最佳的效果，为了解决这个问题，首先必须对教学管理系统有个明确的认识，然后再

采取相应的组织管理的方法，对教学过程进行周密和细致的设计和安排，最终落实到最优化的轨道上去，而最优化本身也是一个如何向组织和结构要质量的管理学问题。

（4）教学过程最优化不同于理想化教学和个别化教学

教学过程最优化与理想化教学和个别化教学的区别在于：

第一，最优化指的是一定学校、一定班级在具体条件的制约下所能达到的最大成果，也就是指学生和教师在一定场所进行相互作用所具有的全部可能性。理想化教学仅仅是为了理论探讨的方便而设想的一般模式，其结果有较大的主观意愿的成分，在具体条件的制约下很少有实现的可能。

第二，最优化与个别化也不同，苏联有些学者把“最优化”和西方的程序教学进行比较，他们认为程序教学以最好的形式考虑了每一个学生认识活动的特点，使教学进度个别化。正是这种严格的程序教学有时可能成为阻碍学生独立性发展的因素。最优化主张因材施教，争取全班学生都能得到对他们来说最大可能的发展，这与程序教学的单一逻辑的个别化是截然不同的。

（二）教学过程最优化的基本标准

在现代学校的条件下，教学过程最优化的最重要的标准首先是必须从提高活动效率和节约劳动时间的规律出发解决教学和教育任务的效率和质量问题。根据职业学校教学过程的目标和任务，教学过程最优化有以下两个标准。

1. 效果标准

效果标准即每个学生按照所提出的任务，一段时期内在教养、教育和发展三个方面，获得最高可能的水平。在这条标准中必须做到以下两个方面。

（1）全面评价教学效果

要全面评价教学效果就不能局限于学生的学习成绩，而应该全面考虑学生的教养、教育和发展水平，我们常说的德智体全面衡量，也是这个意思。

（2）提出不同评价标准

必须从每个学校、每个班级、每个教师、每个学生的具体条件和实际可能性出发，提出不同的评价标准，防止“一刀切”。但是必须注意，无论是教养，还是教育和发展方面的水平都不得低于国家大纲统一规定的及格标准。

总之，效果标准化就是根据学生的不同起点提出不同的要求。这些要求务必落在学生的“最近发展区”[1] 之内。

2. 时间标准

时间标准即学生和教师都必须遵守的有关文件规定的课堂教学和家庭作业的时间定额。在我国具体的课程计划和教学大纲中对课堂教学的时间（课时）有较为详细的规定。而对课外学习特别是家庭作业的时间规定则很少说明。即使各个学校都有自己的规定，大都缺少科学的依据。为此，我们应该深入研究职业学校的各项时间标准。

效果标准和时间标准，一个监督质量，一个监督时间，二者的有机结合，为衡量教学效果的优劣提供了可靠的依据。这两个标准本身也具有内在的联系。对教学效果的评价，不仅应反映教学质量，而且应体现速度和时间的意义，也就是说要体现学生在规定的时间内，根据现行教学大纲的要求，在教养、教育和发展方面所达到的水平。可见效果和时间是相互联系和统一的。片面追求效果而任意增加教学时间和课外时间的做法，根本不符合最优化的要求，所得到的效果也是不经济的。

（三）教学过程最优化的方法体系

1. 选择教学方案的要求

教师在挑选教学方案时，往往凭经验和直觉，或通过尝试错误的途径作出没有把握的选择。而要达到最优化的要求，教师必须以最充分的科学依据来选择最成功的教学方案。为此，必须注意以下几个基本的方法论要求。

其一，要完整地掌握教学过程全部基本成分（要素）的选择程序，同时还应选择具体条件下最优的教学速度。

其二，必须领会教学的辩证性质，了解各种教学形式和方法的辩证矛盾性，阐明它们的适宜范围。

其三，尽力保证教学形式和方法在可能范围内的多样化，以便充分利用各种感知形式，促进学生认识活动的积极化。

---

[1] 苏联杰出的心理学家维果茨基（L. S. Vygotsky，1896—1934）认为，至少应确定儿童的两种心理发展水平：一种是“现有的发展水平”，表现为儿童能够独立地完成任务的心理水平；另一种是“潜在的发展水平”，表现为儿童在成人的指导和帮助下，在集体的合作学习中，通过自己的努力，也能够完成具有一定难度任务的心理水平。根据这两种发展水平的学说，维果茨基在20世纪20年代提出了“最近发展区”的概念，其意指儿童认知发展真实水平（由独立解决问题所决定）与认知发展潜在水平（由在成人的指导或与其他同龄人合作解决问题所决定）这两种水平之间的距离。由此他强调，教学不能只适应儿童现有的发展水平，应着眼于“最近发展区”。教学要走在儿童发展的前面，通过教学创造“最近发展区”，以促进儿童认知的成长与发展。

其四，以动态观点对待教学过程结构的选择，注意教学系统本身的发展与变化，防止教学结构选择中的教条主义和刻板公式。

根据这样一些方法论原则可知，教学过程最优化的基本方法体系指的是“相互联系着的，可以导致教学最优化的所有方法的总和”。这套办法涉及教学过程的所有基本成分：任务、内容、方法、媒体、组织形式和对教学效果的分析，只有实现了所有这些成分的“局部的最优化”，才有可能实现“整体的最优化”。从横向来看，这个方法体系包括，“教授最优化”和“学习最优化”两部分，只有这两部分最优地结合起来，做到教与学双方的有机统一，才能在不加重师生负担的前提下提高教学质量。

2. 实现教学最优化的要求

第一，对每一次的教学目标应细加剖析，“教”要按照“学”的阶梯结构（包括信息学习、智力技能、动作技能、态度、认识策略等）进行。

第二，每次教学活动要考虑与前、后学习的相互关系、影响，必须把握迁移的方向。

第三，教和学都应尽可能同操作活动相结合。

第四，必须创设最佳的学习条件，如把学习目的向学生交底，有目的地组织学生的注意力，努力激发学生的兴趣，及时评定并提供反馈信息，及时修正教学程序和进度等。

四、教学过程的本质

对于职业学校教学过程的本质，人们尚未取得共识。有学者是这样概括职业教育教学过程的本质的[❶]：一是职业教育教学过程是感性认识和理性认识统一的过程；二是职业教育教学过程是教师主导与学生主体统一的过程；三是职业教育教学过程是学与做统一的过程；四是职业教育教学过程是职业能力养成与职业道德教育统一的过程。比较一致的看法是：教学过程是教与学双边活动的过程；教学过程是一种特殊的认识过程。

（一）教学过程是教与学双边活动的过程

在教学过程中，既包括教师教的活动，又包括学生学的活动，形成了教与学的双向互动活动，即教学过程是一种双边互动活动过程。这种双边互动活动不是各自进行的单独活动，而是处于一个过程之中的统一活动。在这种双边互动的统一活动过程中，这两种活动相互对立又相互统一，各自以对方

❶ 朱德全．职业教育课程与教学论［M］．重庆：西南师范大学出版社，2010：158～159．

的存在为自己存在的前提。这种双边互动的统一活动不仅构成了教学过程的主要支柱，而且贯穿于教学过程的始终。

教是指教师在教学过程中发挥主导作用。教师要根据教学目的和教学任务的要求，从学生身心特点和规律出发，用科学的方法、最短的时间、最高的效率，引导学生积极主动地学习和掌握科学文化基础知识和基本技能，发展学生的智力和体力，形成良好的思想品德和道德行为，促进学生身心健康发展。

学是指学生在学习过程中处于主体地位。学生要在教师的启发引导下，在学习过程中充分发挥学习的主动性和积极性，通过自己的学习掌握知识和技能。教师的教无法代替学生的学，教师只能启发、诱导、帮助学生学习，学生自己必须发挥主观能动性，成为学习的主人，开展学习活动，完成学习任务。

总之，教学过程包含着教师教与学生学的双边活动，这种双边活动是同一过程的两个不可分割的方面。因此，这种活动具有双边性，同时又具有统一性。只有教师教的活动与学生学的活动协调一致，才能有效地完成教学任务，取得最佳的教学效果。

（二）教学过程是一种特殊的认识过程

教学过程是人类的一种认识活动，这种认识活动必须遵循人类认识客观世界的一般规律。教学过程中的教师的认识活动和学生的认识活动都是沿着人类认识的客观规律进行的。教学活动虽有人类认识的共性，但教学过程是人类认识活动的一种特殊形式，又具有其自身的特点，这些特点主要表现在以下几个方面。

1. 学生的认识活动具有指导性

学生必须在教师的指导下学习职业知识和职业技能。因为教师是教育者，学生是受教育者。教师受过专门的训练，他们明确教学目的，熟悉教学内容，懂得教学规律，掌握教学方法；他们能够采用有效的教学组织形式，利用集中的时间，组成特定的教学环境，安排科学的教学程序，有目的、有计划地指导学生的认识活动，使学生的认识活动具有明确的指向性和较大的可控性。因此，学生的认识活动是一种有指导性的认识活动。

2. 学生接受职业知识和职业技能的间接性

在教学过程中，学生的主要任务是学习和继承人类已知的认识成果。这样可以使学生的认识活动不受个体的时空限制，避免人类认识过程中所经历的曲折和失败，走认识客观世界的捷径，从而缩短了认识过程，提高了认识效率，使学生能够用较短的时间学习和掌握职业知识和职业技能。学习科学技术知识和职业技能，都需要借助教师讲授和实际操作，使间接经验和直接经验发生联系，使之成为学生能够理解的知识和技能。

3. 学生认识目的的直接性和认识过程的多端性

在职业教学过程中，学生认识的目的在于掌握职业知识和职业技能，获得职业道德，身心得到健康发展，为从事职业活动打下基础，为将来的发展奠定基础。认识过程的多端性是指学生的认识过程可以从生动的直观、抽象的理论、实践活动等多方面开始。学习文化课往往从学习抽象的理论开始，而学习职业技能，往往是以指导教师或实际工作者进行介绍、演示、实际操作示范为中介，学生在实践中开始认识客观事物。

4. 教学过程受学生心理活动规律制约

学生学习与掌握职业知识和职业技能的认识过程，不但学生的智力因素在发挥作用，学生的非智力因素也起着重要作用。学习态度、学习兴趣、意志力、情绪情感等都对学习活动起着促进和干扰作用。因此，在教学过程中，我们反复强调要端正学生的学习态度，激发学生的学习兴趣，培养学生健康的情绪情感，锻炼学生的意志力，以有效地促进学习活动的开展。否则，学习态度不端正，学习兴趣不高，意志力薄弱，情绪情感低落将会影响学习活动的进行。

5. 教学过程是促进学生身心全面发展的过程

教学过程不仅是职业知识和职业技能的学习过程，也是学生的世界观、人生观、价值观、道德品质、心理素质的形成过程。一是教学过程为促进学生身心发展提供了条件，学生的身心只有依赖并通过教学过程才有可能健康发展；二是教学过程能够促进学生的身心健康发展，教学过程在引导学生身心发展的方向，加快学生身心发展的进程，决定学生身心发展的水平和程度上都起着重要作用；三是教学过程的设计符合学生身心发展的规律。

第二节　中职学校教学规律

一、规律与教学规律

什么是规律？列宁认为："规律是宇宙运动中本质的东西的反映。"[1] 列宁又指出："规律就是关系。……本质的关系或本质之间的关系。"[2] 这就是

---

❶ 列宁．哲学笔记［M］．北京：人民出版社，1956：134.

❷ 列宁全集（第38卷）［M］．北京：人民出版社，1959：167.

说，规律是事物发展过程中本身所固有的、本质的、必然的联系。规律是客观的，是客观事物发展变化所必须遵循的轨迹，是不以人的主观意志为转移的客观事物本质的反映。

什么是教学规律？教学规律就是指教学活动的发生和发展运动过程中诸因素之间固有的、本质的、客观的和必然的联系。只有研究和掌握教学规律，才有可能在教学过程中自觉地遵循这些规律的要求，使教学活动合乎规律地进行，从而提高教学的质量。依据我们对教学过程的基本因素之间的关系和对教学过程本质的认识和理解，我们认为教学过程中的主要规律有：教学的双边统一性规律、教学的认识特殊性规律、教学的发展性规律、教学的教育性规律等。

二、中职学校教学规律

职业教育的本质属性使职业教育形成了特殊的教学规律。我们在对职业教育教学过程本质属性和诸多要素系统分析的基础上，认为职业教育教学的基本规律除了包括上述规律外，还包括以下两条基本规律。随着人们认识的不断深化，对职业教育教学基本规律的探索，还会有新的认识。

（一）教学目标以职业能力为本位

中等职业教育主要是以培养具有一定职业能力的技能型人才为目标。而且，职业教育公开提出要以就业为导向。这就意味着，职业教育的培养目标在知识方面既不能追求高精深的专业理论知识，在技能上也不能追求精湛的职业技能。职业教育的培养目标应着眼于培养学生的职业能力，其原因也在于人才流动在现代社会已成为一种普遍现象。中职学校的教学不仅仅要面向学生的第一次就业，而且要面向学生的再就业，为其再学习、再就业提供一定的基础。从整体上讲，职业教育不仅要为学生的今后生存打下坚实的基础，同时也要为学生的未来发展打下坚实的基础。因此，培养学生的职业能力就成为教学目标的核心要素。

众所周知，教学目标是培养目标在教学层面的具体化，教学目标包括知识、技能、能力、情感、态度等方面。职业教育培养目标的特性，要求职业教育教学目标应该以职业能力为本位，即职业教育教学目标是以学生所学专业所需要的典型职业活动的工作能力为导向而确定。也就是说，职业教育教学目标应以培养学生的职业能力为核心。正是通过这些具体的教学目标，从而完成培养技能型人才的任务。在实现教学目标的过程中，教学过程比教学结果更为重要，使学生形成职业能力比获得专业知识和职业资格证书更为重要。因此，我们要紧紧把握教学目标中职业能力的要素。

对于个体而言，职业能力一般由专业能力、方法能力、社会能力三要素组成。其中专业能力是指从事职业活动所需要的专业知识和专门技能。因此，在教学目标中，我们要确定学生掌握专业知识和专门技能的程度和水平。方法能力是掌握从事职业活动所需要的学习方法和工作方法。要注重学会学习，掌握学习方法；要学会工作，掌握工作的方法。社会能力是指具备从事职业活动所需要的行为规范、行为准则和价值观念。要注重学会做人、学会做事、学会合作，形成正确的人生观、世界观和价值观。职业能力取决于专业能力、方法能力、社会能力三要素的整合的状态，决定个体在职业生涯中的应对能力。

（二）教学过程以工作过程为导向

职业教育的职业属性要求职业教育要以职业的工作过程形式来进行，职业教育的职业属性（专业与职业的关系）主要表现在四个方面：第一，专业划分的基础与相关职业在职业资格上具有一致性；第二，制定专业培养目标的依据与相关职业在职业功能上具有一致性；第三，专业教学过程的实施与相关职业在劳动过程、工作环境和职业情境上具有一致性；第四，专业的社会认同与相关职业在社会上的地位及社会价值判断上具有一致性。这就告诉我们，职业的内涵不仅规范了社会职业和劳动岗位的要求，而且也规范了职业教育的标准。

职业的工作过程是指在企业里，为完成某项工作任务或生产任务而进行的一个完整的工作程序或生产程序。工作过程一般由工作人员（生产人员）、工具、产品、工作行动四个要素构成。工作过程（生产过程）的效果一般是由劳动组织方式、工作内容的难易程度、工具以及工作人员（生产人员）的工作能力来决定的。社会上的每个职业都有其各自的特点和特殊的工作过程（生产过程），在工作（生产）方式、工作（生产）内容、工作（生产）方法、工作（生产）程序、工作（生产）工具等各个方面都存在较大的差异。

职业教育就要使教学过程与工作过程相一致，使学生能够学以致用。以职业的工作过程为参照系的教学过程，注重的是通过教学过程的学习，使学生掌握工作过程的程序和方法。也就是说，工作过程是怎样进行的，教师就应该怎样教，学生就应该怎样学，职业教育强调的是工作过程与教学过程的一致性。当然，工作过程是复杂的，但是教学过程要以工作过程所包含的工作阶段和学习领域来展开，具体的教学要围绕着有关工作程序、生产流程、工艺流程、加工方法、工具使用等方面的知识和操作技能的学习和训练来进行。

综上所述，职业教育具有自身的特殊性，职业教育的教学必须最大限度符合职业教育的特点，才能取得最优的教学效率和教学效果。教学过程是复杂的，职业教育的教学过程具有自身的复杂性，这就要求我们不断深入地研究现代经济社会对职业教育培养人才规格和素质上的新要求，不断深入地研究职业能力和工作过程的新变化，不断深入地探讨职业教育教学的内在规律性。只有把握了职业教育教学的内在规律性，才能使教学遵循教学规律进行，也只有遵循教学规律的教学才能获得实际的教学效果，才能有效地完成职业教育的培养目标。对于教学规律的探索是长期的，对于职业教育教学规律的探索更需要职业教育理论工作者和实践工作者付出不懈的努力。

第四章　中职学校教学原则

◎ 中职学校教学原则概述

◎ 中职学校主要教学原则与运用

第一节　中职学校教学原则概述

一、教学原则的概念与意义

（一）教学原则的概念

教学原则是指教学工作必须遵循的基本要求和行为准则，是教师进行教学工作的基本依据和指导教学工作的一般原理。因此，要求所有的教师都要深刻地理解教学原则的精神实质，明确教学原则的基本要求，在教学过程中创造性地、灵活性地运用教学原则，全面地贯彻教学原则，使教学工作更加科学化，从而取得良好的教学效果。

（二）教学原则的意义

学习和掌握教学原则，有助于指导教学实践合乎规律地进行，使教师按照教学的客观规律组织教学活动，规范教师的教学行为；教学原则贯穿于整个教学过程的始终，指导着各个教学环节，可以保证教学过程顺利进行；教学原则是提高教学质量的重要保证，检查教学效果的重要尺度，衡量一节课是否成功的主要标志；教学原则正确地反映了教与学的客观规律，在教学过程中，只有自觉地遵守和贯彻教学原则，才能完成教学任务，提高教学效果和教学质量。反之，如果忽视了教学原则，就在客观上违背了教学规律，就会使教学工作产生盲目性和随意性，教学质量就会降低，教学效果就差，就会给教学工作带来损失。

二、制定教学原则的依据

（一）依据教学规律

教学规律集中反映了教学过程中的各种关系和联系，教学规律是不以人的主观意志为转移的客观存在，具有客观性。正是由于教学规律的客观性，所以教学规律是制定教学原则的根本依据。教学原则是从客观的教学规律中产生出来的，是对客观的教学规律的正确反映。所以制定教学原则必须符合教学规律。人们都在努力认识教学规律，但是由于人们对教学规律认识的水平、角度和程度不同，所以就提出了不同的教学原则。

（二）依据中职学校教育目的和培养目标

中职学校教育目的和培养目标是制定教学原则的重要依据。制定教学原则除了要依据教学的客观规律外，还要依据中职学校教育目的和培养目标。从教育目的角度讲，一是要依据国家的教育目的，二是要依据职业教育目的。从培养目标角度讲，一是要依据职业教育的培养目标，二是要依据中职学校的培养目标。这样才能保证所制定的教学原则具有正确性和科学性，符合中职学校的教学实际和教学特点。

（三）依据经济社会的发展

中职学校所培养的技能型人才毕业后直接进入经济社会从事某一职业，以满足经济社会发展对职业技术人才的需求。但是经济社会的飞速发展，对职业教育培养人才的质量和规格不断提出新的要求。因此，我们在制定中职学校教学原则时，必须考虑经济社会的发展现状和未来发展趋势及人才的需求情况，以制定出符合经济社会发展趋势的教学原则，在这样的教学原则指导下，进行教学工作，开展教学活动。

（四）依据教学实践经验

广大职业教育教师在长期的职业教育教学实践活动中，经过反复探索、实践，积累了大量的、丰富的教学实践经验，这些宝贵的实践经验是我们制定教学原则的重要源泉。广大职教教师，无论是从事理论教学的，还是从事实践教学的，经过多年的探索，反复的实践，总结出行之有效的和朴素的教学经验，我们需要对这些鲜活的实践教学经验加以总结和概括、升华和凝练，提炼出符合中职学校教学实际的教学原则来，用以指导教学实践。

三、教学原则与教学规律的关系

教学原则与教学规律既有区别又有联系。教学规律集中反映了教学过程中的各种关系和联系，是不以人的主观意志为转移的客观存在，具有客观性，是制定教学原则的客观依据和基础；教学原则是调整教学过程中各种关系的一种要求，是人们在教学实践中依据教学规律的探索和认识主观制定的，具有主观性，是对教学工作提出的基本要求，是对教学规律的体现和反映。教学规律决定教学原则，教学原则反映教学规律，但两者不是一一对应的关系，不是有一条教学规律，就会有一条对应的教学原则。

第二节　中职学校主要教学原则与运用

一、中职学校教学原则概述

教学原则是从客观的教学规律中产生出来的，是对客观的教学规律的正确反映。但是由于人们对教学规律认识的水平和程度不同，所以就提出了不同的教学原则。下面我们选择一些有代表性的论述，供学习者学习和研究。

在纪芝信主编的《职业技术教育学》中，也提出了六条教学原则：一是科学性、思想性和艺术性相统一的原则；二是职业性、适应性与开放性相结合的原则；三是理论与实践相结合的原则；四是直观性和抽象性相结合的原则；五是主动性与启发性相结合的原则；六是统一要求与因材施教相结合的原则[1]。在周明星等著的《职业教育学通论》中，提出了六条教学原则：一是先进性、思想性和艺术性相结合的原则；二是教学、生产和科研相结合的原则；三是全面发展与职业定向相结合的原则；四是理论性与实践性相结合的原则；五是统一要求与因材施教相结合的原则；六是启发性与指导性相结合的原则[2]。在刘春生、徐长发主编的《职业教育学》中，提出了八条教学原则：一是职业性原则；二是启发性原则；三是个体性原则；四是创造性原则；五是理论与实践相结合原则；六是生产与教学相结合原则；七是知识积累与能力发展相结合原则；八是教书与育人相结合的原则[3]。在刘合群主编的《职业教育学》中，也提出了八条教学原则：一是科学性与思想性相结合原则；二是知识积累与能力发展相结合原则；三是以教师为主导，以学生为主体，发挥学生的自觉性、独立性与创造性原则；四是理论联系实际原则；五是职业性与技术性相结合原则；六是生产与教学相结合原则；七是可接受性原则；八是因材施教原则[4]。在姜大源著的《职业教育学研究新论》中，提出了四条教学原则：一是指导优先的原则；二是建构优先的原则；三是指

[1] 纪芝信．职业技术教育学［M］．福州：福建教育出版社，1995：204～209.

[2] 周明星．职业教育学通论［M］．天津：天津人民出版社，2002：163～164.

[3] 刘春生，徐长发．职业教育学［M］．北京：教育科学出版社，2002：192～197.

[4] 刘合群．职业教育学［M］．广东：广东高等教育出版社，2004：162～175.

导与建构融合的原则；四是基于教学原则的学习情境建设❶。在袁华、郑晓鸿主编的《职业教育学》中，提出了五条教学原则：一是实践性原则；二是发展性原则；三是过程性原则；四是直观性原则；五是差异性原则❷。

由此看来，职业教育专家和学者对中职学校的教学规律有着不同的认识，因而从不同角度、不同侧面提出了不同的教学原则。随着人们认识水平的不断提高，对中职学校的教学规律还会有新的认识，在新的认识基础上，还会提出与时俱进的教学原则来，以指导中职学校的教学，不断提高教学质量。人们不仅对中职学校的教学规律有着不同的认识，对经济社会的发展，特别是对区域经济社会的发展也有不同的认识。中等职业教育主要是为当地经济社会发展培养所需要的技能型人才，这就需要分析和研究区域经济社会的发展现状和未来发展趋势，这也有赖于人们要关注经济社会的发展，特别关注经济社会发展对技能型人才类型的需求情况，以提出相应的教学原则来，指导中职学校的教学。中职学校的教学实践是不断发展着的，广大中职学校教师也在教学实践中积累教学经验，这也要求我们及时地总结这些经验，并从这些鲜活的教学经验中，提炼出符合中职学校教学需要的，能够有效地指导教学实践的教学原则。

二、中职学校主要教学原则与运用

有些教学原则，普通学校的教学和中职学校的教学都必须遵循，但在运用上有不同的要求，在教学中所处的地位也有所不同；还有些教学原则，是中职学校的教学特有的，应予以补充。结合共性和特性，依据我们对中职学校教学规律的理解和对中职学校培养目标的认识，结合经济社会发展对中职学校教学提出的新要求，总结广大中职学校教师的教学经验，提出以下中职学校常用的教学原则。

（一）科学性与思想性相结合原则

1. 基本含义

科学性与思想性相结合原则是指，在教学过程中，教师既要对学生传授科学的职业知识和职业技能，又要对学生进行思想品德和职业道德教育。这反映了教学的基本任务，也是知识的思想性、教学的教育性规律的反映。

❶ 姜大源．职业教育学研究新论［M］．北京：教育科学出版社，2007：223～229.

❷ 袁华，郑晓鸿．职业教育学［M］．上海：华东师范大学出版社，2010：99～100.

2. 基本要求

贯彻这一原则要注意以下几点基本要求。

(1) 保证教学的科学性

教学的科学性主要指两个方面：一是指教师所传授的职业知识与职业技能具有正确性，无论是概念的说明、原理的阐释、术语的运用、公式的推导、数据的处理，还是程序的操作、技能的分解、动作的训练、实验的演示、动作的示范等都必须是正确的和准确无误的，不允许出现差错，这是对教师的教学提出的最基本的要求。二是指教学环节、教学步骤、教学内容、教学方法、教学媒体、教学时间、教学组织形式等的设计和安排具有科学性和合理性。

(2) 保证所传授的职业知识与职业技能的先进性

所传授的职业知识与职业技能的先进性是指，传授的职业知识和职业技能必须是社会企业实际生产所应用的科学知识和技能，所学习的职业知识和职业技能是实际生产领域得到普遍使用的或未来几年可能应用的、比较成熟的和先进的技术。学生所学习和掌握的职业知识和职业技能是现代管理、生产、服务等领域正在应用的知识和技能，是与今后所从事的职业和岗位相适应的现代职业知识和最新职业技能。教师不应把陈旧落后的、过时和淘汰的、已被科技新成果所代替的知识和技能传授给学生，必须保证所传授的职业知识与职业技能的先进性。

(3) 保证教学的思想性

教学的思想性是指，在教学过程中，使学生形成正确的世界观、人生观、价值观和基本的职业道德行为规范。思想品德教育和职业道德教育要在传授职业知识和职业技能的基础上进行，为此，教师必须挖掘教材潜在的思想品德教育因素和职业道德因素。社会科学课程具有鲜明思想性，科学技术课程本身没有阶级性，但是它所揭示的客观规律渗透着唯物主义思想和唯物辩证法，是培养学生辩证唯物主义世界观和方法论的重要基础知识。同时，教师也要联系学生的思想实际，有针对性地进行思想品德教育和职业道德教育。

(二) 职业性与技术性相结合原则

1. 基本含义

职业性与技术性相结合原则是指，在教学过程中，教师必须明确本专业职业的范围、规范和要求，明确本专业所需要的职业知识、职业能力、职业道德、技术要求、技术规范、技术水平，使职业性与技术性有机地结合起来。

2. 基本要求

贯彻这一原则要注意以下几点基本要求。

（1）明确职业性目标和技术性目标

教师要明确本专业的职业范围、规范和要求，明确本专业学生应具备的职业道德、职业知识、职业能力、技术结构、技术水平。在教育教学的整个过程安排上要充分体现职业性目标和技术性目标。教学活动要从职业需要和技术技能的掌握和要求两个方面出发去培养、训练和陶冶学生，使学生毕业后能够较快适应相关职业或技术岗位。不仅教师要明确职业性目标和技术性目标，同时要使学生也明确职业性目标和技术性目标，也就是师生双方都要做到心中有数，以围绕目标有目的地开展学习活动。

（2）按照职业性目标和技术性目标有计划的培养人才

在学生进入中职学校之初，就要根据未来职业的需要进行职业定向和职业指导。在教育教学过程中，在师生明确职业性目标和技术性目标的基础上，教师就要着力培养学生具有远大的职业理想、深厚的职业情感、高尚的职业道德、扎实的职业知识、熟练的职业技能、较强的职业能力、高度的职业责任感和自觉的职业纪律，以使学生适应经济社会发展需要，成为具有全面素质和综合职业能力的应用型和实用型职业人才。只有这样，教师的教才有方向，学生的学才有目标。

（三）理论与实践相结合原则

1. 基本含义

理论与实践相结合原则是指，教师在教学过程中，要引导学生把所学习的理论知识与实践有机地结合起来，要在理论与实践的结合中理解知识、运用知识、学会技能、提高能力，达到学懂会用、学以致用。

2. 基本要求

贯彻这一原则要注意以下几点基本要求。

（1）理论知识教学与社会实践紧密结合

在教学过程中，教师要引导学生学好理论知识，理解基本概念、基本原理、基本原则。理论知识没有掌握，就无法联系实践。为了使学生能够掌握本专业的基本理论知识，形成合理的认知结构，教师还必须联系实际进行理论知识的教学：一是在讲解中注意结合。根据理论知识学习的需要，恰当地联系社会实际、生产实际及生产、技术和管理活动中的典型案例。二是在教学中直观演示。结合教学恰当地运用教具、实物、仪器、设备及运用多媒体进行演示和实验。这样，才能使抽象的理论知识易于被学生理解和接受、掌握和运用。

(2) 知识教学与技能训练紧密结合

只有将知识教学与技能训练紧密结合起来，学生才能深刻地理解知识，掌握技能，达到学以致用。只有教师讲、学生听，而缺乏技能的训练，那么难以深刻理解知识。即使理解了知识，也缺乏实际动手能力，技能也得不到发展。当然，如果教师没有把基本概念、基本原理讲清楚，就要求学生进行作业、练习、实际操作，那么学生便无从下手解决问题。所以，在中职学校教学中，我们提倡的“精讲巧练”、“讲练结合”、“边讲边练”、“边练边讲”、“讲中有练”、“练中有讲”等，都是为了理论联系实际，使学生既获得了知识，又训练了技能。

(3) 学习理论与运用理论紧密结合

学习理论的目的在于应用理论，解决生产、管理、服务和生活中的实际问题。为此，教师一是要重视实践教学，实践教学对学生掌握和运用知识、培养技能技巧起着关键作用。教师一是要重视引导学生积极地、主动地完成作业与练习、实验、参观、调查、模拟及训练等；二是要重视引导学生积极参加社会实践和生产实践，组织学生参观和调查生产现场，了解生产中正在使用的技术、工艺、设备等，给学生提供机会直接参加生产劳动，在劳动中理解理论知识和运用理论知识，熟练技能技巧。

(四) 生产与教学相结合原则

1. 基本含义

生产与教学相结合原则是指，中职学校要与工商企业、服务部门等校外机构开展合作，使学生在接受学校职业知识和职业技能教育的同时，到企事业单位进行相应的生产实践，将学生的理论学习与实际操作或训练紧密结合起来。

2. 基本要求

贯彻这一原则要注意以下几点基本要求。

(1) 把握企业与职业学校的关系

企业与中职学校是构成生产与教学相结合的两个要素，两者的有机结合是实现职业教育培养目标的有效途径。企业一般是实践技能培训的基地，中职学校一般是理论教学的场所。但是这种分工是相对而言的，现代职业教育和现代企业的发展，使职业教育与企业往往融合得十分紧密。中职学校为了加强实践技能的训练，需要到企业进行实际的技能训练。企业为了提高员工培训质量，也需要把职业技术基础知识引入到培训中去，这完全可以取得

“双赢”的效果。所以中职学校要通过努力，加强与企业的联系，处理好与企业的关系。

（2）把握理论学习与生产实践的关系

理论学习的目的是使学生获得职业知识，提高学生的科学文化水平，提升学生的整体素质。生产实践是职业教育的必要教学环节，目的在于使学生在实践中巩固和提高职业技能和技巧。两者有机结合起来，才能完成培养技能型人才的任务。这就要求教师把握好理论知识的教学内容、教学时间、教学重点、教学难点、教学关键点等，同时也要求实习指导教师把握好生产实践的内容、实践的重点、实践的时机、实践的方法等。只有合理地、科学地处理好理论学习和生产实践之间的关系，才能不断提高教学的质量。

（五）统一要求与因材施教原则

1. 基本含义

统一要求与因材施教原则是指，教师在教学过程中，要从学生的实际情况出发，既要对全体学生提出统一的要求，又要照顾到学生的个别差异，要把集体教学和个别教学有机地结合起来，使每个学生都能得到充分的发展。

2. 基本要求

贯彻这一原则要注意以下几点基本要求。

（1）教学要提出统一的基本要求

中职学校的教学，教师要根据中职学校的培养目标、教学计划、教学大纲和学生的实际情况，对学生提出统一的基本要求，以保证整体的教学质量和教学水平。教师不能任意降低教学的基本要求，如果降低了基本要求，就无疑将降低教学的质量，教学质量的降低，就无法保证职业教育的质量。教师在教学过程中，要想方设法使学生能够达到这些基本的教学要求。因此，教师要面向所有的学生，既不能只根据少数优秀学生的水平来提高教学难度，加快教学进度，也不能只根据少数差生的水平来降低教学要求，放慢教学进度。

（2）针对学生的特点，实施个别化教学

在中职学校中，学生的个别差异是客观存在的，教师要在教学过程中，按照他们的个别差异区别对待，加强个别指导，使不同程度的学生都能得到良好的发展。因此，教师不仅要全面了解学生，还要了解每一个学生的特点。例如要了解学习的准备性、认知结构、能力水平、性格、特长、爱好等，以便在教学中扬长避短、有的放矢、因材施教。教师尤其是要加强个别辅导，对学习有困难的学生加强课内辅导和课外辅导，使他们跟上正常的教学进度。只要教师加以重视，有针对性地加强辅导，有效地采取相应措施，就能使他们不断进步。

（3）中职学校要制定行之有效的措施

中职学校的教学，不仅教师要因材施教，学校也有制定行之有效的措施、创造条件，以使教师能够做到因材施教的责任。例如，实行选课制、推行学分制；有条件的中职学校实行小班化教学、分层次教学；允许学生选专业、转专业；强化个别辅导教学，特别是要强化实践教学、操作训练的个别辅导环节。同时，中职学校要积极开展多种形式的科技活动、文化活动、社会活动等，让学生有更多的发挥专长和锻炼的机会，充分展示他们的才能。

以上是针对中职学校教学活动提出的几条主要的教学原则。需要指出的是：

第一，我们所提出的教学原则并不排斥古今中外一些教育家所提出的传统的仍对教学有指导意义的教学原则，如直观性原则、循序渐进性原则、巩固性原则等。相反，我们认为这些基本教学原则应该在教学过程中始终贯彻执行，它们对中职学校教学活动仍具有直接的指导作用，教师在教学过程中也要遵循这些行之有效的教学原则。

第二，我们放弃了无所不包的观念，也放弃了构成一个中职学校教学原则体系的观念。基于我们对中职学校教学过程的客观规律的认识，对中职学校教学实践经验的总结，就提出了以上这些重要的教学原则。这些教学原则的提出，是针对中职学校教学活动的特点提出来的。

第三，教学原则不是一成不变的，它将随着人们对教学过程客观规律认识的不断深化，随着中职学校教学实践经验的不断丰富而完善和发展，也必将随着人们对教学活动的本质认识逐步从主观走向客观，随着广大中职教师新的教学实践，提出概括性更高的教学原则，构建全新的教学原则体系。

第五章　中职学校教学方法与教学媒体

◎ 中职学校教学方法

◎ 中职学校教学媒体

第一节　中职学校教学方法

一、教学方法概述

（一）教学方法的概念与意义

1. 教学方法的概念

教学方法是教学过程的重要组成部分，是实现教学目标和完成教学任务的重要手段，它回答的是“怎样教”的问题。这里所研究的不是各门具体学科的教学方法，而是对教学方法进行的一般性研究。教学方法随着教学理论与教学实践的发展而不断发展。

什么是教学方法呢？教学方法一般是指教师和学生在教学过程中，为实现教学目标和完成教学任务所共同采用的工作方式。

教学过程具有教与学密切联系的双边性和同步性的特点，教的过程也就是学的过程，两个过程具有统一性。教学方法作为一个完整的工作过程，既包括教师教的方法，也包括学生学的方法，教法与学法相互联系、密不可分，具有统一性。教法与学法只有协调一致，才能有效地展开教学活动，顺利地完成教学任务，提高教学效果和教学质量。

就本质而言，教学方法就是教师的教与学生的学相互联系、相互作用的双边活动方式。教学方法，包括教师的教法，学生的学法，但二者不是简单的相加，也不能把二者截然分开。教法制约着学法，学法也影响着教法。教师的教法要通过学生的学法加以体现，学生的学法是在教师教法指导下的学法。教法与学法是辩证统一的。

2. 教学方法的意义

（1）教学方法是完成教学任务的重要保证

毛泽东同志指出：“我们不但要提出任务，而且要解决完成任务的方法问题”❶。要完成一定的教学任务，就要有相应的教学方法。离开了教学方法，教学任务就无法完成。不解决教学方法问题，完成教学任务就成了一句空话。因此，教师必须确定相应的教学方法。

（2）教学方法是实现教学目标的重要手段

在教学过程中，教师借助科学而有效的教学方法，引导学生掌握文化科学基础知识和基本技能，形成一定的思想品质，使智力和体力得到充分发展，使学生成为德、智、体全面发展的人才。离开了教学方法，实现教学目标就失去了手段，失去手段的教学就会阻碍和延缓教学目标的实现。因此，我们说，教学方法是实现教学目标的重要手段。

（3）教法对学法起着指导作用

在教学活动中，教师怎样教，学生就怎样学，教师采用什么样的教法，学生就使用什么样的学法。由此看来，教师教的活动影响和制约着学生学的活动，教师的教法同样也影响和制约着学生的学法。学生的学是教师指导下的学，学生的学法受制于教师的教法，教师的教法对学生的学法具有指导作用。可见，教师教学方法对学生的学习方法起着指导作用。

（4）不同的教学方法有不同的效果

在教学实践中，由于教师采用不同的教学方法，从而影响着掌握知识的速度、数量、质量和效果。教学的难易并不在于知识，关键在于传授知识的方法。同时，教学方法是否反映教学规律，是否科学合理、行之有效，也直接关系到教学效果的好坏，教学质量的高低。

（二）教学方法的指导思想

1. 启发式教学与注入式教学

（1）启发式教学

教学方法是教学思想的具体表现形式，我国教学方法的指导思想是启发式教学。在现代教学中，启发式教学就是教师从学生的实际出发，把学生视为学习过程的主体，采取行之有效的措施，充分调动学生学习的主观能动性和积极性，启发学生积极思考，自觉主动地获取知识技能、发展智力和能力，形成一定的思想品德，完成教学任务。

（2）注入式教学

与启发式教学根本对立的教学方法指导思想是注入式教学。注入式教学是指教师从主观愿望出发，无视学生学习的主观能动性，把学生视为被动接

❶ 毛泽东选集第一卷［M］. 北京：人民出版社，1977：125.

受知识的容器，用“填鸭式”的方式向学生灌输知识，使学生的智力、体力乃至个性都无法得到充分发展。

2. 启发式教学与注入式教学的区别

教师在教学过程中贯彻了启发式教学思想，就能够充分发挥主导作用，最大限度地调动学生学习的积极性和主动性。固守注入式教学思想的教师，在教学中仅仅能起到单纯传递信息的作用，学生只能被动地接受信息。由此看来，启发式教学思想与注入式教学思想是根本对立的，两者具有本质上的区别，其根本区别表现在以下几个方面。

（1）哲学观不同

在哲学观上，启发式教学思想以辩证唯物主义的认识论为理论基础，主张从学生实际出发进行教学，根据学生实际施教；注入式教学则以主观唯心主义和形而上学为理论基础，从教师的主观愿望出发进行教学，根据教师的意愿施教。

（2）教学目的和任务观不同

在教学目的和任务观上，启发式教学的目的是为了培养能够独立思考和具有开拓创新精神的人才。启发式教学不仅要使学生学习和掌握基础知识和基本技能，而且注重开发学生的智力，培养各种能力；注入式教学的目的是培养“唯上、唯书”的书呆子。注入式教学主要是向学生传输知识、灌输知识。

（3）教学观不同

在教学观上，启发式教学思想把教学过程看成是教师指导下的学生主动学习的过程，注入式教学思想把教学过程看成是教师向学生灌输知识的过程。

（4）学生观不同

在学生观上，启发式教学思想把学生当做学习过程的主体，注重发挥学生学习的主体作用，强调调动学生学习的主动性、积极性和创造性；注入式教学思想把学生视为消极和被动接受知识的容器，强调只有教师多灌输，学生才能多获得知识。

（5）教学信息传输方式观不同

在教学信息传输方式观上，启发式教学中教学信息的传输方式具有双向性和多向性，既有教师向学生传输的信息，又有学生反馈的信息，同时还有学生之间相互传递的信息。因此，启发式教学实际上是教学信息双向交流和多向交流的反馈过程；而注入式教学中教学信息的传输方式是单向的，只是教师向学生单向地传递教学信息。

（6）心理观不同

在启发式教学过程中，师生之间的情感得到了较好的沟通和交流，师生关系是和谐的、民主的和融洽的，师生心理相融度较高；在注入式教学过程中，师生之间的情感难以得到沟通和交流，师生关系是紧张的、专断的和压抑的，心理相融度较低。

总之，启发式教学与注入式教学是两种对立的教学思想，在处理一系列教与学的关系上是相互对立的。需要指出的是，启发式教学不是一种具体的教学方法，而是各种具体教学方法的指导思想。在教学中无论采取哪种教学方法，都要贯彻启发式教学思想，废止注入式教学思想。

3. 贯彻启发式教学思想的基本要求

（1）钻研教材，了解学生

教师要深入钻研教材，对教学内容要了如指掌，能准确地确定教学重点、教学难点和教学关键点。教师要了解学生的学习准备状态，特别是要了解学生的起点能力（知识起点能力、技能起点能力），使教学有的放矢，防止“启而不发”的现象发生。

（2）设计情境，启发思维

教师在备课过程中，要精心设计教学情境，巧妙安排教学活动，善于设疑、激疑和释疑，从而在一定的教学情境中，产生疑问，引发学生思考。教师在教学过程中，要善于激发学生积极主动思维，使其在教学过程中始终处于一种积极的思维状态之中。

（3）产生欲望，成为主人

教师要对学生进行学习目的的教育，使他们树立正确的学习动机，产生强烈的学习欲望和浓厚的学习兴趣，发挥学习的主动性、积极性和创造性。教师要使学生认识到，学习是学生自己的事情，学生是学习的主人，只有通过自己的努力学习，才能获得学习上的成功。

（4）师生和谐，教学民主

要建立和谐的师生关系。教学实践证明，只有在良好的、和谐的师生关系基础上，师生才能产生合作；只有在师生合作的基础上，才能产生融洽的教学情境；只有在融洽的教学情境中，启发式教学思想才能得以贯彻。教师在教学过程中，还要坚持和发扬教学民主，以保证启发式教学的顺利进行。切忌武断专行，不顾学生实际而由教师主观臆想安排教学活动。

总之，启发式教学是对教学提出的普遍要求，不仅要贯穿到一切具体的教学方法之中，而且要贯穿到各种教学措施和各个教学环节之中，即把启发式教学思想贯穿于整个教学过程之中。只有这样，才能最大限度地发挥学生学习的主动性和积极性，充分调动学生自身的内在力量去获取知识和技能，发展智力和体力，并从中受到思想品德教育。

二、中职学校常用的教学方法

教学方法的分类就是按照一定的标准，依据某些共同的特征，把不同的教学方法归纳在一起，建立一个教学方法体系。由于分类标准的差异和依据的不同，教学方法的分类多种多样。教学方法是为教学服务的，中职学校的教学包括理论教学（文化基础课教学、专业基础课教学、专业理论课教学）和实践教学（参观、调查、练习、实验、教学实习、生产实习、毕业实习、课程设计、毕业设计）。据此，我们把教学方法相对分成理论教学教学方法和实践教学教学方法两大类。这里，我们只介绍理论教学教学方法，实践教学教学方法到下一章再作介绍。需要注意的是，有的理论教学教学方法也适用于实践教学。常用的理论教学教学方法主要有以下几种。

（一）讲授法

讲授法是指教师运用口头语言，系统地向学生传授知识、思想观点和发展智能的教学方法。这种教学方法在中职学校各科教学中被普遍采用。它的优点是能够充分发挥教师的主导作用，向学生传授的知识系统连贯，使学生在较短的时间内学习较多的知识，同时发展学生的智力并对学生进行思想品德教育。讲授法的具体形式可分为讲述法、讲解法、讲读法、讲演法四种。

讲述法是对事物、事件作系统叙述或描述的方法；讲解法是对概念、原理、公式进行解释、说明或论证的方法；讲读法是对所学内容边读边讲、讲读并进，有讲有读的方法；讲演法是对某一问题进行深入的分析和讨论，并作出科学的结论的方法。

运用讲授法的基本要求是：讲授内容要有科学性和思想性；讲授时要系统连贯、层次清楚、条理分明、逻辑严密、重点突出、善于引导、促动思考；讲授语言要准确精练、通俗易懂、生动形象、富于情感，具有启发性和感染力。要把书面语言变成口头语言，注意讲授的语速、音量，善于运用板书和多媒体。

（二）谈话法

谈话法是指教师根据一定的教学目标要求，在学生已有的知识经验的基础上，通过问答对话的方式，引导学生获取知识的一种教学方法。这种方法能充分激发学生的思维活动，使学生通过思考获取知识，有利于培养学生的逻辑思维能力和口头语言表达能力。谈话法的具体形式又可分为启发式谈话、问答式谈话、指导性谈话三种。

运用谈话法的基本要求是：学生应具备谈话内容所需的知识和经验；谈话前要做好必要的准备工作；要有明确的目的，可行的计划；教师提出的问题要具体明确，难易适度，具有启发性、逻辑性、针对性；要创造谈话的民主气氛；教师要善于组织和引导。

（三）演示法

演示法是指教师在教学过程中向学生展示实物、教具或通过示范性实验来说明或验证所传授的知识，并获得充分的感性认识的方法。演示法有实物、标本、模型的演示；有图画、图表、地图的演示；有实验、幻灯、电影、录音、录像、网络的演示等。演示法对多种课程的教学，尤其对中职学校的专业基础课、专业课的教学是必不可少的；在各种实践性教学中演示实验和示范操作，对培养学生的实验测试能力、操作技能和动手能力也是切实有效的教学方法。

运用演示法的基本要求是：确定演示目的、选用演示教具、做好演示准备；注意演示重点、难点、关键点；注意演示的时机、时间；做到规范操作、正确使用；演示时应配合适当的讲解、提问、板书等。

（四）讨论法

讨论法是指在教师指导下，由全班或小组成员围绕某一中心问题发表自己的看法，相互学习，共同提高的一种教学方法。这种方法通过对学习内容的讨论，可以集思广益、互相启发、加深理解、广开思路、提高认识。这种方法能够激发学生的学习热情，培养学生对问题的钻研精神，训练学生的语言表达能力，对培养学生的发散性思维具有重要作用。

运用讨论法的基本要求是：确定讨论的题目、范围、要求；指导学生收集相关资料，撰写发言提纲；讨论时教师要指导学生紧紧围绕主题展开讨论，鼓励学生大胆发表意见；讨论要热烈而不喧闹、紧张而又有秩序；掌握好时间，及时总结。

（五）阅读指导法

阅读指导法是指教师指导学生通过阅读教科书、参考书和课外读物以获取知识、培养阅读能力的一种教学方法。这种方法有利于发挥学生学习的主动性和积极性，培养学生的读书习惯和思考习惯，也有利于学生开阔视野，广泛涉猎知识，对学生养成会读书、善于读书、读好书的良好品质具有重要的功效。阅读指导法可分为讲读、半独立性阅读、独立性阅读三种。

运用阅读指导法的基本要求是：明确阅读目的、内容、范围、任务；教给学生阅读的方法；注意培养学生做读书笔记的能力，会在书上作记号和批注，会摘记，会写提纲概要；能查目录索引，会看注解等。

三、教学方法的选择与应用

（一）教学方法的选择

1. 教学方法选择的意义

（1）有利于教学目标的实现

进行教学是为了实现一定的教学目标，实现教学目标就必须选择适宜的教学方法。如果采用了不适宜的教学方法，教学目标就不能实现。

（2）有利于取得良好的教学效果

要想取得良好的教学效果，就必须选择适宜的教学方法。因为不同的教学方法有不同的功能和作用，而且“教师在实际教学中必须结合具体的客观条件和自己的主观情况，周密计划，选用并组织好具体教学方法的实施程序，方可望取得优良的教学效果”[1]。

（3）有利于提高教学质量

教师在教学过程中能否正确选择教学方法，是影响教学质量的关键因素之一。教学实践证明，教师只有按照科学依据，综合考虑教学的各种因素，选取适宜的教学方法，并能在教学中合理地加以组合利用，才能使教学质量逐步提高。因此，“教学的成败在很大程度上取决于教师是否能妥善地选择教学方法”[2]。

（4）有利于学生的学习

在教学中，教师讲什么，学生就听什么，教师写什么，学生就记什么，教师考什么，学生就背什么。可见，教师的教引导着学生的学，教师的教法也引导着学生的学法。因此，在教学中，教师只有选择适宜的教学方法，才能有利于学生的学习。反之，就不利于学生的学习，甚至阻碍学生的学习。

2. 教学方法选择的依据

开展教学活动必须采取一定的教学方法，没有方法的教学是不存在的，即教学有法；但是教学没有固定的教学方法，即教无定法。因此，教师在教

---

[1] 李秉德．教学论［M］．北京：人民教育出版社，1991：217.

[2] 孔德拉秋克．教学论［M］．北京：人民教育出版社，1984：53.

学过程中要因时、因地、因人选择最佳的教学方法，即贵在得法。选择教学方法的主要依据有以下几点。

（1）教学目标和任务

不同的教学目标和教学任务，需要不同的教学方法去实现和完成。每一节课都有具体的教学目标和任务，这就需要教师根据本节课的教学目标和任务，选择与确定相应的教学方法。有时一节课要完成几项教学任务，则应几种教学方法配合运用。具体地说，掌握知识方面的，可选择讲授法、阅读法等；形成技能方面的，可选择练习法、实验法、实习作业法等；发展能力方面的，可选择实习作业法、发现法、讨论法等；陶冶个性方面的，可选择欣赏教学法、情境教学法、参观法等。

（2）学科特点和教学内容

不同的学科有不同的特点，这就需要采取不同的教学方法。同一学科的教学内容也具有不同的特点，也要相应选择不同的教学方法。因此，选择与运用什么样的教学方法，必须紧紧依据学科的特点和教学内容的性质。就学科而言，语文、外语等多用讲授法；数学多用练习法；物理、化学、生物等多用演示法、实验法；体育多用示范法等。就学科具体内容而言，对于掌握知识、形成技能、发展能力、陶冶个性等不同目标，就应选择讲授、示范、演示、参观、作业、讨论等不同方法。中职学校的理论教学和实践教学在教学内容上具有较大的差异。因此，无论是理论教学，还是实践教学都应该选择与之相适应的教学方法。

（3）学生的特征

不同年龄阶段的学生，在生理和心理方面各有不同的特点，特别是学生的学习过程因其年龄不同而表现出很大的差异性。因此，教师在选择教学方法时，必须充分考虑教学对象的年龄特征和心理特点。特别是要认真了解学生的学习基础和学习能力及个性特点。

① 学生的心理特征。学生的年龄不同，学习的心理过程也不相同。对小学生所采用教学方法，自然应与对中职生所采用的教学方法有所不同。同样是中职生，对一年级学生与对三年级学生的教学方法也应有所不同。这主要是由于学生年龄的差异所造成了学生在心理发展水平上的差异。

② 学生的认知结构。现代认知心理学十分强调学生已掌握知识的数量、清晰度和组织方式（认知结构）对新知识的迁移作用，因此，依据学生的认知结构的特点选择教学方法就显得十分重要了。例如，如果学生认知结构中包含有与新知识相关联的若干观念和概念，教师就可以选择启发式谈话法，

反之，就不能采用这种教学方法。因此，教师应了解学生认知结构的状况。

（4）教师的特点

① 教师的教学法水平。教师的教学法水平是有差异的，并不是每一个教师都有能力使用任何教学方法，有的教学方法很好，但教师的教学法水平比较低，驾驭不了，就不能产生良好的教学效果。因此，教师要提高自己的教学法水平，多掌握几种教学方法。教师对教学方法掌握得越多，就越能找出最适合某一情境的教学方法来。

② 教师的个性特点

教师的某些特长、某些不足和运用某种教学方法的实际可能性，都是选择教学方法的重要依据。教师在选择教学方法时，要根据自己的个性特点，扬长避短。例如，有的教师的口头语言能力强，可选用讲授法；有的教师语言表达能力差，可选择演示法、讨论法等。

（5）教学方法本身的特点

古今中外人们在教学过程中积累了大量的、丰富的教学方法，广大中职教师又在教学实践中创造出了许许多多行之有效的教学方法。各种教学方法都是具体的，都有运用教学方法的基本要求，即各种教学都有自身特定的职能、适应范围和应用条件。因此，选择教学方法必须考虑各种教学方法本身的特点。例如，讲授法有规模大、效率高、容量大等长处，但在发展学生个性、培养学生能力、因材施教、提高教学质量等方面都有较大的局限性。

（6）教学时间和效率的要求

所有课程科目给定的教学时间都是限定的，而教学内容则是大量的，这就要求教师低耗高效地完成教学任务，即以最少的时间获得最佳的教学效果。因此，要选择那些能在规定的时间内有效地完成教学任务，顺利地实现教学目标，教师教得轻松，学生学得愉快的教学方法。例如，发现法比其他方法耗时较多，有时不得不放弃，为的是能在规定的时间内如期完成教学任务。

（7）其他实际条件

选择教学方法时还要考虑教学环境、教学设备、班级特点等因素。要做到全面、具体、综合地考虑，实事求是地采用可行而又有效的教学方法，使所选教学方法具有科学性和合理性，不仅符合教学内容和学生的实际，而且符合其他实际条件。

3. 教学方法的选择程序

巴班斯基认为，要实现教学方法的优化，除了强调选择的标准之外，还有一个优选的程序问题。巴班斯基把教学方法的选择程序称作选择教学方法的算法，意即开始选哪些方法，随后选哪些方法的步骤。巴班斯基在调查研究的基础上，归纳出教师在选择教学方法时的一般思考顺序❶：

第一步：决定是选择由学生独立地学习该课题的方法，还是选择在教师指导下学习教材的方法；

第二步：决定是选择再现法，还是选择探索法；

第三步：决定是选择归纳的教学法，还是选择演绎的教学法；

第四步：决定关于选择口述法、直观法和实际操作法的如何结合问题；

第五步：决定关于选择激发学习活动的方法问题；

第六步：决定关于选择检查和自我检查的方法问题；

第七步：认真考虑所积贮的各种方法相结合的不同方案，以防由于完成家庭作业和复习已学过的教材而导致学生在学业程度上可能的偏差。

巴班斯基关于教学方法选择程序的研究对我们选择教学方法有一定的借鉴意义。我们也应根据目前我国中职学校教学方法的分类体系，确定出教学方法的选择程序，这应是教学方法理论深入发展的一个课题。

（二）教学方法的运用

选择教学方法后，在课堂教学实施过程中还有一个运用教学方法的问题。在运用教学方法时要注意以下几点基本要求。

1. 发挥教学方法的整体功能

教学方法在运用过程中，要考虑充分发挥教学系统各要素（教师、学生、教学内容、教学媒体等）所构成的教学的整体功能，实现整体大于各部分之和的系统功能。还要考虑发挥出不同教学方法构成的教学方法体系的整体功能，注意各种教学方法的有机配合和灵活运用，以期获得良好的教学效果，有效地提高教学质量，同时通过适宜的教学方法的运用，激发学生的学习动力，增强学生的学习兴趣。

2. 坚持启发式教学指导思想

教师可采用众多的教学方法，但不论采用哪种教学方法，都必须坚持以启发式教学为主的指导思想。启发式教学思想尊重学生的主体人格和学生主体地位，强调指导学生的学习方法，重视培养学生的思维能力和创造能力，注重发展学生的个性，强调发挥学生学习的主动性、积极性、独立性和能动性。各种教学方法既有启发性质，又有注入性质，关键在于教师如何应用。

---

❶ 吴也显．教学论新编［M］．北京：教育科学出版社，1991：382.

各种教学方法中的启发性因素的作用能否得到发挥，取决于运用教学方法的指导思想。教师以启发式教学思想为指导运用讲授法、练习法、谈话法等，就能够激发起学生的学习兴趣和求知欲，吸引学生的注意力，启发学生独立思考，使学生的学习收到良好的学习效果。因此，应用教学方法，要始终贯彻启发式教学指导思想。

3. 综合地和灵活地运用教学方法

圆满地完成教学任务，顺利地实现预期教学目标，必须坚持综合运用各种教学方法。教学实践证明，在教学过程中，学生知识的获得，技能的训练，能力的培养，智力的发展，品德的形成，不可能只依赖一种教学方法，必须把多种教学方法合理地结合起来应用于教学。企图用一种教学方法应付千变万化的教学情境，是不可能取得良好的教学效果的。因此，应坚持教学方法选择与运用的综合化，形成具有内在联系的教学方法的组合。

教学过程是一个动态过程，而教学方法在教学过程中又是一个变量因素。虽然教师在备课过程中精心选择和设计了教学方法，但在实际的教学活动中，可能出现各种变化。因此，教师必须注意随时调整教学方法。要根据教学过程的动态特点和实际情况，灵活地运用教学方法，以期获得最好的教学效果。

第二节　中职学校教学媒体

一、教学媒体概述

（一）教学媒体的概念与意义

1. 教学媒体的概念

媒体是传播学中的概念，媒体一词的英文为“medium（单数）”、“media（复数）”，译作“中介”、“媒介”、“工具”[1]，在传播学中，媒体是“指携带和传播信息的物质工具”[2]。教学媒体是为了实现教学目标，在教师和学生之间携带并传递教学信息的工具。

2. 选择教学媒体的意义

教学实践证明，精心选择的教学媒体有助于学生集中注意力和提高学习

[1] 张其春，等．简明英汉词典［M］．北京：商务印书馆，1977：595.

[2] 黄甫全．现代教学论学程［M］．北京：教育科学出版社，1998：203.

兴趣；适当的教学媒体可以促进学生对事物的理解和加深记忆；一些媒体（如电脑、学习机等）可为学生个体的操作和行为进行自我分析提供机会。

（二）教学媒体的分类

科技的进步，给教学提供了越来越多的教学媒体。由于分类标准不同，教学媒体的分类有多种。这里我们把教学媒体分成传统教学媒体和现代教学媒体两大类。

（1）传统教学媒体

传统教学媒体包括：仪器、实物、标本、模型、黑板、粉笔、印刷材料等直观教具；图片、地图、表格、照片等示意教具。

（2）现代教学媒体

现代教学媒体包括：幻灯、投影等视觉媒体；录音、广播、激光唱盘等听觉媒体；电视、录像、电影、激光视盘等视听媒体；语音室、计算机辅助教学系统、多媒体等系统媒体。

（三）教学媒体的作用

1. 教学媒体影响着课程内容及其表现形式

课程内容是教学媒体承载和传递的教学信息。不同的教学媒体承载不同的教学信息。例如，书本可用印刷的文字、图片系统地表现课程内容，可复制、可保存；实物本身凝结着生动、直观、形象的教学信息，但信息量有限；计算机则可以综合多种媒体的功能，传递大容量的信息，可使课程内容既有较高的艺术性，还可以直接操作。

2. 教学媒体影响着教师的作用及其与学生的关系

在古代，教师是知识的已知者和占有者，学生必须通过教师的教，才能获取知识。因而，在教学过程中，教师具有绝对的权威。在现代，教学媒体日趋现代化，学习资源不断丰富，学生可通过报刊、电视、因特网等获取知识，不必要非向教师学习，教师的权威地位下降了。学生的主体地位随着技术的改进而确立了，师生冲突减少了，这有利于改善师生关系。

3. 教学媒体影响着教学策略的选择与使用

教学策略离不开教学媒体的应用，一定的教学媒体决定了一定的教学策略。例如，原始状态下的教学，教学媒体是语言、实物、人体器官，教学方法只能是口耳相传、示范、模仿和训练。现在使用多媒体计算机辅助教学，有些教学内容，教师编制合适的教学软件，由学习者自学就可以了。可见，教学媒体越丰富，给教师提供的设计教学策略的余地也越大。

4. 教学媒体影响着教学组织形式

每种教学媒体都有特定的适用范围和空间条件。只有在适宜的空间条件下，教学媒体才能发挥其应有的功能。例如，展示图片，课堂规模就不宜太大，否则就会影响观察效果；没有扩音设备，在大教室里给100多人上课，效果也不会太好。由此看来，一定的教学媒体，决定了一定的使用范围和使用空间，从而影响着教学的组织形式。

二、教学媒体选择的原则

（一）制约教学媒体选择的基本因素

1. 教学目标和教学任务因素

选择教学媒体是为了有效地实现教学目标和完成教学任务。教学目标和教学任务不同，对教学媒体的要求也就不同，即使是同一学科，也有不同的教学任务，教学目标和教学任务制约着教学媒体的选择。不管是什么样教学目标和教学任务，只选择一种教学媒体也难以实现教学目标和完成教学任务。

2. 学生因素

学生因素主要包括学生的年龄特征、兴趣爱好、学习能力、学习经验、学习水平、学习态度、认知结构、学生群体的规模等。例如，只有当一个学生的认知水平达到了阅读的程度时，我们才能选择印刷媒体。

3. 教师因素

教师因素主要包括教学能力、专业素养、管理能力，特别是对各种教学媒体的熟悉和掌握程度等。现在，很多学校使用多媒体教学，这就要求教师能够熟练使用计算机，制作多媒体课件，在教学过程中能够熟练操作各种教学媒体。如果教师不具备使用多媒体进行教学的能力，教学媒体的选择就受到了极大的限制。

4. 经济因素

在讲究经济效益的当今社会，教学媒体的选择必然考虑经济因素。因为在很多情况下，待选的几种教学媒体都能达到近似相同的教学功效，但是它们各自使用的代价却悬殊巨大。经济因素主要包括硬件、软件、制作、维修和人员培训各方面的费用等。在教学设计时要遵循选用教学媒体的经济原则。

5. 时间、资源、环境因素

时间因素主要是指教学中允许制作和使用媒体的时间，如从学习内容上看，应该制作多媒体课件，以帮助学习者更好地理解所学内容，但是制作课件的时间过长；资源因素是指用来制作媒体的资源是否丰富，资源欠缺，也无法完成制作；环境因素是指用于教学的场所及其配套设施等。

（二）教学媒体选择的基本原则

1. 根据教学媒体的特性和功能进行选择

每一种教学媒体各有不同的特性和功能，各种媒体在色彩、立体感、运动表现、声音表达、可控性等方面都是不同的。因而，每一种教学媒体呈现教学信息的功能和能力也不尽相同，使得某一种媒体应用在某一特定的教学环境中要比其他媒体更为有效。

2. 根据教学目标的类型和学生的特征选用教学媒体

一是对教学媒体的选择要考虑教学目标的类型；二是选用教学媒体要由教学情境来决定；三是要考虑对学生的适应；四是要考虑对学习任务的适合。

3. 不存在“万能媒体”

各种教学媒体都有各自的优势和不足之处。一种媒体对于某一教学目标来说，可能会比其他媒体效果好，但对于另一教学目标也许不合适。同时，新媒体的产生也不会完全取代旧媒体。

4. 必须熟悉教学媒体的操作技术

选择教学媒体最终是为了在教学中应用，所以应选择教师和学生易于操作的媒体。教师的操作控制能力很强，媒体的应用水平较高，则可以选择功能齐全、操作复杂的媒体。对媒体应用能力较差的教师，应选择易于操作的、简便的教学媒体。

5. 应考虑易获得性和成本问题

在选择教学媒体时，首先要考虑教学社会效益，同时也要考虑经济效益。力求节约，避免浪费。要选择既能达到最佳教学效果的，又易于获得的、成本较低的教学媒体。

6. 注意多种媒体的综合使用

多种媒体的综合使用的优势是：用多种教学媒体传播有关教学内容，各种媒体间相互补充，使知识的表达易于理解；刺激不同感官，更有利于学生记忆；调动学生多种感官参与学习活动，学习效果要优越于单一感官感知的学习效果。据研究，通过听觉学习材料，3 小时后的保持率为 60%，3 天后的保持率为 15%；通过视觉学习材料，3 小时后的保持率为 70%，3 天后的保持率为 40%；通过视听学习材料，3 小时后的保持率为 90%，3 天后的保持率为75%。同时也要注意不要把媒体当成装饰物，不要拼凑，要注重实效。

三、教学媒体的应用

（一）找准最佳作用点

教学媒体的最佳作用点是指在实现教学目标的过程中，最适合发挥教学媒体优势的位置。最佳作用点找准了，教学媒体的功效就会事半功倍，否则可能事倍功半，难以完成教学目标规定的学习任务。课堂教学的最佳作用点主要有以下几方面。

1. 突出、强化教学重点

教学重点无疑是构成知识体系中最重要的学习内容，在教学媒体应用时，必须考虑如何突出和强化教学重点。突出和强化教学重点主要有两种方法：一是利用具有色彩反差强烈的媒体，如投影、电视等，将重点教学内容以文字形式展示给学生，以使学生加深对重点教学内容的印象；二是利用具有能提供画面的媒体，如投影、电视、电子计算机等，将反映重点教学内容的画面形象地展示给学生，以使学生加深对重点教学内容的理解。总之，对于教学重点，我们应更多地利用教学媒体予以充分地突出和强化。

2. 突破、解决教学难点

教学难点是指在学习过程中难以理解的知识点，是由于知识的深度、学生的经验、认识的模糊以及认知结构的缺陷造成的。教学难点不一定就是教学重点，但是如果不能突破教学难点，也会影响教学目标的实现。例如，物理学中的“加速度”这一概念，既是教学重点，又是教学难点。如果用电子计算机模拟物体的动态变化过程，就可以使学生理解“加速度”这一概念。教师应该将教学难点利用现代教学媒体予以表现，以有效地解决和突破教学难点。

3. 创设情境、引发动机

应用教学媒体，创设乐学情境，激发学习兴趣。孔子认为“知之者不如好之者，好之者不如乐之者”。教学活动是在知识、情感两条主线相互作用下完成的。教师在教学过程中，如果注意课堂的情绪气氛，创设愉快的情境，消除学生学习的焦虑和紧张情绪，使他们在心情愉快的状态中接受知识，就会提高其学习的兴趣，促使其不断地、主动地学习、探索。教师丰富多彩的语言、生动形象的表达能吸引学生的注意力，能对不同层面的学生予以针对性的指导，能给每位学生带来成功的喜悦。

4. 提供事实、建立经验

在学习过程中，学习某些内容需要以一定的事实和经验为基础，但是学生恰恰缺乏相关的事实和经验储备。此外，由于条件的限制，学生无法观察到某些现象或事物。这时运用教学媒体，可在短时间内提供可感知的大量的事实材料，帮助学生建立与学习内容相关的经验，更好地理解所学内容。

5. 显示过程、形成表象

运用教学媒体，将学生无法直接感知的事实和现象，形象地展现在学生面前，以帮助学生形成表象。特别是多媒体计算机辅助教学，利用多媒体计算机，综合处理和控制符号、语言、文字、声音、图形、图像、影像等多种媒体信息，把多媒体的各个要素按教学要求，进行有机组合并通过屏幕或投影机投影显示出来，同时按需要加上声音的配合，通过使用者与计算机之间的人机交互操作完成教学或训练过程。

6. 举例验证、建立概念

在帮助学生建立概念时，教师应该尽可能地使用直观材料。借助教学媒体，给学生提供鲜明、具体的感知材料，有助于学生在感知的基础上，进行抽象概括，形成概念。如学习“自由落体运动”时，可通过录像或CAI；在学习“三角形内角和”时，可利用旋转抽动投影片；在学习“太阳的高度”时，可运用投影片等；在学习成语时，可应用多媒体，给学生呈现应用成语的情境，以正确建立使用成语的概念。通过教学媒体的举例验证，有助于学生建立概念。

7. 提供示范、正确操作

利用教学媒体，解决由于不易观察或示范不够规范或操作中容易出现的错误；使学生掌握规范的操作步骤、方法和注意事项，然后再动手操作。例如，在实验教学中，对简单的实验，教师通过投影或多媒体一次性向学生介绍实验的操作规程和注意事项就可以了。但是对于比较复杂的、步骤较多的实验，教师就要通过教学媒体把复杂的实验分解成若干部分，化繁为简，分步提供示范。学生掌握了要领后，再动手操作。

多媒体教学软件，必须能正确表达学科的知识内容，反映教学过程和教学策略，具有友好的人机交互界面，具有诊断评价、反馈强化的功能。因此，多媒体教学软件的开发和制作，需要在教学理论的指导下，做好教学设计、系统结构模型设计、导航策略设计和交互界面设计等工作，并在教学实践中反复使用，不断修改，才能使制作的多媒体教学软件符合教学规律，取得良好的教学效果。

8. 解释原理、启发思维

利用教学媒体形象、直观、生动的特点，启发学习者积极思维。例如，在学习《曹冲称象》所依据的原理时，演示旋转抽动投影片，让学生在观察中受到启发，展开积极的思维活动。在学习“蛇为什么能吞下比自己的头大得多的动物”时，可演示旋转抽动复合片，指导学生观察蛇的喉咙左右两边各有一根方骨以及喉咙的大小变化，使学生在观察中受到启发，积极思维。在学习《刻舟求剑》所依据的原理时，可应用多媒体，使学生在观看时，引起积极的思维活动，促进学生的有效学习。

9. 设置疑问、引起思辨

心理学认为，思维能力是智力因素的核心，在学习过程中，学生通过积极的思维活动，能真正获取知识。因此，在学习过程中，能否引起学生积极的思维活动，关键在于问题的设置。在教学过程中，运用教学媒体，设置疑问，引导学生通过观察、思考，发现和提出问题，进而引起思辨。例如，演示投影片《宝塔顶上长着树和草》，引导学生通过观察发现：宝塔顶上长着小树和草。进而引起思辨，宝塔顶上为什么长着树和草？玉米、水稻、麦子等都是农民种的，那么宝塔顶上的树和草是谁种的呢？让学生带着疑问进入新课程的学习，会引起学生的极大兴趣和高度的注意力，无疑也会收到良好的教学效果和学习成效。

10. 诱引行为、主动参与

在教学媒体的应用中，我们可以把学习内容的展示与诱引学生主动学习的方法有机地结合起来，使诱引方法成为媒体内容的基本组成部分。这样，学生在使用教学媒体进行学习时，教学媒体本身就能发挥引导学生作出选择、回答问题或参加某项活动的作用。这是计算机辅助教学的一条原则，称之为“交互学习（interactive learning）”。一般地说，教学媒体可采用以下方法诱引学生的学习行为：在学习内容展示过程中要求学生立即作出书面或口头回答的问题；要求学生从所看到的或听到的事物中进行选择、判断或决策；要求学生就所看到的或听到的有关技能进行操作；要求学生完成举例、解释、总结等书面作业；指导学生完成其他与课业相关的练习等。

另外，在教学过程中，教学媒体还有展示事例、开阔视野、欣赏审美、陶冶情操等最佳作用点。在教学设计时，教学设计者和教师要依据学习内容、教学目标、教学对象来确定。务必找准最佳作用点，才能收到应用教学媒体的最佳效果。

（二）找准最佳作用时机

1. 有意注意与无意注意的转换

心理学研究表明，在学习过程中，主要是有意注意在起作用，如果长时间要求学生集中注意力，会引起学生的大脑疲劳和厌烦心理，无法获得良好的学习效果。无意注意可在轻松愉快的气氛中，在不增加大脑负担的情况下，起到有意注意所不能起到的调动积极性、加强学习效果的功效。所以我们应找准应用教学媒体的最佳作用时机，加强有意注意与无意注意的转换，促进学生的有效学习。如在学习英语单词后，不对学生提出注意听或看的要求，而是让学生反复听或看含有这些单词的短文或短片，可以使学生在无意注意状态下复习和巩固所学单词。

2. 抑制状态向兴奋状态的转化

心理学研究表明，学生的心理如果处于一种抑制状态，就不可能很好地从事学习活动。我们平时的学习也证实了这一点：当我们心情舒畅时，看书的速度快、效果好；当我们郁闷时，看书的速度慢、效果差。即使是看小说，也记不住多少。这就告诉我们，当学生的心理处于抑制状态时，教师就要考虑运用教学媒体，将这种抑制状态转化为兴奋状态，为学生进行学习活动创造必要的条件。

例如，在学习高中语文《母亲》一文的写作方法时，教师针对学习者对心理刻画描写的厌烦心理，一反常规在课一开始时，就运用投影或多媒体呈现一张心理曲线图，然后要求学习者根据这张心理曲线图，分析母亲的心理变化。这就会使学生对心理描写厌烦的抑制状态向兴奋状态转变。在这种兴奋状态下，学生才能获得良好的学习效果。由此可见，应用教学媒体要找准最佳作用时机。

3. 平静状态向活跃状态的转化

教师在长期的教学过程中，形成了一套比较固定的教学程序，包括教学方法的采用、教学媒体的运用等。因此，学生对于教师的教学程序十分熟悉和了解。所以当学生知道某一教师要讲课时，心里就会想“还是那一套”。于是就产生平静地坐在教室里等待这样一种不良的心理状态。教师只有采取学生意想不到的方法，才能打破这种平静状态，使学生活跃起来。

例如，在学习《荷塘月色》时，教师首先播放了《荷塘月色》的录像片，一幅幅美丽的景色在画外音的伴随中展现在学生面前……学生听到优美的朗读，看到美丽的画面，立刻活跃了起来，然后教师在这种活跃状态下，引导学生分析课文，学习重点内容，解决学习内容的难点。总之，教师务必使平静状态迅速向活跃状态转化，以促进学习过程的展开，使学生获得良好的学习成效。

4. 兴奋状态向理性的升华

教学的目的并不是使学生处于兴奋状态，使学生处于兴奋状态仅仅是为学生有效的学习创造了良好的心理条件。在学生处于兴奋状态时，教师还要因势利导，采用有效的教学媒体和相应的教学方法，自然而然地使学生将兴奋状态升华到理性状态，引导学生展开学习过程，把注意力集中在学习内容上，进行深入理性思考，突出教学的重点，解决教学的难点，使学生顺利完成学习任务。

例如，在学习《宋词赏析》时，教师在采取多种教学形式和多种教学方法，把学生学习的积极性和主动性充分调动起来的同时，接着通过配乐朗读、昆曲表演艺术家的演唱录音、文字投影片、图片、录像短片等教学媒体的运用，不仅使学生对宋词在我国文学史上的重要地位有了深刻的理解，而且在此基础上，又从政治上、经济上和文化上深入分析了宋词。

5. 克服畏难心理，增强自信心

在教学过程中，教师应从心理方面给学生一种具有新意的刺激，在对新鲜刺激的感知与尝试中，可以使学生增强学习的自信心，集中注意力，避免分心，使其克服畏难心理，调动学生的学习积极性和主动性。学生对于新鲜的刺激会感觉到好奇，能够引发学习的兴趣，使其处于兴奋状态，产生强烈的学习动机，愿意去尝试、去体会。这时，运用有效的教学媒体，找准最佳作用时机是关键。

例如，很多学生对英语的学习都有畏难情绪和惧怕心理，特别是对于英语的听说更是如此。他们在普通教室里，不敢说，怕自己不够标准的读音会遭到其他同学嘲笑。如果我们在语音实验室里训练英语的听说，这种情况就避免了。自己的朗读其他同学听不见，他们就可以比较放松地、毫无负担地朗读课文，回答教师的提问。再如，把自己的朗读录下来，听一听，才会感觉自己的朗读并不比别的同学差，由此增强了学习英语的自信心。

6. 满足合理的表现欲望

任何人都希望自己能够胜任某项工作而得到别人的赏识和赞许，从而增强把工作做得更好的愿望，同时也愿意表现自己的工作成绩。学生对于自己的学习也是如此，他们通过努力学习而取得的成绩也希望得到同学的赞许和教师的表扬，从而加倍努力学习，取得更好的学习成绩，同时他们也渴望展示自己的学习效果。教师只有满足学生的合理愿望和要求，才会极大地提高学生学习的积极性和主动性，增强学习兴趣，提高学习效果。

例如，在学习完一篇语文或英语课文后，教师并不要求学生课后一定要读多少遍，而是要求他们第三天交一盘自己朗读的录音带，并说要在课堂上播放朗读优秀的片段。结果，学生在家反复练习，直至自己认为满意时才录下来。因为学生都有强烈的表现欲望，都愿意在同学面前播放自己的录音。这比直接向学生提出学完课文后一定要反复朗读，直至朗读到熟练程度为止的要求强很多倍。

教学媒体的最佳作用点，是从教学目标的角度，研究如何发挥现代教学媒体的优势；而教学媒体的最佳作用时机，则是从学生心理的角度，探讨如何发挥现代教学媒体的作用。在课堂教学中，教学媒体的最佳作用点和最佳作用时机是密不可分的，两个方面都要考虑到。解决了两者的配合问题，就能在教学中有效地利用教学媒体。

第六章　中职学校教学组织形式与教学工作环节

◎ 中职学校教学组织形式
◎ 中职学校教学工作环节

第一节　中职学校教学组织形式

一、教学组织形式概述

（一）教学组织形式的概念和意义

教学组织形式是根据一定的教学目的和教学内容及教学的主客观条件组织和安排教学活动的组织方式。教学组织形式所要解决的主要问题是：在教学中，为了达到教学目的，通过何种组织结构把师生组织起来，建立一定的联系，开展教学活动；怎么科学地利用时空和其他教学条件来安排教学活动，传授和学习职业知识、职业技能，培养职业能力、职业道德，并对其他各种因素加以有效地利用和控制。

教学组织形式取决于教学内容，是实施教学内容、完成教学任务的途径和手段。教学组织形式直接影响着教学规模和速度，影响着教学效率、教学效果和教学质量，关系着教学目标的实现，以致影响着职业教育的发展。因此，我们应重视中职学校教学组织形式的研究，为完成教学任务而采取恰当、有效的教学组织形式。

（二）教学组织形式的历史发展

个别教学是历史上最早出现的教学组织形式。个别教学是一种不受入学年龄和修业年限限制，把不同年龄和不同程度的学生组织到一起，教学内容和教学进度不统一，教师分别对每个学生进行教学的教学组织形式。我国古代的私塾和书院及欧洲中世纪学校主要采用这种教学组织形式。这种个别教学组织形式便于因材施教和培养学生的自学能力。但是学校规模小，教学进度慢，教学效率低。这种教学组织形式是由当时生产力发展的水平和对人才培养的客观要求及教学内容决定的，是个体小手工业生产方式的反映。

生产力的发展及科学技术的进步、教育的普及，特别是资本主义生产方式的出现，不仅为教育事业的发展提供了条件，而且也提出了扩大教育规模、增加教学内容、加快教学进度、提高教学效率的客观要求。

于是在 16 世纪欧洲的一些学校出现了按班级编制进行教学的组织形式。17 世纪捷克教育家夸美纽斯总结有关实践经验，提出了班级授课制，并从理论上进行了系统研究和论证。班级授课制是把年龄和知识基础相同或相近的学生组织到一起，编成有固定人数的班级，按照规定的学习年限、教学内容、教学时数和时间表，向全班学生进行教学的一种教学组织形式。这种教学组织形式首先被欧洲各国采用，然后在美洲各国广为传播，并不断得到完善和发展。我国最早采用班级授课制是 1862 年清政府在北京开办的京师同文馆。1902 年清政府颁布了《钦定学堂章程》，全国才普遍实行了这种教学组织形式。

这种教学组织形式相对于个别教学而言，是一种集体教学形式。它是教学组织形式的一次重大改革和进步。自此以后，人类开始摆脱了旧教育的狭隘观念和手工业式的个别教学形式的束缚，改变了教学无期限，学生可随时入学和退学的混乱现象，扩大了教育对象，增添了教学内容，提高了教学效率，使学校日益走上了正规化的道路，对社会生产力的发展起到了直接的推动作用。但是这种教学组织形式也有不足之处，主要是难以适应学生的个别差异，不利于因材施教。于是，19 世纪末 20 世纪初，为了适应现代生产的要求和现代科技的发展，适应学生的个别差异，针对班级授课制的弊端，一些教育家提出了许多改革教学组织形式的主张，其中比较有代表性的是分组教学、道尔顿制和设计教学法。

总之，从上述教学组织形式的简要历史回顾中，我们可以看出，各种教学组织形式的产生，都是为了适应生产的发展和科技的进步及社会对教育提出的客观要求。在各种教学组织形式中，各自都有合理的因素和不足之处。经过世界各国的长期检验，班级授课制仍然成为现代学校，包括中职学校进行教学的主要教学组织形式。

二、中职学校现行的教学组织形式

（一）课堂教学

1. 课堂教学的概念

课堂教学是班级授课制的具体形式之一，也是现代学校教学的基本组织形式。课堂教学是把学生按年龄、相同专业（工种）、程度分成班级，由教师根据教学大纲统一规定的课程内容和教学时数，按固定课程表进行分科教学的一种教学组织形式。中职学校的文化课和理论课基本上采用课堂教学的形式。

2. 课堂教学的优越性与局限性

（1）课堂教学的优越性

课堂教学有利于大面积培养人才，可使教学有计划、有组织地进行，有利于发挥教师的主导作用，有利于学生身心健康发展，有利于发挥班集体的作用。这种教学以课堂、教师、书本为中心展开教学活动，目的是向学生传授和使学生掌握大量的系统和理论知识。长期以来，课堂教学也是中职学校主要的教学组织形式，这种教学组织形式可以使学生学习和掌握较为扎实的文化知识和专业理论知识。

（2）课堂教学的局限性

课堂教学强调全班学生在同一时间内，使用同一教材，按照同一进度去学习同一内容，难以照顾到不同程度的学生的学习需要，不利于学生的个性发展。课堂教学在教学要求上的一律化，在教学方法上的“一刀切”，不利于发展学生的个性特长和多方面的兴趣，不利于因材施教。课堂教学采取分科教学的形式，也不利于培养学生对知识的综合运用能力。这种教学组织形式由于过分强调学习和获得系统的理论知识，极易导致理论与实际相脱离，而且学生的实践机会少，技能训练不足，导致学生的操作技能、动手能力较差。在这种教学组织形式下培养出来的学生毕业后需要经过相当长的岗位训练，才能适应和胜任岗位要求。

3. 课堂教学的类型与结构

（1）课堂教学的类型

课堂教学的类型，简称课型，是根据教学的具体任务不同而将课堂教学划分为不同的种类。一般把课堂教学划分为单一课和综合课两大类型：单一课是指在一节课内只完成一种主要教学任务的课，例如传授新知识课、复习课、练习课、实习作业课、实验课等；综合课是指在一节课内完成两种以上教学任务的课，广大教师通常把这种课型称之为混合课。

（2）课的结构

课的结构是指课的基本组成部分以及各部分进行的顺序和时间分配。每一种类型的课都有一定的结构，课型不同，课的结构也就不同。一般类型的课通常由以下基本部分组成：组织教学、复习检查、讲授新知识、巩固新知识、布置课外作业。中职学校的文化课和理论课一般采用这种基本结构，单一课中的其他类型的课则有所不同。

（二）小组教学

小组教学一般采用混合的方式，即一个组内有能力大小不同的学生，有男生和女生，有学生干部和一般学生，人数一般为3～5人，也可以随机分组，每组选出组长。小组教学有助于学生之间相互交流、相互讨论、相互帮助，有助于培养团队精神。像实验课、社会调查、实际操作、动手活动、技能训练等多采用这种教学组织形式。这种教学组织形式在中职学校的实践教学课中经常使用。

（三）个别教学

个别教学是指在课堂教学或实践教学中，针对学生的个别差异进行的知识上的或技能上的指导。个别教学常用于练习、教学实习、生产实习、学生个体独立学习、独立操作训练等。这种教学组织形式有利于因材施教，可以照顾到每个学生的特点、需要和程度，学生有机会施展自己才能和创造能力，能在原有的基础上得到提高和进步，这种个别化的教学组织形式在国外的职业技术教育中运用的最为普遍。需要指出的是，我们一谈到个别教学，很多人都理解为是为差生补课，事实上，个别教学不仅仅适合于差生，也适用于各类学生，包括优等生。

（四）现场教学

1. 现场教学的概念与意义

（1）现场教学的概念

现场教学是教师根据一定教学任务的需要，组织学生到生产现场、事件现场、服务现场、管理现场等，利用现场的教学条件进行教学的一种教学组织形式。现场教学是课堂教学的补充、延伸和发展。现场教学是把教学内容分解为相对独立的、清晰的知识和能力目标，通过具体的训练项目、观察项目和服务项目等，在教师的示范下，学生进行独立地操作训练的一种教学组织形式。在中职学校教学中，现场教学得到了广泛应用。

（2）现场教学的意义

这种教学组织形式可以把教材中描述的现象的发生、发展及运动变化过程直观地呈现给学生，使学生在真情实境中学习，有利于贯彻理论联系实际的教学原则，也有利于提高学生学习的积极性和主动性。现场教学使教学与社会生产和社会生活密切结合起来，它可以给学生提供直接知识，丰富感性认识，做到理论联系实际，易于形成职业能力，培养职业道德。现场教学在教学时间、教学形式等方面没有课堂教学那么固定死板，教师可以依据教学任务、学习内容、学生实际和现场条件而定。通过现场教学的观察、调查、实际操作等活动，促进学生对理论知识的理解和掌握，培养学生运用知识解决实际问题的能力。现场教学与学生所学专业密切联系，因此，可以使学生对自己今后可能从事的职业和岗位有一定的理解和认识，有助于学生进一步确定专业思想。

2. 现场教学的主要特点

（1）现场教学突出实践能力的培养

现场教学的过程就是在真实的工作环境中，把所学理论知识与实践密切联系起来，不仅使学生进一步理解、消化和巩固所学理论知识，更重要的是使学生动手进行实际操作，通过生产过程、服务过程和管理过程等的实际训练，培养学生的实际操作能力。通过现场教学，不仅深化了所学专业理论知识，而且使学生的实践能力不断提高，为今后从事相关职业和适应相关岗位奠定坚实的基础。

（2）现场教学注重学生的自主训练

现场教学是在教师的示范下，学生按照工作程序、生产流程、服务过程的具体内容，独立地、自主地进行训练的过程。这就突破了传统教学的“以课堂为中心”、“以教师为中心”、“以书本为中心”的课堂教学的组织形式，树立起了“以学生为中心”的理念，真正体现了学生的主体地位，形成了“教师为主导、学生为主体、训练为主线”的中职学校实践教学组织形式。

（3）现场教学重视职业道德的熏陶

现场教学不仅仅是深化专业理论知识、锻炼实践能力、进行自我训练、培养实践能力的过程，而且也是培养学生形成良好的职业道德的过程。在现场教学中，学生不仅要进行实际训练，还要遵守各项规章制度、操作规程、工作程序和生产流程等，也要学会与人相处和合作，交流工作经验，研究工作效果，互相借鉴和学习等。在这一过程中，学生还会学到职业和岗位所要求的职业道德方面的一些内容。

（4）现场教学提供了实际工作场景

现场教学突破了课堂教学的局限性，实际的工作现场给学生提供了真实的实际工作场景。在实际工作场景中，学生体会自己将来的工作环境，熟悉自己的岗位，了解岗位上的基本要求和工作要领。学生在实际的训练过程中，不仅增强了实践技能，而且非常熟悉自己的工作岗位，将来在从事相关职业和岗位时，就会得心应手，驾轻就熟，顺利地进入工作岗位，有效地完成工作任务。

3. 现场教学的实施程序

（1）认知阶段

认知的内容主要包括知识和动作两个方面。教师要向学生说明所要学习和掌握的基本知识与行为技能要求，了解某项技能的有关知识、性质和作用，明确行为技能的难度、操作原理、操作规程、动作进程和注意事项等。同时向学生提出明确的、具体的学习和训练任务，使学生在训练前就带着明确的目标和任务去学习模仿、操作训练。

（2）参与性训练阶段

在参与性训练阶段，教师讲解与示范同步进行，在教师的指导下，学生进行模仿性练习。教师把比较复杂的行为技能分解成若干部分，学生在练习过程中，可根据技能的复杂程度，把技能训练的步骤分成若干次进行。在学生的练习过程中，教师要及时给予指导，并及时获取反馈信息，矫正知识的偏差和操作上的错误。

（3）自主性训练阶段

在参与性训练阶段，当学生已经掌握了相关知识和行为技能的要领，能比较完整地、独立地进行技能的操作训练时，教师就可以让学生进行自主性的训练，将学会的知识和习得的技能内化为操作能力，独立地完成技能的训练。在此过程中，进一步深化知识，熟练技能，并可以进行创造性的练习。

4. 现场教学的基本要求

（1）明确教学目标

教师要根据教学内容的特点选择适当的课题和教学现场，并确定现场教学的教学目标。教学目标要完整全面，不仅包括技能训练的教学目标，还要有知识、态度等方面的教学目标。现场教学的教学目标教师不仅要做到心中有数，也要使学生心中有数，只有师生双方都明确教学目标，才能获得良好的现场教学的效果。

（2）做好充分准备

教师在实施现场教学之前，必须要做好以下几个方面的准备工作：要与有关的现场取得联系，争取他们最大限度的支持和配合；教师要制订现场教学的计划与安排、步骤与阶段；确定指导教师和指导要点；引导学生复习相关理论知识，为现场教学做好充分的知识准备；是对现场教学过程中可能遇到的问题和困难要做好预案。

(3) 做好示范指导

在现场教学过程中，教师和实际工作者要引导学生在直接感知基础上进行归纳概括，验证和阐释课堂上所学的理论知识，启发学生积极思维。教师和实际工作者的示范要规范、科学，合乎正确的程序。在示范时，要边示范边讲清楚训练项目或技能操作的知识点、技能操作的要点。学生在训练时，教师要给予及时的个别指导。

(4) 加强总结工作

现场教学结束时，教师要完成现场教学的总结工作。总结的内容主要有：现场教学前师生对教学目标的理解和把握的程度，师生的准备工作是否充分，实际训练的效果如何，是否达到了训练的目的；获得了良好的训练效果，实际训练中还存在哪些主要问题和困难，等等。现场教学的总结工作可以在现场进行，也可返校后进行；总结的方式可以是教师讲解，也可以采取座谈的方式进行。

(五) 分层次教学

1. 分层次教学的概念与意义

分层次教学是指按照学生的知识基础、能力结构、学习需要、学习兴趣、爱好特长等，把学生群体分成若干个班级，制定不同的教学目标，选择不同的教学内容，采用不同的教学方法，从而使不同层次的学生都能得到良好发展的一种教学组织形式。分层次教学是课堂教学的形式之一。这种教学组织形式有利于照顾到不同层次学生的学习需要，能较好地贯彻因材施教的教学原则；有利于使不同程度的学生在原有基础上取得进步和成功；有利于教师对学生进行分类指导和分层推进。

2. 分层次教学的基本特点

(1) 针对性

分层次教学的针对性主要体现在两个方面：一是针对具有不同程度的知识基础和能力结构的学生，实施和开展有针对性的教学活动；二是针对不同程度的学生，满足他们的学习需要、学习兴趣、爱好特长等，尽可能地做到因材施教，使每一个学生都能得到充分的发展。

(2) 差异性

分层次教学的根本目的就是为了贯彻落实因材施教的教学原则，照顾到不同程度学生的学习需要。为此，我们将根据学生的个体差异，将学习内容按照学生的认知规律和特点，分解成若干知识点、难易程度不同的层次，并将同一层次的学习内容进行归类，各层次具有一定的跨度，从而根据具有不同差异的群体，采用不同的教学方法和教学手段。

（3）层次性

分层次教学是根据学生群体在学习上存在着的个别差异，主动地、有意识地将学生分成若干类别和层次。这种划分是在充分分析了学生现有的知识和能力的基础上，根据学生的意愿进行划分的。这种划分是根据学生的实际情况，为了进行有区别的教学活动而进行的划分，目的是使每一个学生都能在适合自己的层面上有效地学习，以满足个体发展的需要。

（4）动态性

分层次教学不是一成不变的，我们要根据学生的学业成绩的变化情况，实施动态的管理。因此，教师要及时观察学生学业的变化过程，掌握学生的实际情况，分析学生的学习效果，以便据此及时调整学生所处的类别和班级，使学生始终都能在适合自己实际的层面上学习。实施动态管理的目的是增强学生的竞争力，提高学生的学习积极性和主动性。

3. 分层次教学的基本要求

（1）分类编班科学合理

科学合理地分类编班是分层次教学的关键环节，只有做到了科学合理地分类编班，才能给学生提供适合的教育机会，使不同程度的学生获得良好的发展。分类编班主要是根据学生的实际情况和现有发展水平，在尊重学生意愿的基础上进行。因此，我们要认真严肃地做好分类编班的工作，使每一个学生都能找到自己合适的位置，满足个体发展的需要。为此，在分类编班时要坚持自愿原则和分类指导原则。

（2）教学目标明确具体

分层次教学要根据各类各班的实际情况，提出切实可行的、具体的、具有可操作性的教学目标。如果教学目标没有区别，那么就无法实施分层次教学、开展不同的教学活动。对于知识基础较好、能力较强的班级和学生，教学目标重点放在自学能力、探究精神方面，提出较高的学习目标；对于知识基础较差、能力较弱的班级和学生，教学目标重点放在基础知识、基本技能等方面，以培养学习习惯，掌握学习方法，增强学习兴趣，树立学习的自信心。

（3）过程管理动态变化

实施分层次教学，就要实施动态管理。不实施动态管理，就不会提高学生学习的竞争力，就会损伤学生学习的积极性，极易产生两极分化现象。因此，教师要及时观察每一个学生学业的变化过程，定期召开班主任、各科教师、学生、学生家长座谈会，根据学生的学习进步状况，一学期可调整学生的类别班级，实施动态的分层次管理。这就要求教师要了解学生的实际情况，掌握学生的学习效果，分析学生的现有发展水平，做到心中有数。

(4) 教学活动切合实际

实施分层次教学，就要开展适合而又有区别的教学活动，开展千篇一律的教学活动，实施分层次教学就失去了应有的意义。一是学习内容要切合学生的实际，符合学生的程度和水平；二是教学方法、教学手段、教学组织形式要切合学生的实际，能真正收到实效；三是“最近发展区”的确定切合学生的实际，使各层次的教学都能接近或达到学生的“最近发展区”，使学生通过教师的指导和自己的努力，不断地进步和提高。

(5) 教学评价科学规范

我们既然要开展分层次教学，就必须建立适合不同类别和不同层次学生的评价标准，如果按照统一标准评价各层次的学生，就失去了分层次教学的意义。因此，必须建立与分层次教学相匹配的教学评价机制。对于高层面的学生，考核时在掌握基础知识、基本技能的同时，应多增加一些综合题、应用题等；对于基础层面的学生，在掌握基础知识和简单应用的同时，可增加实践技能的考核比重等。

第二节　中职学校教学工作环节

一、教学准备环节

(一) 备课概念与意义

1. 备课的概念

备课就是教师根据教学大纲和教科书的要求，结合学生的实际情况，依据本学科的特点，明确教学任务，选择教学方法和手段，为学生顺利进行学习做好准备。换言之，备课就是教师课前所进行的一系列教学准备工作。简单地说，备课就是课前准备。

2. 备课的意义

(1) 备课是教学工作的首要环节和上课的前提条件

备课是教学工作的第一个环节，这个环节的工作做得如何，直接影响到之后几个环节能否顺利进行。因此，教师进行教学工作，首先要做好备课工作。备课是教师上课的先决条件。上课就需要备课，这是对教师上课前的基本要求。要想上好课，首先要备好课。课上得好坏和质量高低在很大程度上取决于教师的准备工作。一般说来，准备工作做得好，就能取得良好的教学效果，保证教学工作的自觉性和主动性，能使教学效果和质量稳步提高。因此，教师必须重视备课，认真备课，善于备课。

（2）备课可以提高教师的实际教学能力

教师教学能力的形成，一是要具备教师的基本素质，即潜在的教学能力，如教师的职业道德修养和个性修养，教师的文化素养和能力素养等。二是要做好备课工作，通过备课活动，把教师潜在的教学能力转化为现实的教学能力。反之，虽然具备了教师的基本条件，但是不进行备课工作，就无法把潜在的教学能力转化为现实的教学能力。从这个意义上讲，备课的意义就在于促使教师把潜在的教学能力转化为现实的教学能力。

（3）备课可以提高教师的业务素质，拓宽其知识和技能领域

教师要向学生传授专业知识和技能，自己必须先是专业知识和技能的已知者和占有者。如果教师对教材中的专业知识重点掌握不了，疑难问题理解不透，技能不熟练，就无法把学生教懂教会。要解决这些问题，教师在备课过程中，除了深入钻研教材外，还要大量翻阅和查找有关资料，熟练学生需要掌握的各项技能。在由感知、理解教材到牢固地掌握教材，从熟练掌握和运用各项技能到准确无误地教授技能的过程中，业务能力得到提高；同时在博览群书、积累资料、熟练技能的过程中，拓宽了知识和技能领域，掌握了更多的知识和技能，学到了更丰富的内容，在教学中就能更加得心应手。

（二）备课的种类

1. 个人备课和集体备课

个人备课是指每位任科教师独立进行的备课活动，这是学校教学中最基本和最普遍的备课形式。这种备课形式不受时间和空间的限制，教师可在上课前利用自己的空闲时间做好自己的教学准备工作，方便灵活，自我掌握，能充分发挥教师个体的积极性和主动性。集体备课是指教授同一学科、同一年级的教师，利用业务学习的时间，集中在一起共同进行备课活动。这种备课形式受到了时间和空间的限制，但是便于发挥教师集体的优势，共同解决所遇到的问题，利用集体的智慧完成备课任务。

一般情况下，在实际的备课过程中可先进行个人备课，然后每学期开展若干次集体备课，以便加强教师间的相互交流、相互切磋，统一教学要求和教学进度。

2. 学期备课、单元备课和课时备课

学期备课是指对某门课程一个学期的教学活动做好教学准备工作。具体任务是：了解学校教学日历，研究和领会本门课程的教学大纲，以便确定教学进度；从整体上考虑本门课程的教育教学目标、教学内容、教学组织形式和教学方法等，把握本门课程的体系，掌握各章节的重点内容，思考教学过程的组织和实施等；了解教学资源和可利用的教学条件，确定教学所需要的教具和学具、各种资料和资源等。

单元备课是指对某门课程的一个单元的教学活动做好教学准备工作。单元备课是以学期备课为基础，以教学内容的单元为依据来设计教学活动。其具体任务是：确定单元教学目标和教学要求；分析单元教学内容的性质和特点，确定教学重点、难点和关键点；安排单元的教学时间、教学方法、教学媒体、教学形式等。

课时备课是指对一节课的教学活动做好教学准备工作。课时备课是以单元备课为基础，以教学内容的课时为依据来设计教学活动。其具体任务是：了解学生的学习准备状态，分析学生的特点，具体分析教学内容；实施教学设计，包括教学目标的设计、教学策略的设计、教学媒体的设计、教学过程的设计等内容；编写课时计划（教案）。

（三）备课的内容

1. 钻研教学材料

教学材料主要包括课程计划、课程标准（教学大纲）、教科书和教学参考书等。教师要钻研课程计划、课程标准（教学大纲），领会课程的基本思想和课程目标。通过对教学大纲的研究，把握教学内容的体系、结构、范围和深广度，研究各单元或课题的教学目标。在此基础上，研究教材，掌握教材的知识体系、基本原理，准确理解各章节、各单元和各课的重点、难点、关键点；教师要广泛阅读教学参考书资料，选择有实际价值的资料补充到教学内容里，如有必要和可能，也可编写教学补充材料。总之，钻研教学材料要做到心中有数。

2. 熟悉工作（生产）过程

熟悉工作（生产）过程是职业学校教师在备课过程中必须要做的一项教学准备工作。其具体任务是：了解本专业所对应的相关职业（职业领域）或岗位（岗位群）的工作（生产）环节、工作（工艺）流程、工作（技术）要求、工作（操作）技能、岗位职责、机器设备等，以利于理论联系实际，提高教学的实效性和教学效果。总之，熟悉工作（生产）过程要做到心中有数。

3. 了解学生

了解学生是进行有效教学的前提条件，学生的学习准备是确定教学起点的依据。了解学生包括了解全班学生的一般特点（知识水平、学习准备、技能水平、接受能力、学习风气、学习态度等）和了解每个学生的特点（学习基础、兴趣爱好、学习能力、学习习惯、动手能力、理解能力、努力程度等）。总之，了解学生要做到目中有人。

4. 设计教学方式

教师要根据教学目标、教学内容和学生的学习准备状态设计教学方式，包括设计教学模式、教学程序、教学方法、教学媒体等。例如，首先确定是采用“合作学习”、“探究学习”，还是采用“活动学习”、“项目学习”；然后再确定教师的教授方法、学生的学习方法和师生互动方式；最后进行具体的教学设计工作，包括教学目标的设计、教学策略的设计、教学媒体的设计、教学过程的设计等。总之，设计教学方式要做到手中有法。

5. 编写课时计划

编写课时计划（教案）是备课内容的最后一项教学准备工作。教师要在钻研教学材料、熟悉工作（生产）过程、了解学生、设计教学方式的基础上，按照教案的基本结构，用简练的语言或其他符号形式把教学内容表达出来，形成完整的课时计划（纸质教案、电子教案、课件）。从形式上分，教案可分为条目式教案和表格式教案；从篇幅上分，教案可分为详案和简案。一般地说，年轻的教师，特别是新任教师要写详案，老教师可写简案。现在教师都使用电脑备课，免去了重复书写教案的繁琐。但是，教师要注意及时补充、修改和完善教案，避免使用旧教案上课。教案的格式可谓多种多样，教案的格式的设计要符合教案的基本要求，要符合中职学校教学的特点，满足各学科教学的内容书写要求，有利于教师的简洁操作。很多学校编制了电子教案模版供教师使用。

（四）说课

说课是指教师用简短的时间，以口头语言的形式，表述单元、课题或课时教学目标、教学过程、教学方法、教学媒体、教学活动、练习训练和教学评价等有关教学内容，以供同行、领导和专家交流、评议，从而修改教学设计实施方案，提高教学效果和教学质量的一种教研活动。说课实质上就是要求教师简明扼要地阐释教学思路的过程。就内涵而言，说课属于备课的范畴。一般地说，说课的内容主要包括以下几个要点。

1. 阐释教学目标

教学目标是教学活动的出发点和归宿，也是一节课的灵魂。因此，教师在说课时，要用简洁的语言，清晰地表达教学目标，即把知识目标、技能目标、能力目标、态度目标等表述清楚。阐释教学目标，即要把“学到什么程度”、“达到什么效果”的问题阐释清楚。

2. 阐释教学内容

教学内容是实现教学目标的载体。因此，教师在说课时，要用简练的语言，阐释本课的教学内容在本门课程中的地位和作用，说明本节课的主要内容，明确教学重点、教学难点、教学关键点。阐释教学内容，即要把“学什么”的问题阐释清楚。

3. 阐释教学方法

阐释了教学目标和教学内容后，教师还要说明教学方法问题。因此，教师在说课时，阐释教学方法，不仅要说明教师的教法，而且更要说明学生的学法。即要把“用什么方法教”和“用什么方法学”的问题阐释清楚。

4. 阐释教学过程

实现教学目标，完成教学任务，还必须通过一系列的教学活动。因此，教师在说课时，要把课堂教学的结构、教学环节或步骤、教学的流程、教学活动的具体展开、动作技能的操作规程、时间分配等问题阐释清楚，以便验证教师的教学思路是否是清晰的。

5. 阐释教学媒体

教学媒体是完成教学任务的重要手段。因此，教师在说课时，要把教学媒体的具体运用，即本节课使用何种教学媒体，媒体出示的时机、频率、效果等问题阐释清楚，以便明确教师在运用教学媒体时，能找到最佳作用点和最佳作用时机。

二、教学实施环节

（一）上课

上课是教学工作的中心环节、教学活动的基本形式、完成教学任务的主渠道，是提高教学质量和实施素质教育的关键环节。上课的基本要求有以下几点。

1. 目标明确

教学目标是教学的出发点和归宿，每一节课都必须有明确的教学目标。教学目标必须明确具体，以克服教学目标的模糊性和不确定性。具体地说，教学目标包括知识目标、技能目标、能力目标、德育目标和心理目标。

（1）知识目标

这一节课让学生学习和掌握哪些基础知识和专业知识，掌握到什么程度，理解哪些概念和原理，理解到什么程度，即这一节课让学生学习什么知识，学到什么程度，都必须明确具体、清晰可见。

（2）技能目标

这一节课训练学生哪方面的技能，是心智技能与动作技能，还是再造技能与创造技能，让学生掌握哪些技能，达到什么熟练程度，即这一节课让学生学习什么技能，学到什么程度，都必须明确具体并具有可操作性。

（3）能力目标

教学不仅要向学生传授基础知识、专业知识和训练技能，还要培养学生的能力，即通过什么方式和手段，培养学生哪方面的能力，达到什么样的程度，都必须明确具体。

（4）德育目标

教师要根据教学内容的思想性和学生的思想实际，有针对性地对学生进行思想品德方面的教育，对学生进行的思想、品德、作风、行为、职业道德等方面的教育和培养，必须明确具体。

（5）心理目标

在教学过程中，培养学生具有良好的心理素质也是教学的重要任务，塑造和培养哪些心理品质，怎样培养兴趣、情感、意志、性格等非智力因素，怎样培养进取精神、竞争精神、合作精神、忍耐力、心理承受力等都必须明确具体。

需要指出的是，我们所说的教学目标明确，不仅是指教师明确教学目标，做到了心中有数，写进了教案；也是指学生也必须明确，做到心中有数。因此，一节课开始时，教师简明扼要地向学生说明本节课的教学目标是十分必要的，以便师生都能做到心中有数，共同配合，围绕教学目标展开教学活动，实现本节课的教学目标。

在实际编写教案的过程中，也可将教学目标简要概括为“五点”，即知识教学点、技能训练点、能力培养点、德育渗透点、心理辅导点。

2. 内容正确

内容正确是上好一节课的最基本条件，只有内容正确，才能保证学生学到科学的知识，掌握科学的技能，学会科学的方法。内容正确主要体现在两个方面。

(1) 教师讲授的内容具有科学性和思想性

科学性和思想性是教学质量标准，不允许教师出现差错。教师要讲清楚基本概念和基本原理，阐明基本理论和基本规律，准确无误地说明掌握技能的条件、步骤和环节；保证教学内容的科学性，保证一切解释、说明、例证、补充等正确无误；正确地分析教学内容的思想因素，保证教学内容的思想性。

(2) 教师处理教学内容的正确性

教师要准确地把握教学内容的重点、难点和关键点，做到突出重点，突破难点，把握关键点；教师要科学地安排教学程序、教学步骤、教学环节、教学时间、教学方法、教学媒体、教学情境等；教师要把握教学内容的系统性、连贯性和完整性。

3. 方法恰当

一节课只有明确的目的和正确的内容，而没有相应的科学方法，也是难以取得良好的教学效果的。因此，恰当地选择和灵活运用教学方法是十分重要的。方法恰当主要体现在两个方面。

(1) 教师的教法要恰当

教师要根据本节课的教学目标、教学内容的特点，学生的实际和教师自身的特点选择确定最优的教法，无论选择何种教法，都必须具有启发性，以充分调动学生学习的积极性和主动性，集中学生的注意力，激发学生的学习兴趣和学习欲望。同时要注意多种教法的合理使用，千篇一律的教法是不可取的。因此，需要教师在教学过程中，善于选择并创造性地运用教法。

(2) 学生的学法要恰当

有了教师的教法，还必须有学生的学法。教师的教法要恰当，学生的学法也要恰当。教法与学法相互呼应，才能取得良好的教学效果。

4. 基本功好

基本功的好坏也是教师能否上好一节课的影响因素。基本功好主要表现在以下几个方面。

(1) 语言准确

教师的语言是完成教学任务的重要手段。因此，教师要加强语言修养，掌握语言艺术。教师上课要使用普通话，讲话要通俗易懂、清楚准确，要精练严密、逻辑性强，要富有启发性、感染力；教师讲话的语速快慢、声调高低要适中。

（2）教态自然

教态主要指教师的神态和姿态。神态主要是通过眼神和面部表情表现出来的。教师的目光和眼神要自然亲切，要流露出对学生的信任和期待；教师的面部表情要严肃认真，同时也要微笑柔和，使学生感到教师平易近人，切忌板起面孔，造成学生心理负担。姿态主要指人体的动作。教师要充分发挥手势的表达功能，做到自然、舒展、大方、准确，频率、幅度适中，切忌在课堂上穿梭般的走动。此外，教师也要注意衣着打扮。

（3）板书工整

板书是教师的基本功之一，它能起到直观、突出重点、系统化知识的作用，教师的语言常常配合板书进行。因此，无论是文字书写，还是幻灯字幕、课件、板画图表等都要做到规范、工整、清楚，还要做到布局合理、结构完整、大小适当、形体合适。

5. 组织严密

整个一节课的进程、环节和步骤要有高度的计划性、严密性和合理性。上课要按计划进行，一环扣一环，一步接一步。这节课怎么开始，怎么结束，中间经过哪些步骤，各步骤之间怎样衔接；什么时候讲，讲什么，什么时候练，练什么；什么时候使用多媒体，演示什么，什么时候板书；哪些内容精讲，哪些内容略讲，哪些内容自学等一系列问题都要有高度的计划性。同时还要科学地分配和掌握时间，发挥每一分钟的作用，切忌课堂拖拉。要保证课堂教学井然有序，冷静处理可能发生的偶发事件。

6. 效果良好

一节成功的课最主要的标志是最终取得了良好的教学效果。教学效果的优劣主要表现在三个方面。

（1）是否达到教学目标

是否达到教学目标也就是课前所定的知识目标、技能目标、能力目标、德育目标、心理目标是否通过教学活动达到了。即通过教学，学生是否理解和接受了知识，是否真正掌握了某项技能，是否培养了能力，是否受到了思想教育，心理素质是否得到了提高。

（2）师生活动情况如何

教学活动是师生双方的共同活动。师生活动情况包括：教师教的活动怎样，学生学的活动如何；教师是否发挥了指导者、引导者、管理者、促进者的作用，学生是否起到了主体作用。特别是要看学生学的活动如何，学生的活动不是指表面上的活泼、课堂上的热热闹闹，而是看学生是否处于一种积极的状态之中。例如，注意力是否集中，是否积极思考问题，是否在认真模仿，是否在刻苦训练，是否在努力钻研，是否在认真练习等。

（3）能否做到因材施教

教学效果的好坏还体现在能否在对全班学生进行集体教学的同时，做到因材施教。既照顾到了优等生，使他们能“吃得饱”，也照顾到了中等生，使他们能“吃得好”，又照顾到了差等生，使他们能“吃得了”。通过教学活动，要使全班学生在原有知识和技能基础上都要有所进步和提高。小组教学和个别教学能够很好地体现因材施教这一点。所以，文化课和理论课采取集体教学形式，而实验课、实习课等实践类课程的教学，我们更多地采取小组教学和个别教学组织形式。

（二）课外作业的布置与批改

课外作业的布置与批改是整个教学工作的重要组成部分，是课堂教学的延续和补充。目的是巩固和消化课堂上所学的知识，熟练技能技巧，培养独立分析问题和解决问题的能力和习惯，也是教师获取反馈信息和了解教学效果的重要途径。

1. 课外作业的布置

课外作业的类型主要有：一是口头作业，包括朗读、阅读、复述、背诵、问答、口头解释与分析等；二是书面作业，包括书面问答、演算习题、书面作业、绘制图表、实验报告等；三是实践作业，包括观察、实验、测量、制作、收集资料、参观调查、技能训练等。

2. 课外作业的批改

课外作业的批改方式主要有：按范围分，包括全批全改、部分批改、轮流批改等；按程度分，包括精批细改、粗批略改、重点批改等；按形式分，包括背后批改、当面批改、课堂集体批改等。

（三）课外辅导

课外辅导是课堂教学的补充和延伸，是实验、实习、技能训练、课程设计、毕业设计等实践教学环节的重要手段，是适应学生个别差异、贯彻因材施教原则、提升教学质量的重要措施，是提高学生学业成就的重要手段。

1. 课外辅导的形式与内容

课外辅导的形式主要有集体和个别辅导两种。集体辅导针对共性问题，个别辅导针对个别问题。课外辅导的内容主要有解答疑难问题、指导学生完成作业、补课、指导学法等。

2. 课外辅导要求

课外辅导要求主要有：教师要有高度的事业心和强烈的责任感；辅导目的明确，形式有效，内容丰富；从学生实际出发，注重实效，因材施教；突出学生的主体地位，调动学生的主动性和积极性；教师态度要和蔼，师生平等相处、共同讨论。

（四）学业成绩的检查与评定

1. 学业成绩检查与评定的形式

学业成绩检查与评定的形式有考查和考试两种。其中考查的方式有日常观察、课堂提问、检查书面作业等；考试的方式有口试、笔试、实际操作等。

2. 学业成绩检查与评定的要求

学业成绩检查与评定的要求有：严格按照教学大纲的要求、教科书的内容和范围；平时考查与考试相结合；考查形式应灵活多样，次数、难易程度要适当，考题的范围、数量、深浅要适当；教师要及时评卷，以便给学生及时提供反馈信息。

三、教学评价环节

（一）学生学习评价

1. 学生学业成就评价

学生学业成就评价是对学生个体学习水平、学习结果和行为变化作出价值判断的过程，同时也是对教学效果的检验。根据教学评价的性质，一般可分为三种类型。

（1）诊断性评价

诊断性评价是指，为了使教学适合学生的实际情况，满足学生的学习需要，使教学活动的设计具有较强的针对性，在进行教学活动之前，对学生目前的学习水平、学习现状、学习结果、学习需要和学习准备状态的一种评价。主要是检查学生继续学习新内容的知识基础、技能和能力水平、态度等学习准备状态，其目的是便于教师确定教学的起点，根据学生目前的学习准备情况，采取有针对性地教学措施，以获得良好的教学效果。

诊断性评价的主要作用有：一是用于检查学生的学习准备状态。教师经常在教学之前，例如在某门课程或某个单元教学开始前进行测试，通过测试结果，教师可以了解学生在教学开始时已具备的知识基础、技能水平和学习态度。二是用于确定对学生的安排。通过诊断性测验，教师能够深入了解学生在学习上的个别差异，在此基础上，经过合理调整和安排，使教学更加符合学生的实际情况，更好地满足学生多样化的学习需要。三是用于辨别造成学生学习困难的原因。在教学过程中实施诊断性评价，可以诊断学生在学习过程中所遇到的困难及原因，并采取针对性的教学措施，对症下药，以取得良好的学习效果。

（2）形成性评价

形成性评价是指，在教学进行过程中，为改进和完善教学活动而进行的对教学和学习过程及结果的测定。形成性评价注重对平时学习过程的经常性检查，关注对学习过程的测试，强调利用测试的结果来改进教学，使教学过程不断得到经常性的测评和反馈、修正和改进，逐步获得最优化的教学效果。形成性评价的主要目的是为了及时获取反馈信息，形成适合于学生学习的教学。所以形成性评价测试的次数一般比较频繁，内容分量少，通常在一个章节、一个单元、一个课题或新知识、新技能等的学习后进行，以及时检查学生的学习状况，使教师和学生明确下一步应如何教和如何学，从而指导师生完成既定的教学和学习目标。

形成性评价的主要作用有：一是改善学生的学习。通过形成性评价，揭示学生在学习过程中所遇到的问题和困难，查找学生在知识、技能、能力、态度等方面的欠缺。同时向学生提供有针对性的学习指导和改善学习的计划，提出解决学习问题、学习困难和弥补学生在知识、技能、能力等方面欠缺的措施。二是为学生的下一步学习制定步调。运用形成性评价的结果为学生的下一步学习制定步调是形成性评价重要功能。通过对每一学习阶段（例如每一单元）的形成性评价，可以确定学生对前一阶段学习的掌握程度，并据此确定下一阶段学习的目标和任务。三是强化学生的学习。对于已经较好地掌握前一阶段学习任务的学习者来说，形成性评价可以使他们及时获取成功的体验，从而强化学习结果和增强学习动力。对于那些未能较好地掌握前一阶段学习任务的学习者来说，形成性评价可以使他们及时发现问题，找到差距和不足，及时加以改进。四是为教师提供反馈信息。教师通过形成性评价，可以及时发现和找出在教学目标的制定、教学内容的分析、教学方法的选择、教学媒体的选用、教学活动的组织、教学情境的设置、教学过程的安排上的一些问题，从而使教师有针对性地改进教学工作，提升执教能力，增强教学效果，提高教学质量。

（3）总结性评价

总结性评价是指，在一个教学阶段结束后，对教学和学习结果的评定。总结性评价有三个基本特点：总结性评价的目标是对学生整个教程或某个重要部分上所取得的较大成果进行全面的评定，并评定成绩；在内容分量上，总结性评价着眼于学生对某门课程整个内容的掌握，常常分量大、频率低；在测试内容的概括性上，总结性评价概括性水平一般较高，题目多为知识、技能、能力等多种因素的综合体。因此，概括地说，总结性评价是在学完某门课程或某个重要部分之后进行的，目的是评价学生是否达到教学目标要求而进行的概括性水平较高的测试和成绩评定。

总结性评价的主要作用有：一是评定学生的学习成绩。通过总结性评价，确认学生在某门课程上达到教学目标的程度，对学生的学业成就作出整体的和全面的价值判断。二是确定新的学习起点。在这一点上，总结性评价和形成性评价的作用基本相同，通过总结性评价，确定学生在知识、技能、能力、态度等方面的程度和水平，这种程度和水平成为确定下一步学习起点的依据。三是为学生提供反馈。总结性评价使学生认识到了目前学习的状况，明确了目前学习的效果，了解了自己的学习程度和学习水平，清楚了对某门课程的掌握程度和遇到的问题和难点，这些都将成为学生制定下一阶段学习目标的依据。

2. 学生实践能力评价

实践能力是职业学校学生学习评价的核心内容，也是衡量教学目标是否实现的主要指标。学生实践能力评价主要考核学生在职业技能与职业能力方面的掌握程度、工作态度、运用专业理论知识的水平等方面。

实习考核有：平时考核、期末考核、毕业考试。操作考核是评价学生实习或实验成绩的主要方法。教师按照教学要求，布置作业课题，由每个学生独立操作完成，然后按照评价目标，如按考核操作成果的质量、完成操作的时间、动作的熟练程度、操作的程序、动作的姿态、操作的过程、工作的态度等方面予以评价。毕业考试主要是全面检查学生掌握专业理论知识和职业能力的水平，一般以各工种技术等级的应知应会标准实施考核。

（二）教师教学评价

教师教学评价主要有教师教学过程评价和教学绩效考核。教学过程评价主要考察教师备课的质量、上课的水平、作业的布置与批改、课外辅导情况等。教学绩效考核主要是通过学生的学业水平来考核教师的教学水平和教学能力。对教师的教学评价可通过督导专家、学校领导、同行教师、学生进行，确定各方所占权重，最后给出教师一个综合评价等级或分数。目前很多学校采用了教师教学质量测评系统，督导专家、学校领导、同行教师、学生听课后，按照系统的要求给教师作出评价。

第七章　中职学校实践教学

◎ 中职学校实践教学的特点与形式

◎ 中职学校实践教学原则与方法

◎ 中职学校实践教学基地的建设与管理

第一节　中职学校实践教学的特点与形式

一、中职学校实践教学的特点

（一）实践教学的概念与意义

1. 实践教学的概念

实践教学是与理论教学相对应的一种教学活动，是中职学校教学的重要组成部分。实践教学的好坏直接影响着教学质量，进而影响到培养人才的质量和学校的办学特色，乃至影响到学校的生存与发展。因此，中职学校要高度重视实践教学，努力构建完善的实践教学体系，以完成培养技能型人才的任务。实践教学是指“使学生加深对专业理论的理解，获得包括职业技能、技巧和职业道德的职业从业能力，并具有自我发展能力，从而全面完成教学任务，实现培养目标的一种实践活动”[1]。实践教学在中职学校教学中占有重要的地位和相当大的比重，建立与理论教学平行又相互联系，且具有相对独立性的实践教学体系是职业学校的重要任务。

2. 实践教学的意义

（1）实践教学是实现培养技能型人才目标的主要途径

实现培养技能型人才的目标，仅仅通过理论教学还不够，还必须通过实践教学。通过实践教学，训练学生的职业技能技巧，锻炼学生的动手能力，提高学生的操作能力，形成学生的职业能力，培养学生的职业道德，挖掘学生的潜能，发展学生的心智技能，学会分析问题的方法，培养解决问题的能力，形成从业能力。

---

[1] 刘春生，等．职业教育学［M］．北京：教育科学出版社，2002：210.

（2）实践教学是巩固专业理论知识的重要手段

要想充分理解和消化专业理论知识，不仅要学习专业理论知识，还要通过实践教学活动，加深和巩固所学理论知识。通过实践教学活动，为学习专业理论知识提供了丰富的感性认识，也可重温和验证所学专业理论知识，运用理论知识解决实际问题。同时，还能学到课堂教学中难以学到的职业实践知识。

（3）实践教学可使学生获得新知识和新技术

中职学校的教学大纲具有一定的稳定性，因此教材具有相对的滞后性。为避免教材的滞后性与因科技迅猛发展而在各个领域和行业中不断出现的新技术、新工艺、新设备、新程序、新方法产生矛盾，学生在实践教学中，有必要向生产部门、科研院所、工程现场、服务机构等向各行各业的工程技术人员、专家、技术能手、能工巧匠等学习新知识，掌握新技术。

（4）实践教学可以培养学生形成职业道德

实践教学可使学生理解职业的涵义，认识职业的意义，增强职业的情感，形成职业意识。实践教学可使学生感受工作的价值，体验工作的快乐，熟悉工作的岗位，培养爱岗敬业的精神。同时使学生懂得遵守职业纪律和职业公德，爱护公共财产，尊重他人，热爱集体，学会与人合作，培养团队精神等品德。

（二）中职学校实践教学的特点

1. 系统性

实践教学是全面地、系统地培养学生的教学过程。因此，实践教学不仅是训练学生的操作技能和动手能力，使其具有扎实的基本功和过硬的职业技能的过程，也是培养学生的从业能力、适应能力、创业能力等职业能力的过程，同时也是深化专业理论知识，应用专业理论知识，理论联系实际的过程。这个过程无疑也是培养学生形成良好的职业道德、思想品德、健全人格、协作精神、合作态度和人际交往的教育过程。

2. 主体性

教学活动是以学生为主体展开的，不仅理论教学要突出学生的主体地位，实践教学更应突出学生的主体地位。实践教学的主体性主要表现在：学生积极主动地参与实践教学的各项活动，主动熟悉工作生产环境和工作生产环节，主动向工作人员、技术人员和师傅学习请教，主动训练操作技能和动手能力等。指导教师不能取代学生的主体地位，只能发挥管理者、组织者、引导者、指导者的作用。

3. 开放性

以培养职业技能和职业能力为主的实践教学不同于以传授和学习职业知识为主的理论教学。首先，实践教学要面向专业开放，专业理论知识的教学指导实践技能的教学，实践技能的教学又验证和扩展了专业理论知识；其次，实践教学要面向同行开放，同专业教师应相互交流、相互切磋、共同进步，不断提升教学水平和教学能力；再次，实践教学要面向行业、企业、社会开放，关注行业、企业和社会的要求。

4. 创新性

实践教学不仅是培养学生技能操作、训练职业能力的过程，也是培养学生的创新精神、创新意识、创新能力的过程。通过实践教学活动，使学生认识新事物，获得新体验，提出新问题，发现新方法，进行新设计，学会新技术，掌握新本领，学懂新工艺，使用新设备，等等，都体现了实践教学的创新性。这就是对学生而言的创新，正是这种创新，为学生今后从事创造性的工作奠定了坚实的基础。

二、中职学校实践教学的形式

实践教学的教学形式多种多样，例如实验、参观、调查、练习、教学实习、生产实习、毕业实习、临床实习、课程设计、毕业设计、毕业论文、社会实践活动等。这里择其常用和主要的实践教学形式加以简介。

（一）实验教学

1. 实验教学的概念和意义

实验教学是中职学校实践教学中培养学生实验技能的重要教学环节。实验教学是指学生在教师指导下，为检验某种假设或理论，利用一定的仪器设备和材料，在人为控制条件下，引起实验对象的变化，通过观察、测量、分析，获取知识、巩固知识和培养学生实验技能的一种实践教学形式。

实验教学的目的是验证理论知识，培养学生正确地使用仪器设备，使学生形成能够进行测试、调整、分析、综合和设计实验方案、编写实验报告的能力。实验是学生获得感性经验的重要途径，检验理论知识的实践基础。实验可以培养学生的观察能力、设计能力、独立探索能力、实验操作能力、分析问题和解决问题的能力。

2. 实验教学的类型和基本要求

中职学校的实验教学可分为演示性实验、验证性实验、观察性实验、设计性实验、操作性实验、综合性实验、研究性实验等类型。实验教学的基本要求是目标明确、准备充分、过程科学、指导有方。

（二）实习教学

实习教学是在教师和技术人员的组织指导下，到工作或生产现场，参加一定的实际工作或生产操作，学习和掌握相关工作或生产经验，训练操作技能，运用理论知识于实践的教学活动。实习教学是专业知识和生产、工作实际相结合的一种教学形式，也是中职学校实践教学的主要环节。

实习教学的意义主要有：通过实习教学，有利于了解相关职业和岗位的实际工作情境和环境；有利于学生获得直接经验、增强感性认识和验证间接知识；有利于培养学生理论联系实际的好作风；有利于培养和训练学生的操作技能和动手能力；有利于将知识转化为技能，形成一定的实际工作能力。因此，实习教学是培养技能型人才的重要手段。中职学校应高度重视实习教学，加强实习教学的组织与管理，配备认真负责的实习教师，提高实习教学的教学效果和教学质量。

1. 认识实习

认识实习一般也称之为见习，通常安排在低年级，通过到工作现场和生产现场进行参观，使学生对将来所从事的职业、生产岗位有一个基本的认识和了解，对工作和生产环境、生产流程等产生一定的认识和理解。同时对本专业需要学习和掌握的基础知识和基本技能有所了解，获得必要的感性认识，扩大学生的知识视野，促进理论联系实际。

2. 教学实习

教学实习是指学生在实习指导教师的指导下，结合专业课程的教学，使学生运用所学的专业课程的知识与实际相联系，增强对生产和工作的感性认识，验证所学的理论知识，了解基本的生产操作方法，掌握一定的生产操作技能的一种实践教学形式，与此同时接受劳动纪律、安全卫生、环境资源保护等方面的教育。

教学实习的类型主要有：参观和认识实习、结合某一门课程的教学实习、专业基本工种的教学实习、轮换工种的教学实习、综合性教学实习等。教学实习的基本环节有：师生教学实习的准备，教师的讲解示范，学生的操作训练，教学实习中教师的巡回指导，学生自我小结、教师总结讲评。

3. 生产实习

生产实习是指在基本完成教学实习和专业基础课后，到专业对口的生产现场直接参与生产劳动过程，运用所学知识和技能，完成一定的生产任务，掌握生产操作技能，养成正确的劳动态度的一种实践教学形式。生产实习是中职学校实践教学的重要形式，是教学实习的延续、扩展和提高。生产实习一般在高年级进行。

生产实习的类型有顶岗实习和轮岗实习两种。不同专业的生产实习，其实习内容、实习方式、实习次数、实习时间不尽相同。一般说来，工科类专业的生产实习体系比较完整，应用类专业的生产实习时间较长，非工科专业的实习时间较短。

4. 毕业实习

毕业实习是指学生在学完全部课程之后，毕业之前到实习现场参加实际工作，综合运用所学专业知识和技能，锻炼业务，提高思想，获取独立工作能力的一种实践教学形式。毕业实习是职业学校实践教学过程的重要环节，与毕业设计（毕业论文）有密切的联系。

（三）课程设计和毕业设计

1. 课程设计

课程设计是指学生在教师指导下，运用一门或多门课程的理论知识和实践技能，解决具有一定综合性课题的筹划过程的一种实践教学形式。在中职学校的课程中，有些专业基础课和专业课要求有课程设计，课程设计是该课程的有机组成部分。课程设计以不同于课堂教学的形式进行，一般安排在有关理论教学之后，集中两周左右的时间。除了课程设计之外，还有制图测绘和大型作业，两者虽不如课程设计全面，但从教学形式上看，制图测绘和大型作业与课程设计大体相同，有人称之为课程设计的初级阶段。

课程设计的主要任务是运用所学理论知识和技术处理好各种因素之间的相互关系，创造性地完成符合生产要求的设计任务。课程设计一般包括三部分：一是进行设计和计算；二是绘制和编制工艺文件；三是编写说明书。课程设计主要培养学生三方面的能力：一是独立运用理论知识和实际材料解决实际问题的能力；二是组织和整理文献资料所提供的论点和材料的能力；三是使学生能够用通顺的文字、准确的图表系统地表达设计成果的能力。

2. 毕业设计

毕业设计是指学生在指导教师的指导下，综合运用本专业知识和技能，独立完成一项比较完整的专业技术课题的实践教学形式。毕业设计是按照专业培养目标规定的专业要求，对学生进行全面系统的能力训练的过程。通过毕业设计，使学生学会综合地运用所学的理论知识和实践技能，解决实际问题。毕业设计是对学生进行的一次综合检查，也是评定毕业成绩的主要依据，同时也对教师改进实践教学起到了反馈作用。毕业设计的特点主要有综合性、独立性、探索性等。

毕业设计的主要任务是运用所学理论知识和实践技能、技术，创造性地完成符合规范要求的一项综合性课题。毕业设计比课程设计的要求要高，它更重视用理论知识来分析和解决技术问题。要围绕本专业培养目标的任务进行选题，注重课题的实用性、可行性、典型性、综合性和先进性。要加强毕业设计的组织和指导，做好毕业答辩。

第二节 中职学校实践教学原则与方法

一、中职学校实践教学原则

（一）实践教学原则的概念和意义

实践教学原则是指实践教学工作必须遵循的基本要求和行为准则，是教师进行实践教学工作的基本依据和指导实践教学工作的一般原理。

学习和掌握实践教学原则有助于指导教师按照实践教学的客观规律组织实践教学活动，规范教师的教学行为；实践教学原则贯穿于整个实践教学过程的始终，指导着实践教学的各个教学环节，可以保证实践教学过程顺利进行；实践教学原则是提高实践教学质量的重要保证，检验实践教学效果的重要尺度；实践教学原则正确地反映了实践教学的客观规律，在实践教学过程中，只有自觉地遵守和贯彻实践教学原则，才能完成实践教学任务，提高实践教学质量，有效地培养和训练学生的操作技能和动手能力。

（二）制定实践教学原则的依据

1. 依据实践教学规律

实践教学规律集中反映了实践教学过程中各种关系和联系，是不以人的主观意志为转移的客观实在，具有客观性。正是由于实践教学规律的客观性，所以实践教学规律是制定教学原则的根本依据。实践教学原则是从客观的实践教学规律中产生出来的，是对客观的实践教学规律的正确反映。所以制定实践教学原则必须符合实践教学规律。

2. 依据中职学校培养目标

中职学校的培养目标是制定实践教学原则的重要依据。中职学校的培养目标是培养生产、管理、服务第一线的技能型人才。完成技能型人才培养的任务，就必须要实施实践教学，没有实践教学，技能型人才的培养目标就无法实现。

3. 依据实践教学的目标

实践教学总的教学目标是，使学生巩固、深化和拓展专业理论知识，强化操作技能和动手能力，熟练职业技能技巧，培养学生的职业道德，获得职业能力。我们要制定实践教学的原则，就必须依据实践教学的目标。

4. 依据实践教学经验

广大承担实践教学任务的教师在长期的实践教学活动中积累了丰富的实践教学经验，这些宝贵的实践经验是我们制定实践教学原则的重要源泉。他们经过多年的探索，反复的实践，总结出行之有效的实践教学经验，我们需要对这些鲜活的实践教学经验加以总结和概括，提炼出符合中职学校实践教学实际的教学原则来，用以指导实践教学。

（三）中职学校主要实践教学原则

1. 思想教育领先的原则

实践教学不仅仅是使学生巩固、深化和拓展专业理论知识，强化操作技能和动手能力，熟练职业技能技巧。实践教学还是对学生进行思想教育的过程。通过实践教学，使学生明确实践教学的目的，启发学生积极参加实践教学活动。增强学生的职业情感，形成职业意识，培养爱岗敬业的精神。使学生懂得遵守职业纪律和职业公德，培养团队精神，形成良好的职业道德、思想品德和健全人格。

2. 处理好实践教学与理论教学关系的原则

教育部颁发的教学大纲或教学计划都规定了理论教学与实践教学的课时比例，这是我们确定这一原则的依据，也是我们进行实践教学的指导思想。处理好实践教学与理论教学关系的一个重要方面，就是要处理好理论教学与实践教学的比例关系和教学时数。在中职学校的众多课程中（基础课、专业基础课、专业课），每门学科都有自己的特点，我们应根据不同学科的不同特点来确定理论教学与实践教学的比例关系。

3. 实践教学为理论教学服务的原则

实践教学总的服务原则是为培养目标服务，具体地说，一是实践教学要为基础知识和基本理论服务。通过实践教学，验证和进一步阐明基础知识和基本理论，使学生进一步巩固、理解和掌握基础知识和基本理论；二是实践教学要为专业课服务。专业课侧重于学技术，即做什么，怎么做。通过实践教学，学习技术的实际应用，训练操作技能和动手能力，培养职业能力。

4. 注重实效的原则

实践教学是一种实践性很强的教学实践活动，因此，实践教学要特别注重实际效果，不能走过场，避免形式主义。要通过实践教学，真正训练和提高学生的操作技能和动手能力，熟练职业技能技巧，训练和提高学生的职业能力，也要训练学生的岗位适应能力、从业能力。通过实践教学，确实提高学生的基本技能技巧，提升职业能力。

5. 坚持规范化的原则

这是进行实践教学管理的一个重要原则。实践教学如果没有统一的、规范化的要求，就可能出现各校为政、各科为政、各人为政的局面。所以在进行实践教学时，要有统一的目标、统一的标准、统一的要求等。所以，中职学校教育行政管理部门要根据不同的学科，组织职业教育专家、中职学校各科教研人员和职教教师制定“中职学校实践教学技能训练和评价方案”、“中职学校实践教学师资队伍的基本要求”、“中职学校实践教学管理办法”、“中职学校实践教学基地的建设和管理办法”等一系列政策和文件，使实践教学更加规范化。

二、中职学校实践教学方法

（一）实验教学法

1. 实验教学法的含义

实验教学是指学生在教师指导下，利用一定的仪器、设备和材料进行独立操作，在人为控制条件下，引起与控制实验对象的变化，通过观察、测量和分析，获得知识和实验技能的一种实践教学方法。

2. 运用实验教学法的基本要求

一是实验前要做好充分准备，实验教师要根据教学大纲编写实验指导书，拟定实验方案，把全班学生分成若干实验小组，检查仪器设备等；二是实验开始前，要求学生阅读实验指导书，明确实验的目的和要求，了解仪器设备的使用方法，清楚实验的过程和结果，熟悉实验操作的过程，教师可示范操作实验；三是在实验过程中，教师要巡视指导，发现问题，及时解决；四是实验结束后，教师或师生进行总结和讲评，学生写出实验报告，教师批改实验报告。

（二）练习教学法

1. 练习教学法的含义

练习教学法是指学生在教师指导下，运用所学知识和技能解决同类课题，借以巩固消化知识，形成技能技巧的一种实践教学方法。练习教学法的种类主要有：集中练习和分散练习、整体练习和分部练习、引导练习和独立练习、模拟练习和实地练习等。

2. 运用练习教学法的基本要求

一是使学生明确练习的目的，提高学生练习的积极性和主动性，由外在的要求变成内在的需求；二是加强基础知识和基本技能的练习，掌握正确的练习方法，运用多种练习方法，练习时循序渐进；三是精选练习题，注意练习的数量和质量；四是教师要及时检查和总结，及时提供反馈信息，注意因材施教。

（三）参观教学法

1. 参观教学法的含义

参观教学法是指组织学生到自然界、生产现场、生活场所等校内外场所，对实际事物或现象进行实地观察、调查研究，从而巩固知识和技能、验证和拓展知识和技能，获得新知识和技能的一种实践教学方法。参观教学法的种类主要有：准备性参观、并行性参观、总结性参观三种。

2. 运用参观教学法的基本要求

一是做好参观前的准备工作，使学生明确参观的目的和要求，了解参观的内容，把握参观的重点，提出注意事项和基本要求；二是教师要做好参观中的指导工作；三是教师要做好参观后的总结工作。

（四）案例教学法

1. 案例教学法的含义

案例教学法是选取本学科的典型案例为教材，在教师指导下，运用理论知识和多种分析方法，对案例的内容加以分析和研究，并对案例作出判断的一种实践教学方法。案例教学的目的是激发学生积极思考，促使学生主动学习，掌握分析问题和解决问题的思路和方法。应该选取专业实践中常见的、典型的和具有一定难度的案例，案例叙述的是一个有代表性的、完整的真实事件，是关于实际情境的一种描述。

2. 案例教学的主要特点

一是启发性，案例教学中的案例有许多疑点、难点、刺激点，可激发学生的求知欲望，引发探索的兴趣，启发学生积极思维；二是典型性，案例是本学科中具有典型性的案例，案例教学是理论联系实际的典型方式；三是不确定性，案例教学可能有一种结论，也可能有几种结论，也可能没有标准答案。

3. 案例教学的基本步骤

一是介绍案例和教学目的，说明案例在课程中的地位和作用，介绍如何进行讨论；二是学生分析案例，具体分析案例中的难点和特征；三是课堂讨论，在此基础上，提出解决问题的备选方案和实施办法，课堂讨论是案例教学的中心环节和教学的重点；四是评价各种观点和见解，归纳概况解决方案的要点，讲明案例的关键点，评述讨论取得的成果及问题和不足，指出需要深入思考的问题。

4. 运用案例教学法的基本要求

一是选取的案例要具有典型性、代表性；二是教师必须交代清楚案例教学的教学目标，使学生围绕主题分析和讨论；三是把握师生角色，在案例教学中，学生是主角，教师是导演；四是教师要创造良好的教学气氛；五是案例教学要与理论密切联系起来，使感性认识上升到理性认识；六是师生做好案例教学前的各种准备工作。

（五）模拟教学法

1. 模拟教学法的含义

模拟教学法也称模拟实习法或模拟练习法，是指学生在教师指导下，在一种接近于真实的、仿真的环境和条件中进行实习的一种实践教学方法。模拟教学是实习教学的一种有效形式。由于中职学校有些专业性质的特殊性，学生直接到岗位顶岗实习存在一定的困难，因此，先让学生在学校模拟的环境中进行训练，以提高学生的实际工作能力。

2. 模拟教学的主要特点

一是环境的仿真性，模拟教学中的环境是仿照真实环境设计的，以使学生有身临其境之感；二是条件的真实性，模拟教学中的条件接近于真实情境，以使学生熟悉工作场景；三是教学的实践性，模拟教学由学生来模拟角色，完成模拟训练任务，是实践性很强的一种实践教学形式；四是学生的主体性，模拟教学十分突出学生的主体性，教师只是观察和给予必要的指导。

3. 模拟教学的主要类型

一是人物模拟，例如模拟法官、检察官、会计、统计、采购员、技术员、驾驶员、服务员、维修工等；二是环境模拟，例如模拟电话局、法庭、财务室、病房、客房、餐厅等；三是设备模拟，例如模拟汽车、火车、飞机、轮船、数控机床等。

4. 模拟教学的阶段[1]

一是准备阶段。准备阶段主要是制定模拟教学方案和对学生进行思想教育。模拟教学方案的基本内容应包括时间、地点、负责人，参加模拟的班级和人数、模拟教学的目的、内容、方法、步骤、要求等，同时还要按照方案要求及时做好模拟场地和备品的准备工作。二是实施阶段。实施阶段主要是组织学生进入模拟场地，按照方案要求实施模拟教学。三是总结阶段。总结阶段主要是对学生模拟结果进行讲评、整理模拟资料、编写模拟教学总结报告。

（六）项目教学法

1. 项目教学法的含义

项目教学法也称项目作业法，是指通过一项完整的“项目”工作而进行教学活动的一种实践教学方法。这里的“项目”是指生产一件具体地、具有实用价值的产品为目的任务。在生产技术领域中所有的产品几乎均可作为“项目”，如门窗（木工）、蒸汽机（机加工）、报警器（电工）等；在商业、财经和服务行业中，所有具有整体性并有可见成果的工作皆可作为“项目”，如销售业的商标展示、广告设计，计算机专业的应用软件开发等。项目教学法是职业教育实践教学活动中典型和有效的行动导向教学法之一[2]。

2. 项目教学法的特点

项目教学法是产教结合的一种具体实践。它的主要特点是：一是实践性，项目实施的过程成为每个学生都参与创造的实践活动，强调的是实践的过程，而不是最终的结果。学生在干中学，边干边学，边学边干，学以致用。二是独立性，项目是在分工后由学生独立进行实施，这可以培养学生独立工作的能力。三是主体性，学生是实施项目的主体，在项目活动中，学生理解和把握课程要求的知识和技能，主动获得分析问题和解决问题的能力，体验过程的艰辛和快乐，教师主要是提供指导和帮助。

3. 项目教学法的教学步骤

一是确定目标任务。由教师提出一个或几个项目任务，并征求学生意见，或与学生讨论，最终确定项目的目标和任务。二是编制项目计划。在教师指导下，由学生根据自己的情况确定分工与合作方式，然后制订实施计划、确定工作程序。三是项目实施。学生根据已确定的实施计划进行具体地

---

[1] 何存琪．论实践教学［J］．中国职工教育，1997（8）：30．

[2] 刘春生，等．职业教育学［M］．北京：教育科学出版社，2002：239．

实践活动。四是检查评估。项目完成后，一般先由学生自评，再由教师对项目成果进行检查评价；亦可师生共同讨论、评判工作中问题的解决方法、学习行为特征等。五是归档或结果应用。

4. 项目教学法的基本要求

一是将某一教学课题的理论和项目的实践活动结合在一起；二是与企业生产过程或实际的商业活动结合在一起；三是应尽量让学生自行组织、安排自己的学习或劳动行为；四是项目应具有一定的难度，既应是已有知识、技能的应用，又应是运用已有知识与技能在一定范围内解决未遇到过的实际问题。

（七）模块教学法

模块教学法是基于对每个工种、任务和技能的深刻分析，严格按照工作规范，把学生掌握的知识或技能划分成若干单元进行的教学的一种实践教学方法。这种教学方法又称为单元教学法、模块技能培训（MES）。目前我国职业学校相继采用了这种教学方法。采用这种教学方法最大的好处是便于增加教学单元，以满足新工作岗位的需要，进而适应社会职业的频繁变更，缓解学生的就业压力[1]。

（八）角色扮演教学法

角色扮演教学法是让学生在人为设计的环境中，按照某一角色身份进行活动，借以达到教学目标的一种实践教学方法。要根据教学要求设计一个逼真的工作情境，如商场、饭店、政府和社会组织某一部门的情境，学生扮演情境中的各种角色，身临其境地按设定岗位的职能及人际关系，尝试处理岗位所承担的职责和各种事务。

角色扮演教学法的特点是：一是借助活动进行教学，这样可使教学气氛活跃，能够激发学生的学习兴趣，发挥学生的积极性、主动性；二是要求学生投入角色，使自己的思维、动作乃至仪表等都遵从角色需要，整个身心置于角色之中。这样有助于学生了解和熟悉职业性质及工作要求，从而能较快地适应未来的职业环境[2]。

（九）四步教学法

四步教学法是以对某些具体知识和技能的掌握作为主要教学目的一种实践教学方法。这种教学方法是德国“双元制”中职学校普遍采用的教学方法

---

[1] 陈炉山．中德职业教育教学方法比较研究［J］．高等农业教育，2005（11）：89.

[2] 张家祥．职业技术教育学［M］．上海：华东师范大学出版社，2001：202.

之一，我们在引进德国“双元制”课程模式的同时，也引进了德国职业教育中这一比较常用的实训方法。它由四个教学环节或四个步骤组成[1]。

第一步，讲解。首先，教师以提问的方式了解学生已有的知识结构、专业水平等，以便根据他们的情况有效地展开教学活动；然后，教师通过演示某器械的功能等方式生动、有趣地引入教学的主题——如器械的安装或制作。在这一步骤中，教师尤其应该注意激起学生的认知兴趣和动机。

第二步，示范。教师首先向学生明确学习的目标，即学生在教学活动结束后应掌握的知识和技能，并从做什么、怎么做、为什么这样做等三个方面来组织教学计划，安排教学内容的展开。教师在讲解的同时，通过实物或教学用具向学生示范如何操作。

第三步，模仿。在这一步骤中，主要由学生进行学习活动，即按照教师的示范，自己动手模仿操作。

第四步，练习。教师对整个教学活动进行归纳总结，对教学的重点、难点进行重复，教师也可以通过提问了解学生的掌握程度。在这一基础上，由学生自己通过练习达到完全掌握和熟练运用。

（十）六步教学法

六步教学法，也称引导提示教学法，是以培养学生“关键能力”为教学的最终目标的一种实践教学方法。这种方法也是德国“双元制”职业学校普遍采用的教学方法之一。“关键能力”是指组织能力、自主性和责任感、交往和合作能力、承受能力和学习技能。引导提示法的教学过程分为六个教学环节，故又称六步教学法[2]。

第一步，收集信息。学生通过广泛地收集信息，抓住由教师或书本材料提供的核心问题的本质，从而为下一步做充分的准备，便于能够独立地进行每一个工作步骤。学生可将收集到的信息以书面的形式简单概括，或者以个人或小组的形式准备对核心问题的回答。在这一教学环节结束时，教师将每人准备的答案贴在黑板上，引导学生展开讨论和交流各自的依据，明确核心问题的本质，即“做什么”。

第二步，计划。在这一教学环节里，需要解决“怎么做”的问题，即制

---

[1] 上海职业技术教育研究所《职业教育中新的教与学的方法》课题组．关于职业教育中新的教学方法的研究［J］．职教通讯，1999（1）：28.

[2] 上海职业技术教育研究所《职业教育中新的教与学的方法》课题组．关于职业教育中新的教学方法的研究［J］．职教通讯，1999（1）：29.

订工作的计划，包括具体工作的日程安排。通常以书面的形式拟定工作计划。

第三步，决策。这一环节通常采用教师与学生谈话的方式，就所拟定的计划是否适合学生的实际水平、提出的解决方案是否可行以及所选择的工具是否合适等问题交换意见，最终作出比较合理的决策。

第四步，实施。这是实质性的阶段，学生完成工件制作或其他委托任务。这个阶段也包括工作与检验的相互交替，不断反馈，调整进度和修订方案。

第五步，检验。在实施阶段终了时，将产品同要求进行比较，检查其质量与规格相符合的程度。这时，学生可以参考检验表格独立检验或由教师检验。

第六步，评价。这一步包括对前五个步骤的评价，对产品本身质量的评价，对学生行为及工作态度、责任心等方面的评价。通常以教师和学生谈话的方式进行。

引导提示法教学实际上是一种由教师来引导学生自主进行探究的教学法，多采用教师与学生共同解决问题的教学样式。

（十一）行为导向教学法

行为导向作为世界职业教育教学理论中的一种思潮，最早出现在20世纪80年代，行为导向教学法，又称实践导向教学法或行动导向教学法。这种教学方法是以学习理论为基础，寻求学习的最佳效果，它所追求的教学目标以学生的行为表现为标志，以培养学生的综合职业能力为核心。这种教学方法强调通过学生自己的实践或行动来培养和提高职业能力，是目前中职学校实践教学行之有效的教学方法之一，受到了职业教育理论界和广大职教教师及学生的欢迎，这也是德国“双元制”中职学校普遍采用的教学方法之一。

行为导向教学法的意义主要是：行为导向教学法有利于培养学生的创造能力；有利于形成学生的独立工作能力；有利于发展学生的协调能力；有利于形成学生的综合能力。

行为导向教学法提倡的教学理念主要是：学习的结果是学生的学习，而不是教师的教导；学习的成效在于学生行为的改变，包括由内化而至外显的行为；每个单项学习的累积与各个部分的结合，可以成为整体；任何事物都是以某种量的形式存在的，因此都可以测量。

行为导向教学法在教学活动的组织过程中需要考虑的要素主要是：由

谁来执行这项行为，即“学习的主体”是谁；达到目标的“实际行为”是什么；行为完成的“相关条件”有哪些；评定行为成功的“标准”是什么。

行为导向教学法没有完整的教学过程的展开和统一的教学环节或步骤，目前，遵循行为导向教学法的思想而发展起来教学方法有：模拟教学法、项目教学法、案例教学法、角色扮演教学法、问题导向教学法、实验导向教学法等。

（十二）引导课文教学法

1. 引导课文教学法的含义

引导课文教学法是借助于一种专门的教学文件，即引导性课文（常常以引导问题的形式出现），通过工作计划和自行控制工作过程等手段，引导学生独立学习和工作的教学方法。在教学文件中包括一系列难度不等的引导性问题，学生通过阅读引导课文，可以了解学习目标，明确完成什么工作，学会什么知识，掌握什么技能。引导课文教学法是项目教学法的发展和完善，运用这种方法的目的是促进学生独立工作能力的发展❶。

2. 引导课文教学法的种类

（1）项目工作引导课文

此法是使学生知道完成任务应该学会什么知识，具备哪些技能，即要建立起项目与其所需要知识和技能之间的联系。项目引导课文可以是一个独立的生产准备过程、生产加工过程、产品销售过程、服务过程等。例如，木工专业中制作一套桌椅板凳，机械加工专业中生产一套钻床夹具等。

（2）知识技能引导课文

此法是使学生不仅学习知识，而且真正理解知识在实际工作中的应用。例如，计算机文字处理系统中的学习指南。

（3）岗位描述引导课文

此法是帮助学生学习某个特定方位所需要的知识、技能及劳动和作业组织方式的知识。例如与某个岗位有关的工作环境状况、车间的劳动组织方式、工作任务来源、下道工序情况、质量标准、安全规章等。比较典型的例子如质量控制员、秘书、售货员等岗位的任务说明书。由于工作岗位的具体要求可能发生一些变化，因此，开发符合实际的引导课文具有一定的难度，这就需要引导课文开发者经常深入第一线，及时了解和掌握相关岗位具体要

---

❶ 马建富．职业教育学［M］．上海：华东师范大学出版社，2008：115.

求的变化，以便开发出符合实际的引导课文。

3. 引导课文教学法的构成

显而易见，不同行业和职业领域，不同专业所采用的引导课文不尽相同。一般地说，引导课文应具备：任务描述、引导问题、学习目标的描述、学习质量监控单、工作计划、工具和材料需求表、时间计划、专业信息、辅导性说明等项目。

4. 引导课文教学法的阶段

引导课文教学法的阶段是获取信息、制订计划、作出决定、实施计划、工作过程或质量控制、评定等。

（十三）项目与迁移性教学方案

1. 项目与迁移性教学方案的含义

在职业教育中，已把培养学生的关键能力列为重要的教学目标之一，这一点已被国际国内的职业教育界所公认。关键能力是指对专业课程和具体职业无关，但是对现代生产和社会的顺利运转发挥着“关键作用”的能力的总称。项目与迁移性教学方案是德国西门子公司和联邦职业教育研究所通过实验研究形成的系统培养关键能力的一个方案，这个方案是以实际工作为导向和出发点，以应用为目的的一种培训方案。此方案是项目教学法和引导课文教学法的发展。把这种方案引入到职业学校中，对培养学生的职业能力具有重要的意义。在项目与迁移性教学方案中，把关键能力具体划分为五类：一是组织与完成生产练习任务；二是信息与合作；三是应用科学的学习与工作方法；四是独立性与责任性；五是承受能力。

2. 项目与迁移性教学方案的教学形式

不同的教学方案必然要采取不同的教学组织形式，才能取得最佳的教学效果。项目与迁移性教学方案的教学组织形式包括：自我控制的独立作业、小组制订计划的独立作业、小组作业三种教学组织形式。通过利用与之相应的教学组织形式，使学生在学习知识和技能的同时，促进关键能力的形成和发展。

3. 项目与迁移性教学方案实施过程的环节

项目与迁移性教学方案实施过程的环节主要包括：制订系统的长期教学计划、制订单元教学计划、制订工作计划、作出决定、完成工作任务、质量控制和检验评估、工作过程监督、结果性谈话、信息反馈等环节。

第三节 中职学校实践教学基地的建设与管理

一、中职学校实践教学基地的建设

中职学校是培养技能型人才的摇篮；加强实践教学，培养和训练学生的动手能力和操作技能是实践教学的中心任务。实践教学基地建设的层次和水平，是检验中职学校办学条件、办学水平、办学效益的重要标志。因此，中职学校要加大投入，不断加强实践教学基地的建设层次和水平。中职学校实践教学基地的建设主要包括以下几个方面。

（一）实践教学场所的建设

1. 实验室的建设

一是要根据学校的专业设置和实验教学的需要，建立健全各类实验室。这样，才能开足开全实验课程，使学生深化对专业理论知识的理解，训练学生的动手操作技能。二是要加强实验教学仪器设备的维护，提高教学仪器设备的完好率和使用率。三是要不断更新教学仪器设备，现代科技水平的飞速发展，给现代生产、管理和服务等领域提供了越来越先进的仪器设备。职业学校的实验室的硬件建设也要跟上时代发展的步伐，不断更新先进的仪器设备，使实验做得更加科学有效。即不断提高仪器设备的现代化技术含量，用“明天的技术培养今天的学生”。四是要减少演示性实验、验证性实验等，增加一些工艺性、设计性综合性实验等，以培养学生的综合技能。

2. 实习基地的建设

（1）独立建设实习基地

独立建设实习基地就是指有条件的中职学校创办校办企业。校办企业是指职业学校根据自己的实际条件、专业设置和市场情况开办各类经济实体，如工厂、公司、商店、苗圃、农场、美容美发店、饭店、维修店等。给学生提供实习的场所，使学生有机会和场地参与与自己所学专业相关的实践活动，边学习、边实践，熟悉工作和生产岗位，体验职业岗位所需要的各种技能，学会岗位所需要的职业规范，培养创业意识。

实习基地的建设要遵循的主要原则是：一是因地制宜原则。即面向区域经济，主动为市场经济服务。要根据区域经济的发展水平、产业结构和市场需求状况，确定实习基地建设的规模和管理模式。二是因专业制宜原则。实习基地的建设必须符合中职学校各专业的特点，树立为专业服务的思想。在满足专业实践教学的前提下，建立健全多功能的专业实习基地。三是因校制宜原则。应根据中职学校的人力、物力、财力等条件，确定实习基地的建设模式和建设计划，长远规划和分步实施相结合。四是统筹兼顾原则。实习基地的目的是培养和训练学生的实践能力和动手操作能力，必须确保技能型人才培养的质量，同时还要追求一定的经济效益，以使两者彼此兼顾，实现双赢。

(2) 校企联合建立实习基地

校企联合是指职业学校与企业之间密切合作、紧密联系的一种合作关系。中职学校依托企业的资源对学生进行职业技能训练，企业依中职学校的资源进行项目开发、员工培训，校企双方优势互补，共同发展，互利共赢。

校企合作的主要特点是：一是企业具备仪器设备、现场条件和技术人员等优势，为学生的实习提供了实际锻炼的场所和条件。二是实习的内容也可根据实践现场进行必要调整，以提高实习内容的适应性。三是现代化企业，尤其是高新技术企业，要求员工必须具备一定的专业知识和专业技能，以及继续学习和可持续发展的潜能，技术扩散和技术应用及创新能力，对学生的创业能力和职业道德等方面也提出了一定的要求。企业所具有的这些条件和要求，对深化专业知识和专业技能，训练学生的职业能力和操作技能，培养学生的职业道德等方面都将起到积极的促进作用。四是企业员工可以为学生提供鲜活的实践经验和直接的指导。五是企业作为学校的实习基地，学校作为企业的研发基地。学校可聘请技术人员到学校兼职，企业可聘请学校专业教师作技术顾问。

(3) 选择实习基地

中职学校的情况各不相同，既不能独立建设实习基地，也不能校企联合建立实习基地，那就只好选择实习基地。选择实习基地要遵循以下几条原则。[1]

一是专业对口原则。考察是否与职业学校专业对口。实习单位所从事的职业性质与实习学生所学专业对口，是确定实习基地的基本要求。二是生产一线原则。考察企业是否是一线企业，因为中职生是以生产一线为基本实习场所，生产一线能够培养学生的动手能力和技能操作。三是社会环境原则。职业学校的实习基地是学校的教学场所之一，实习教学是学校教学的重要组

[1] 陈斌．中职实践教学基地的建设与管理［J］．职教论坛，2004（2）：53．

成部分。因此，考察实习基地时，对实习单位的外部环境的考察也是十分必要的。此外，也要考察和了解企业带教技术人员的技术水平、操作能力和职业道德等。

（二）实践教学师资队伍的建设

1. 实验员的培养

建设一支事业心强、业务精、结构合理、相对稳定的实验技术队伍是建设好实验室的关键环节，也是开好实验课，提高实验课教学质量的关键环节❶。

（1）培养实验室技术带头人

培养实验技术带头人和培养学科专业带头人一样重要，要像重视学科专业教师队伍那样重视实验技术人员队伍的建设。因此，要认真抓好实验技术带头人的培养工作，以点带面，提高实验技术队伍整体的素质。这样，有利于实验室建设规划的制定和组织实施，有利于提升实验室的整体水平和实验教学的教学水平，有利于推进实验室的改革，提高实验教学的教学质量。

（2）注重实验技术带头人和实验技术人员的培训

一般的实验人员所接触的仅仅是某一、两门课程的实验教学，导致他们知识面窄，技术不全面。因此，有必要加大对实验技术带头人和实验技术人员的培训，加强综合素质训练。例如，可分期分批组织教研组负责人参加高新技术培训和考察，开阔眼界，增强他们对实验室未来发展建设的把握能力。加强校本培训，定期组织实验技术人员参加实验操作、仪器维修等短期培训，不断提高其实验教学的水平。

（3）制定激励机制

由于学生数量增长迅猛，专业技术发展较快，造成目前实验技术队伍严重缺编，知识结构不合理，技术力量薄弱，综合素质偏低。这些都制约了实验室的建设和实验教学的质量。为此，一是要明确实验员在每个聘用合同期内所要达到的技能水平，否则不予聘任；二是把平时的各种考核与职称的评聘、工资晋级和奖励挂钩；三是从企业招聘、引进专业技术人才，充实实验员队伍；四是提高那些在实验室建设过程中发挥重要作用，在重大技能大赛活动中指导学生获奖的实验员的待遇。

---

❶ 杜戈．加强实训基地及创新型教师队伍的建设［J］．宁夏机械，2008（1）：21.

2. 实习指导教师的培养❶

（1）实习指导教师的作用

一是实习活动的组织者。实习教师在实习教学过程中起着组织和领导的作用。例如，实习班次的安排与轮换，实习内容的设计与调整，实习过程的组织与调控，实习成绩的考核与评定，安全操作教育与检查，学生的职业道德教育等都离不开实习教师的组织。

二是技能训练的指导者。实习教师在学生技能训练过程中发挥着指导与调控的作用。例如，对学生操作动作的纠正，专业技能的传授，操作难点的示范，操作要领的阐释等都离不开实习教师指导。

三是生产过程的组织者。实习教师在生产性实习过程中，制订生产计划，控制生产进度，管理生产过程，检测生产产品等，实习教师是生产过程的管理者。

四是思想品德的施教者。实习教师要结合实习过程，运用各种德育教育要素，不失时机地对学生进行思想品德、职业道德的培养等。

（2）实习指导教师的要求

中职学校的实习指导教师，除了具备一般教师的基本素质外，还应具备：扎实的专业理论知识和熟练的技能技巧；系统的实习教学法知识和成熟的实习管理经验；一定的生产现场经验和基本的班级管理能力；必要的岗位工作规范和较强的职业道德施教能力。

3. “双师型”师资队伍的建设

职业教育的职业性、技术性、实践性等特点，需要教师不仅能进行理论教学，教授专业理论知识，还能够开展实践教学，指导和训练学生的专业技能。职业教育的客观需求使“双师型”教师应运而生，成为职业教育教师群体中重要一支力量。“双师型”也成为我国对职业教育教师群体中既具备专业理论知识又拥有实践教学能力的教师的一种称谓。因此，大力加强“双师型”师资队伍的建设已成为加强职业教育师资队伍建设的重点。

“双师型”教师的显著特点是：一是他们不仅取得了教师资格证书，还取得了相关职业技能资格证书或拥有一定的企业实践经验；二是他们的工作地点不局限在学校，还可以在企业、实习车间、实验室、实训室（实训中心）、校内实训基地等；三是他们同时承担着专业理论教学和实践教学任务。

❶ 纪芝信．职业技术教育学［M］．福州：福建教育出版社，1995：228－229．

“双师型”师资队伍的建设成为中职学校师资队伍建设的一项重要任务。为此，应制定有利于“双师型”师资队伍成长和发展的政策与各项制度，只有在一定的政策和制度规范下，才能使这个群体更好的发展；应加大专业理论知识和实践技能的培训力度，使其紧跟专业理论发展和现代生产技术的发展水平，更好地适应理论教学和实践教学工作；应加强校本教研，使教师在本职岗位上不断提升理论教学水平和实践教学技能；应加强职业教育理论、专业教学法的培训，不断提高职业教育理论水平和教学能力；应从企业引进专业技术人才，充实到教师队伍中，补充实践教学师资的不足；应从企业聘请专业技术人才作为职业学校的兼职教师，形成专兼职结合的“双师型”师资队伍。使每个职业学校教师都成为“双师型”教师，需要较长时间的培养过程，使教师群体呈现“双师型”特征也是国外许多国家共同认可的做法。同时应加强“双师型”教师认证制度的制定，以规范“双师型”教师准入资格。

（三）实践教学教材建设

实践教学同理论教学一样必须以教材为中介。因此，应编写出符合专业特点的、实用性强的实践教学材料。

一是实践教学教材的编写，一般应由专业教师和企业专业技术人员组成一个协作组，共同研究职业和岗位的需要，共同确定教材的体系和结构，共同确定教材的主要内容，共同编写，编写后经有关专家审阅和学校的认定才可用于教学。

二是实践教学教材内容，主要包括实用性专业理论知识、技能训练体系和职业技术能力、职业素养和职业道德三方面内容。专业理论知识不追求系统性，但要具有实用性，能够指导技能训练。技能训练体系和职业技术能力应符合职业和岗位需求。

三是实践教学的教学内容要与现场设备条件和实践教学环境相一致，使其具有一定的可操作性。技能实训的内容要有一定的阶段性、渐进性、层次性、递进性，使其符合学生的认知规律和动手操作的特点。

四是实践教学教材不一定要像专业教材那样具有系统性，其专业理论知识降低了难度，以够用为度，理论知识贴近实际，能够有效地指导学生的技能训练。技能实训要在相关专业理论知识指导下进行，注意把操作原理上升到理论高度去认识。

二、中职学校实践教学基地的管理

实践教学涉及面比较广，不仅涉及校内，还涉及校外，不仅涉及专职教师，还涉及兼职教师，需要协调校内外多层关系。实践教学形式多种多样，实践教学环节也各不相同，实践教学过程纷繁复杂，等等，这些都给实践教学管理工作带来了一定的难度。因此，我们不仅要抓好实践教学基地的建设，同时更要抓好实践教学基地的管理。

（一）实践教学的组织管理

1. 建立健全实践教学管理机构

职业学校要吸收企事业单位相关人员组成一个层级分明、组织有序、规范协调、科学高效的实践教学的管理系统。实践教学的管理系统分为以下三级。

（1）实践教学领导小组

一级是由实践教学主管副校长、实践教学基地负责人、教务处主管副主任等领导参加的实践教学领导小组，负责全校实践教学的领导、规划、组织与协调。其职责是：制订全校实践教学计划、实践教学大纲和技能训练标准，提供实践教学所需设备、工具和材料，调配实践教学实施小组成员，检查实践教学过程与效果，组织实践教学经验交流等。

（2）实践教学实施小组

二级是由专业教研组组长、车间主任、相关部门等领导组成的实践教学实施小组。负责贯彻落实领导小组的决策意见。其职责是：贯彻落实学校实践教学计划和实践教学大纲，拟订实践教学课题，调配实践教学指导教师，下达实践教学任务，组织实践教学过程，调控实践教学进度，向实践教学领导小组提供反馈信息等。

（3）实践教学指导小组

三级是由指导教师、技术人员等组成实习实训指导小组。其职责是：具体负责学生实践教学的过程，对学生实践教学的过程给予及时的指导和帮助，解决学生实践教学过程中所遇到的问题和困难，管理学生的生活，评定学生实践教学的成绩，向实践教学实施小组提供反馈信息等。

2. 建立健全实践教学管理制度

要保证实践教学的教学质量和教学效果，除了要建立健全管理机构外，还应建立健全实践教学管理制度，使实践教学有法可依、有法可循，按照各项规章制度管理、规范和监督实践教学活动。

为保障实践教学有领导、有组织的进行，可制定实践教学领导小组学年（学期）会议制度；为保障实践教学有效的实施，可制定实践教学实施小组学年（学期）会议制度；为规范指导的教学行为，可制定指导教师守则；为保障实践教学的教学质量，可制定实践教学的教学质量监控制度；为使实验教学有序进行，可制定实验室管理制度；为使指导教师更好的管理学生的实习实训，可制定实践教学学生管理制度；为使学生履行实习职责，完成岗位工作任务，可制定实习教学岗位责任制；为使学生能够正确的操作，可制定实习操作规程；为使学生能够管理和使用好材料和工具，可制定实习材料和工具管理制度；为保障安全文明生产，可制定安全文明生产制度。总之，职业学校要根据各自的特点和实际情况，制定并完善有关实践教学的各项规章制度。

（二）实践教学的考核与评价

实践教学是一个比较复杂的过程，为了能够保障实践教学的教学质量，取得良好的教学效果，必须实施实践教学的考核。为了能尽量做到客观公正地进行考核与评价，职业学校必须制定各实践教学环节成绩评定办法。

1. 实验课的考核

为提高教师和学生对实验课的重视程度，圆满完成实验课的教学任务，实现实验教学的目标，达到实验课的基本要求，应建立和完善实验课考核制度。考试方式可按照各课程的特点，采取实验笔试、实验操作、实验设计、论文报告等形式进行考核。通过考核，客观地反映学生的实际实验学习过程和掌握实验技能的水平，从中发现实验教学过程中存在的问题和不足，找出学生在实验过程中的实验方法、实验过程、实验手段、实验结果、操作技能和动手能力等方面存在着的典型问题，以进一步提高实验教学的针对性和有效性，切实提高学生的实验技能和动手能力。

2. 实习课的考核

从考核方式上看，要以实训内容中明确规定的能力指标和考核办法为依据，不仅要便于教师对学生进行评价，也要便于学生进行自我评价。

实训技能的考核可以采取成绩评定办法，不仅注重期中和期末的考核，而且也要注重平时的考核，以使学生加强平时技能的训练。具体的考核方式主要有抽考、统考、现场考核、职业资格考核等方式。抽考是指在组织考试后，按一定比例抽查考试，由学校教务处组织命题和批卷，客观衡量教师教学工作水平和学生学习的学业程度；统考是指学校组织的统一考试；现场考核是指学生在实习结束时，对于一些操作性较强的实践课程进行考核，变笔答为实际操作；职业资格考核是指考核岗位应知应会的内容，包括理论知识、职业操作基本技能等方面。

3. 建立和完善职业资格证书制度

在职业教育中，一直大力推行“双证书”制度，即学生毕业后，既取得了毕业证书，又获取了职业技术资格证书。职业资格证书是反映一个人是否具备某种职业所需要的专门职业知识、职业技能及职业能力的凭证。职业资格证书的考核是与某种劳动的具体要求密切结合的，反映了特定职业和实际工作标准和规范以及从事某种职业的实际能力和水平。职业资格证书也是认证其职业技能熟练程度和上岗的重要依据。

职业资格制度是以职业分类和职业标准系统为起点和基础的，科学的职业分类和动态的职业标准系统反映了科学发展和技术进步对劳动者职业能力的基本要求。因此，以“职业活动为导向，以职业能力为核心”的职业标准体系，就成为了职业教育中，对于技能实训和培训鉴定的准绳和尺度。❶

职业技能资格证书考核的范围要面向一个职业群，考核内容既包括专业理论知识，又包括专业实践技能；既包括专业理论的考核，又包括操作技能的考核。这种考核主要是对专业理论知识、职业操作基本技能、分析和解决现场实际问题能力作出价值判断和鉴定，考核合格者将取得职业资格证书，这种职业资格证书得到了劳动力市场上的普遍认可。所以，在职业教育中，学生在毕业前期，能否获得职业技能资格证书，是检验职业学校实践教学效果和实践教学质量重要的尺度，也是检验学生操作技能、动手能力、职业能力的一个重要标准。

由此可见，职业技能资格证书考核的内容对职业学校技能实训的内容提供了直接的导向，这就要求职业学校要加强实践教学的力度，加大实践教学的比重，加强学生动手能力和操作技能的训练，加强考取职业技能资格证书所要求的技能训练，提高学生的实践能力和职业能力，使学生在毕业前期顺利考取职业资格证书，为学生就业奠定坚实的基础。

❶ 刘合群．职业教育学［M］．广州：广东高等教育出版社，2004：218.

第八章　中职学校教学模式

◎ 中职学校教学模式概述

◎ 几种常见的中职学校教学模式

◎ 中职学校教学模式改革的瓶颈分析

第一节　中职学校教学模式概述

一、教学模式的概念与特点

（一）教学模式的概念

最早对教学模式进行研究的是美国的乔伊斯（B. Joyce）和威尔（M. Weil），1972年他们出版了《当代西方教学模式》一书，该书的问世拉开了教学模式研究的序幕。他们认为，教学模式是构成课程（长时间的学习课程）、选择教材、指导在教室和其他环境中教学活动的一种教学范型或计划。

教学模式是在教学理论支撑下，对教学实践经验的概括和抽象。由于教学实践的多样性，教学模式也必然丰富多样，不同的教学理论、教学目标、教学策略及对师生活动的不同安排，就构成不同的教学模式。乔伊斯和威尔根据教学模式所依据的理论基础，把教学模式归纳为四种基本类型。

第一类是社会型教学模式。这类教学模式依据的是社会互动理论，强调教师与学生、学生与学生的相互影响和人际交往，着眼于人的社会性品格的培养，如合作教学模式（约翰逊）。

第二类是信息加工型教学模式。这类教学模式依据信息加工理论，把教学看作是一种创造性的信息加工过程。它着眼于知识的获得和智力的发展，主要有以学习理论为基础的模式（加涅）、概念发展模式（塔巴）、概念获得模式（布鲁纳）。

第三类是个性型教学模式。这类教学模式的理论依据是个别化教学理论与人本主义的教学思想。其核心是强调学生在教学过程中的主观能动性，着眼于个人潜力和人格的发展，如非指导性教学模式（罗杰斯）。

第四类是行为系统型教学模式。这类教学模式依据的是行为主义心理学理论，它把教育看作一种行为不断修正的过程。它通过操作方法的自我控制并驾驭自己的环境，来提高目标行为质量和减少不适应的行为，如程序教学模式（斯金纳）、掌握学习教学模式（布鲁姆）等。

国内教育理论界对教学模式的研究始于20世纪80年代中期，由于研究者研究角度和认识理解不同，使得对教学模式概念的界定多种多样，至今人们对教学模式本质的认识也未形成统一的观点。

对教学模式本质的认识概括起来大致有“理论说、结构说、程序说和方法说”这几种观点。[1]

第一种观点认为教学模式是在教学实践中形成的一种设计和组织教学的理论，这种教学理论是以简化的形式表达出来的，即“理论说”。第二种观点认为教学模式是在一定教学思想或理论指导下建立起来的各种类型教学活动的基本结构或框架，即“结构说”。第三种观点认为教学模式是在一定教学思想指导下建立起来的完成所提出教学任务的比较稳固的教学程序及其实施方法的策略体系，即“程序说”。第四种观点认为教学模式不仅是一种教学手段，而且是从教学原理、教学内容、教学目标和任务、教学过程直至教学组织形式的整体、系统的且加以理论化的操作样式，即“方法说”。

对教学模式进行完整而准确的界定并非易事，显然上述观点在某些方面是欠恰当的。如把教学模式看作是一种“教学理论”或“教学方法”的观点是片面的。因为教学模式兼有理论性和实践性，它有着一般单纯的教学理论所没有的方法体系，又有着一般教学方法所没有的理论体系，它不仅说明了为什么这样做，而且规定了怎样做，即做的基本式样或框架。教学模式与教学方法的主要区别在于教学方法是灵活的变式，教学模式是相对稳定的结构。某种教学方法的稳定化、系统化、理论化才是教学模式；教学方法的研究侧重于寻求局部变化以利于解决教学中诸多的差异问题，教学模式的研究则侧重寻求相对稳定的结构以求能应用于大量的同类问题。

把教学过程和结构看成是教学模式也是不恰当的，一般使用教学结构这个概念时，是指教学过程中各个阶段环节、步骤等要素的组合关系。如果这样去理解，那么教学模式、教学过程和教学结构这三个名词实际上就是同一概念的不同表现形式。这样，教学模式无非就是强调一种单纯的教学顺序和

[1] 黄甫全，王本陆．现代教学论学程［M］．北京：教育科学出版社，1998：331．

步骤。不可否认，教学模式是一种教学过程或一种教学结构，但片面追求教学模式的“过程”和“结构”的完美性，忽视对教学客观规律的探索，显然是不妥的。

同样教学模式也不是“教学程序”。把教学模式看做是教学程序，其实是只抓住了教学模式的可操作性，强调了教学模式的“实践式样”，而忽视了教学模式的“理论式样”。教学模式兼有理论性和实践性，不仅提供了操作的步骤和方法，还规定了应用程序的目的和条件。

鉴于对以上各种教学模式理解的分析与反思，我们认为：教学模式是在一定的教育目标及教学理论指导下，依据学生的身心发展特点，对教学目标、教学内容、教学结构、教学手段方法、教学评价等因素进行设计和简约概括而形成的相对稳定的指导教学实践的教学行为系统。上述界定涉及几个要点。一是教学模式是一种相对稳定的教学行为系统，是对整个教学体系的反映，同时，教学模式本身也不断地变革与完善。二是教学模式既离不开特定的教育目标指导，又受特定的教学理论制约。三是教学模式的基本结构和具体的操作体系是以一种简约的语言、形象符号来加以概括的。四是教学模式是教学理论与教学实践的中介，是对教学实践活动全程的设计，是课程与教学设计的结果。

（二）教学模式的特点

1. 可操作性

教学模式所提供的教学理论、操作要求和教学程序都是便于人们理解、把握和运用的。这是教学模式区别于一般教学理论的重要特点。所以从实践上看，教学模式规定了教学过程中师生双方的活动、实施教学的一般步骤，它将教学方法、教学手段、教学组织形式、教学结构等要素整合起来融为一体，可以使教师明确应该先做什么，后做什么，怎么做等具体问题，把比较抽象的理论具体化为操作性策略、方法。

2. 简约性

任何教学模式都是简化了的教学结构理论及活动方式，大都以精练的语言、象征性的图式或明确的符号表达出来。它既是教学理论的具体化，又是教学实践的理论化。因此，教学模式既能使纷繁杂乱的实践经验理论化，又能在人们的头脑中形成一个比抽象的理论更具体、更简明的框架，从而便于人们去理解、交流、运用和传播。

3. 指向性

每种教学模式都有它特定的作用，即明确的指向性。在教学活动中可能有些教学模式的适用范围更宽广一些，也有些模式只能适用于极为特殊的教学情境，但不存在一种普遍有效的可以对一切教学目标都适用的万能模式。因此，使用教学模式需要有鉴别不同类型的教学目标的能力，以便选用与特殊的目标相适合的特定模式。如果超越教学模式的运用范围，或者不具备相应的教学条件，就很难取得很好的教学效果。例如，发现式教学模式较适用于数理科教学，却不适用于体育教学；程序教学模式长于知识技能训练，而对培养探究精神和科学态度则相形见绌。

4. 整体性

任何教学模式都是由各个要素有机构成的整体，本身都有一套比较完整的结构和机制。在运用时，必须整体把握，既透彻了解其理论原理，又切实掌握其方式方法。如果不能很好达到理论的精微，或不能严格按要求操作，都只能降低教学效果而不能发挥教学模式的应有功能。那种无视教学模式的整体性，放弃理论学习而简单套用其程序步骤的做法，对提高教学水平有害无益。

5. 开放性

教学模式是一个动态开放的系统，有一个产生、发展、完善的过程。虽然教学模式一旦形成，其基本结构保持相对稳定，但这并不意味着该教学模式从此就不变了。教学模式总是随着教学实践、观念和理论的不断发展变化而不断地丰富、创新和发展。一种有影响的教学模式之所以具有较强的生命力，就在于它在原有基础上能不断充实与提高，否则它就会被逐渐淘汰。因此，教学模式的不断变革，正是它具有优效性的重要保证。教师广泛而深入的教学实践，为教学模式的发展和完善提供了广阔的前景和丰富的养料。

二、教学模式的结构

一个完整的教学模式的基本结构应该具有四个要素，即“理论基础”、“功能目标”、“实现条件”、“实施程序”。[1]

（一）理论基础

每一个模式都有一个内在的理论基础，都是在一定理论指导下建立的。教学模式所赖以建立的教学理论或思想，乃是教学模式深层内隐的灵魂和精髓，它决定着教学模式的方向性和独特性。理论基础在教学模式结构中既自成独立的因素，又渗透或蕴涵在其他因素之中，其他因素都是因理论基础而

[1] 李如密．关于教学模式若干理论问题的探讨［J］．课程·教材·教法，1996（4）：25～29.

建立的。例如，程序教学模式的理论基础是行为主义心理学，非指导性教学模式的理论基础是人本主义心理学。有些教学模式的理论主题是一致的，如布鲁纳的概念获得教学模式、加涅的累积性教学模式、奥苏伯尔的先行组织者教学模式等，其理论基础都是现代认知心理学理论。鉴别一个教学模式成熟的程度，一般从理论基础上即可窥见一斑。

（二）功能目标

任何教学模式都指向一定的功能目标，失去了功能目标，教学模式也就失去了存在的意义。功能目标是人们对教学活动能在学习者身上产生“什么样的”和“有多大的”效用所作的预先估计。它在教学模式的构成因素中居于核心地位，对其他因素具有制约作用，也是教学评价的标准和尺度。如德国的范例教学模式，其功能目标在于使学生掌握从基本概念和基本知识中选出来的示范性材料，能举一反三，培养其独立思考和独立工作的能力；合作教学模式的功能目标则是使学生具有民主精神、独立人格和创造才能等。功能目标的实现程度以及人们对教学目标的认识和发展，往往又作为一种反馈信息，帮助人们调整或重组结构程序，使教学模式日趋完善。

（三）实现条件

这是指促使教学模式发挥效力、达到一定功能所需要的各种条件。任何教学模式都是在特定的条件下才能有效。教学模式的实现条件包括的内容很多，有教师、学生、课程内容、教学手段、教学的时空组合等。如布卢姆掌握学习模式就将决定学习结果的性质的三大变量即“认知前提行为、情感前提特性、教学的质量”作为模式实现条件。认真地研究并保障教学模式的实现条件，可以更好地掌握和运用教学模式，成功地达到预期的目的。

（四）实施程序

任何教学模式都有一套独特的实施程序，详细具体地说明教学活动的逻辑步骤，以及各步骤所要完成的任务等。例如，加涅的累积性教学模式的实施程序是注意、选择性知觉、复演、语义性编码、检索、反应组织、反馈、执行控制八个步骤。一般说来，实施程序的实质在于处理教师、学生与教学内容的关系及其在时间顺序上的设计。例如，程序教学模式就要求把教学内容设计成一系列小步骤，每一程序学习一小步教材，回答机器或程序课本提出的问题，并及时强化，再进入下一程序学习。由于教学过程中，既有教学内容的展开顺序、教学方法交替运用的顺序，又有内在的复杂的心理活动顺序，所以，人们常常从不同侧面提出教学活动的基本阶段及其逻辑顺序。实施程序只能是基本的和相对稳定的，而不应该是僵化和一成不变的。

三、中职学校教学模式的分类与特征

（一）中职学校教学模式的分类

与普通教育的教学模式相比，中职学校中用到的教学模式不仅有课堂教学模式，更多地涉及课堂内外结合的教学和培养培训模式，甚至是校内和校外结合的教学和培养培训模式。

在中职学校的教育教学中，职业教育理论教学，以传授知识为主，多采用“学科中心”的教学模式；其他方面的教学，如实验实训、生产实习、顶岗实习等多采用“问题中心”、“活动中心”、“项目教学”、“案例教学”、“情景教学”、“任务驱动教学”等教学模式。现代职业教育教学的发展越来越多地选择“能力中心”与“个性中心”的教学模式，以培养学生较强的职业适应能力和良好的人格发展。

事实上，真正的教学实践，采用的往往是上述几种教学模式的有机组合。特别是就具体的一个教学活动而言，其教学目标有不同的侧重点，或者侧重知识获取，或者侧重技能获取，或者其他。对于不同的教育对象、教师而言也有其自身的特殊性。所以，教学模式的组合又是动态的、个性化的，不存在一个适用于一切教学领域的教学模式。综观国内外职业技术教育教学模式的开发、研究、改革和创新，均呈现出多种模式融合发展、越来越重视个别化学习的特点。

对教学模式分类是为了便于分析研究，从整体上把握不同模式的特点。分析较多应用于现实职业教育教学中的几类教学模式，可将其概括为两类，即以传授知识为主的教学模式和以培养能力为主的教学模式。

（二）中职学校教学模式的特征

1. 以传授知识为主的教学模式

（1）基本特征

以传授知识为主的教学模式以“教师讲、学生听”为基本特征，其最主要的形式是整个教学活动围绕着教师展开。以“课”为教学单元，以班级为组织单位，系统地传授科学文化基础知识。该模式是一种典型的“学科中心”的教学模式。教师讲授的主要内容是前人积累的、相对成熟的间接经验；学生偶尔也通过实验或者实践活动获得直接经验，但目的多半是为了验证和加深对这部分理论的掌握。在认知目标、情感目标和行为—操作目标的实现上，传统的教学模式比较注重认知目标的实现，强调学生通过感觉、知觉、思维、想象、注意和记忆等心理活动方式进行学习。这种教学模式在我国目前的职教教学实践中大量存在。

（2）理论基础

以传授知识为主的教学模式以现代认知心理学为理论基础，遵循循序渐进的认识观和学习顺序。在教学活动中，教师的教起着主导作用，控制并掌握着教学过程的各个阶段；教学方式是一种单向的信息传递，缺乏学生的信息反馈和主动参与；教学的组织形式和教学媒体相对单一，缺乏有意识的学习环境和学习氛围的设计。

（3）质量控制

以传授知识为主的教学模式的质量控制多为单一的控制行为，教学评价绝大多数为考试，而且主要是笔试。现行的考试制度，对于考核学生知识掌握的深浅和多少是十分有效的。但是，对于学生能力的考核显然存在着不足，因而，这种质量控制的方式很难适应当今企业等用人单位对人才的需求。此类教学模式所依据的教学材料，应符合学科本位课程的知识结构体系严密有序的特征，教材编写应遵循知识结构的有序性和系统性与学科结构的逻辑性规律，便于教学，有助于系统理论知识的掌握。

2. 以培养能力为主的教学模式

（1）基本特征

以培养能力为主的教学模式的基本特征是以工作任务作为教学活动的起点和中心，是一种典型的“能力中心”的教学模式。整个教学活动围绕着学生展开，学生活动是教学的主要形式。该教学模式强调职业或岗位所需能力的确定、学习和运用，将知识、技能、态度和素质与受教育者的认识过程结合起来，以达到某种职业的从业能力要求为教学目标；重视及时反馈，重视学生自学能力的培养、强调个别化教学。

（2）理论基础

以培养能力为主的教学模式以掌握学习理论为理论基础。该理论认为，任何学生，只要给以足够的时间和充分的指导，都可以掌握所学的内容，达到事先规定的教学目标。因此，现代教学模式中，认知目标的实现是不可缺少且十分重要的，但已不成为唯一的目标。因为认知目标、情感目标、行为—操作目标是一个有机的整体，既相互独立又保持着重要联系，三者缺一不可。在现代教学中，教师传授知识的同时，还要准备教学情境、构筑学习氛围、组织和引导学习过程。这不仅表现在教师借助于影视、音像或计算机等媒体，使教学内容更加活泼和明确；还表现在学生必须独立地完成一项又一项由浅到深的工作任务。学生的参与程度大大提高，信息传递的方式由单向转为双向。

（3）教学评价

以培养能力为主的教学模式的教学评价是多方面的，通常是笔试、口试和对工作过程的考评。现代教学论认为，激励的手段主要是内在的，是人们在完成一项工作之后发自内心的喜悦，是人们从不会到会的心理感受，这种成功后的喜悦将激励人们去探究下一项工作。这对于改变学生死记硬背的学习方法，测试学生的应变能力乃至学生的综合职业能力有着独特作用。

3. 两种教学模式的比较

通过以上对两种最主要的教学模式类型特征的比较分析，我们认为：以单一的知识传授为主的教学模式，经过多年实践的积累，在知识传授这个领域里已经形成了自身相对独立的、完整的体系，它是行之有效的。但是，对于整个职业教育来说，它还不够完善。单一的以能力培养为主的教学模式，与单一的以知识传授为主的教学模式一样，就自身而言是成功的，在能力培养领域是行之有效的，但是同样还不够完善。当前职业教育教学模式的发展趋向于知识传授和能力培养并重的教学模式，趋向于两者的有机结合。两者可以而且应该有一个明确的分工，在各自的优势领域发挥自己的作用，片面强调某一种类型的教学模式都是欠妥当的。

第二节　几种常见的中职学校教学模式

一、项目教学模式

（一）项目教学的概念

项目教学是一种历史悠久的教学方法。早在16世纪，罗马和巴黎的农业学院就用一些诸如设计喷泉、宫殿等问题对学生进行教学。18世纪中小项目教学已经成为法国、德国和瑞士工程学校中常用的教学理念，1865年该理念被麻省理工学院的罗杰引入进美国，从1880年至1918年，伍德沃特在自己的手工培训中开始运用项目教学的理念，从此该理念逐渐扩展到职业教育乃至普通科学教育领域。

使项目教学在教育界家喻户晓的是美国进步主义教育运动，在那个时期这个项目被引用到美国农业教学当中，克伯屈对项目课程进行系统理论研究与实验。由于当时我国尚没有课程概念，因此把他的理论译成了设计教学法，这一巧妙译法却反映了项目课程内涵在克伯屈理论中的变化。克伯屈对传统的项目课程进行了改造，试图用新的、更为广泛的定义取代传统的狭隘的定义；用有目的的行动作为项目课程的关键特征。项目课程经过克伯屈的改造，拥有了更为宽广的含义，并被应用到普通教育领域。20世纪70年代，经过克伯屈系统加工的项目教学法在德国、荷兰和其他欧洲国家再次复兴，被各个教育领域广泛采用。

美国教育百科全书认为，项目教学法是学生在几天或几周内解决一个问题的教学方式。按照这个理解，项目可以涉及建造火箭、设计操场或者编纂报纸等。项目本身可以由教师提出，但尽可能由学生自己提出。有的研究者根据中德职教教师资培训进修项目的经历，将职业教育中的项目教学法定义为“师生以团队的形式共同实施一个完整的项目工作而进行的教学活动”。[1]从这里可以看出，虽然美国和德国的项目教学中教师的参与程度有所区别，但是项目教学的重点在于通过项目在应用中学习知识，而不是简单的传递间接经验，这种方法有助于提高学生的学习动机，培养学生独立思考的能力、自信的品质和社会责任感。

（二）项目教学的理论基础

1. 建构主义学习理论

项目教学显然不是直接基于建构主义理论，但建构主义理论可以为项目教学模式的完善和发展提供理论支撑。建构主义的教学观认为教学应从问题开始，让学生在问题解决中进行学习，提倡学中做与做中学，而不是知识的套用，强调以任务为驱动并注意任务的整体性。建构主义要求学生面对认知复杂的真实世界的情境，并在复杂的真实情境中完成任务，要求学生主动去收集和分析有关的信息资料，对所学的问题提出各种假设并努力加以验证，要善于把当前学习内容尽量与自己已有的知识经验联系起来，并对这种联系加以认真思考。联系和思考是意义建构的关键。在整个教学过程中学生是教学活动的积极参与者和知识的积极建构者，教师成为学生学习的高级伙伴或合作者。项目教学与建构主义学习理论均强调活动建构性，强调应在合作中学习，在不断解决疑难问题中完成对知识的意义建构。

2. 杜威的实用主义教育理论

杜威强调由学生在实践中自发进行一种获得完整经验的学习活动，从而在自己设计的单元活动中获得解决实际活动的能力。教师居于指导地位，激

---

[1] 吴全全．“项目教学法”——中德职教师资进修项目收获之一［J］．中国职业技术教育，2006（6）：51.

发学生的学习动机，帮助学生选择活动所需要的教材。作为杜威的学生，克伯屈的教学法显然受到杜威的影响。项目教学是以真实的或模拟的工作任务为基点，让学生利用各种校内外的资源及自身的经验，采取“做中学”的方式，通过完成工作任务来获得知识与技能。项目教学强调现实、强调活动，与杜威的实用主义教育理论是一致的。

（三）项目教学的实施程序

一般项目教学模式的实施步骤主要由以下几个部分组成。❶

1. 确定目标任务

一般由教师提出一个或几个具体项目任务。项目的目标和任务的主要内容来自于真实工作情景中的典型的职业工作任务，内容应与企业实际生产过程或现实商业活动有直接的关系（如购买材料、具体加工材料等）。教师将选定的项目任务征求学生意见，或与学生一起讨论，最终确定项目的目标和任务。

2. 编制项目计划

小组合作学习，一般是在教师指导下，由学生根据自身情况确定分工与合作的方式，项目分组时，人数一般控制在 5 至 7 人最为理想。组长的选取非常重要，可以按照自主自愿的原则进行双向选择。而后制订实施计划、确定工作程序。这个教学过程中要保证每个学生有独立进行计划工作的机会，在一定时间范围内可以自行组织、安排自己的学习行为，有利于学生的培养创造能力。

3. 项目实施

学生根据自己确定的实施计划进行具体实践活动。教师监控学生学习的进行，随时准备引导学生自主学习，回答学生提出的问题。

4. 检查评估

项目完成后，一般先由学生自评，再由教师对项目成果进行检查评价；亦可师生共同讨论、评判工作中的问题解决方法、学习行为特征等。

5. 项目展示或结果应用

教师在总结时记住学生学习过程中的关键问题，及时将技术问题升华到理论层面；对小组合作进行鼓励，促进组员之间的交流。

（四）项目教学的教学方法

项目教学模式的主要方法是自主学习、辩论、小组学习。

---

❶ 贺平．项目教学法的实践探索［J］．中国职业技术教育，2006（22）：18.

(五) 项目教学对教学环境的要求

对教学环境的要求主要体现在以下几点。

首先，要求与企业实际生产过程或现实商业活动有直接的关系，能将某一教学课题的理论知识和实践技能结合在一起，并具有一个轮廓清晰的任务说明，有利于学生掌握技术实践知识、工作过程知识。技术实践知识与工作过程知识的情景性，决定了这类知识的掌握依赖于工作情景的再现。

其次，学生有独立进行计划工作的机会，在一定时间范围内可以自行组织安排自己的学习行为，能自己处理在项目中出现的问题。

再次，能够促进学生之间的合作。在项目教学中，根据项目主题，学生从信息的收集、方案的制订、项目的完成到成果的评估，主要采取小组的工作方式进行学习，从而使学生们为了最终完成项目作品，相互信赖、共同合作。

(六) 项目教学对教师的要求

与传统的教学模式相比，项目教学对教师素质提出了更高的要求。[1] 这些要求主要体现在以下几个方面。

1. 要求教师熟悉职业实践

教师要具有职业经验，了解企业的工作过程和经营过程，才能从整体联系的视角选择具有典型意义的职业工作任务作为具有教育价值的项目。同时，由于项目教学是以典型的职业工作任务来组织教学内容，也就是说理论知识和实践知识通过典型的职业工作任务有机地结合起来。只具有专业理论知识，而不熟悉职业实践的教师很难胜任教学工作。

2. 要求教师具有跨学科能力和团队合作能力

项目教学涉及多学科教学内容，因此对绝大多数教师而言，独自一人难以很好地完成教学工作。这一方面要求教师具有跨学科的能力，不仅要熟知本学科的专业知识与技能，还要了解相邻学科、相关学科及跨学科的知识与技能。另一方面要求教师具有团队合作的能力，教师要从个体的工作方式走向合作，不同专业领域的教师联合起来进行项目教学。

3. 要求教师具有创设学习情境的能力

在项目教学中创设学习的资源和协作学习的环境是教师最主要的工作，这要求教师课前熟悉项目内容，进行深入研究，并准备好项目开展过程中可能涉及的有关知识；注意与其他教学手段和教学方法的协调；介绍项目内容

[1] 徐涵．项目教学的理论基础、基本特征及对教师的要求［J］．职教论坛，2007（6）：2.

要讲究艺术性，吸引学生的注意力，激发学生学习的积极性和讨论的热情。

4. 教师先作项目经理，然后才是教师

教师作为项目经理的角色介绍本次项目要完成的任务并对任务进行分解，对一些关键问题和难点作出说明，讲解任务涉及的知识要点，布置每一个项目小组的任务。然后规定时间，要求项目成员按规则行事。组织和协调成员积极动手，勤于思维，经过高强度的弹压，项目成员之间会参差不齐，反映出各种问题、疑惑和不理解。然后留出一定的时间，项目经理的角色转换为教师，统一解决学生的问题，对各种现象理清思路，进行总结，归纳出任务的知识内容，让学生带着问题思考，在问题解决之后对知识的理解会更为深刻。最后，教师对下一单元的任务提出要求，提示需要准备的知识点和参考资料，充分挖掘学生的潜力，突出团队精神，让学生主动学习、相互合作、共同分析问题并提升解决问题的能力，应对下一单元的项目训练。

（七）项目教学的应用范围

项目教学模式可以应用于任何专业，不管是一堂课，还是一个学期的实训，只要能按照项目要求设计教学过程，就可以使用项目教学模式。项目教学在现阶段中等职业学校还是应用比较广泛的，在各类学校、各个专业都可以找到使用的案例。该教学模式可用于学习特定的完成某一任务所需要的学习内容，具有一定的应用价值。

（八）项目教学的检验与评价

从项目的制定来看，一个好的项目教学应该符合三个标准。首先，必须保证对项目的描述明确、清晰、完整；其次，项目成果最好具有实际应用价值；最后，项目最好应将相关的理论知识与实践知识紧密结合。从项目的实施来看，教师应通过小组合作、自评与他评相结合的方式，培养学生的自主意识基础上的团队精神是评价项目教学好坏的第一个标准。教师对项目进行中的适时的干预和指导可以算是评价项目教学的第二个标准。从项目成果的评价和展示来看，好的项目教学应该能让学生在项目实践中所获得的直接经验进行有效的升华，与理论知识进行必要的联系。

二、情景教学模式

（一）情景教学的概念

目前，情景教学常常被用在各类职业学校的教学当中，但现实中尚没有一个公认的定义。有人认为，情景教学是指一种根据教学目的和要求，围绕教学内容，通过创设教学情景，来调动学生学习兴趣。❶ 还有人认为，情景教学是“学生利用教材提供的素材，通过适当编辑取舍加工成剧目的形式，再现教材内容，达到学习和巩固知识的目的”的一种教学模式。❷ 在教学实践中，情境教学是与情景教学相近的一个概念，常常在英语教学中出现和使用。从具体职业教育的教学实践上来看，两个概念并不存在本质上的差异：两者都强调教学中情景（境）的设置，一般都将所提供的教学情景分为真实自然的“景”和人工虚拟的“景”。因此本文所指的职业教育中的“情景教学”也指经常与其混用的“情境教学”。华东师范大学博士后、广东金融学院教授吴晓义通过对目前职业教育中情景教学的应用现状的总结和归纳，提出了“情境—达标”的职业教育教学模式，其目的在于通过建立科学、合理的教学目标体系和选择正确及适宜的教学情境，引导和带动整个教学活动优质、高效地进行。❸“情境”即学生未来工作的职业情境。它表达的意思是：职业技术院校的教学，要尽量在与学生未来将要工作的职业情境密切相关的教学情境中进行，可以是真实的工作现场，也可以是校内实习基地；可以是运用现代教育技术手段创设的仿真场景，也可以是由普通教室改造的“学习辅导室”、“活动课教室”或“多媒体教室”。

（二）情景教学的理论基础

1. 哲学基础

匈牙利裔医学家、化学家和哲学家迈克尔·波兰尼（1891－1976）认为，无论是在日常生活还是在科学活动中，缄默知识都与显性知识一样普遍存在，而且缄默知识从数量上比显性知识更多，缄默知识甚至是不可计数的。许多技能、方法、能力、交往、态度、体会、情感等方面的知识都是缄默知识，它在人们生活、工作中大量存在。他的有关研究表明，无论是在制革、陶瓷、钢铁业，还是在酿酒、纺织、建筑业，人们都在以不知其操作细节组成部分的方式进行着各自的生产活动。即使在现代工业的种种行业中，难以确切表达的知识依然是技术的基本组成部分。因此，一门本领的规则可以是有用的，但这些规则并不决定一门本领的实践。它们是准则，是一种显性知识，只有跟一门本领的实践知识，即缄默知识结合起来，才能作为这门

❶ 吉雪亭，刘琪．情景教学内涵和外延的研究［J］．西安欧亚学院学报，2007（1）：60～62.

❷ 韩雪鸣．情景教学实施与评价［J］．卫生职业教育，2005（23）：17.

❸ 吴晓义，颜景信．“情境—达标”式职业教育教学模式研究［J］．教育与职业，2006（14）：11～13.

本领的指导。缄默知识是职业能力的重要组成部分，它是不可言传的，只有在实践中不断学习和摸索，才能得以形成。

2. 心理学基础

（1）图式理论

加州大学洛杉矶分校人类行为研究所的教授理查德·施密特于 1975 年提出了一个动作技能学习理论——图式理论。图式理论假定有两种学习结果储存于运用系统：再现图式和再认图式。新的图式理论更多地强调了认知活动在动作学习中的作用。一项动作技能可能包括多个动作图式，它们构成了概括程度不同的多个层次。图式所属的层次概括程度越低，就越接近具体的外显动作和细微的知觉；而图式所属的层次概括程度越高，就含有越多公式、原理之类的认知成分，与具体的动作行为和知觉就越远。

（2）情境认知理论

1989 年，美国组织行为学者布朗、科林斯与杜吉德在《教育研究者》杂志上发表了他们的著名论文《情境认知与学习文化》。[1] 这篇论文比较系统完整地论述了情境认知与学习理论，他们认为：知识是具有情境性的，知识是活动、背景和文化产品的一部分，知识正是在活动中，在其丰富的情境中，在文化中不断被运用和发展着。学习的知识、思考和情境是相互紧密联系的，知与行是相互的——知识是处在情境中并在行为中得到进步与发展的。

（三）情景教学的教学方法

情景教学的教学方法主要有现场教学、示范法、参观、角色扮演、多媒体教学、网络教学、讲授、问答等。

（四）情景教学的实施程序

广东轻工职业技术学院的李青在《基于建构主义的情景教学的探讨与认识》一文中较好地总结了情景教学实施程序的四个步骤：确定情景教学目标，选择情景教学案例，确定情景教学实施方案，组织实施情景教学。[2] 如图 8－1 所示。

（五）情景教学的教学环境

教学环境可具体划分为物理情境和心理情境两类。

---

[1] John S. Brown，Paul Guguid，Allan Collins. Situated Cognition and the Culture of Learning [J]. Educational Researcher，1989 (1)：32－42.

[2] 李青．基于建构主义的情景教学的探讨与认识 [J]．广东轻工职业技术学院学报，2005 (1)：46～49.

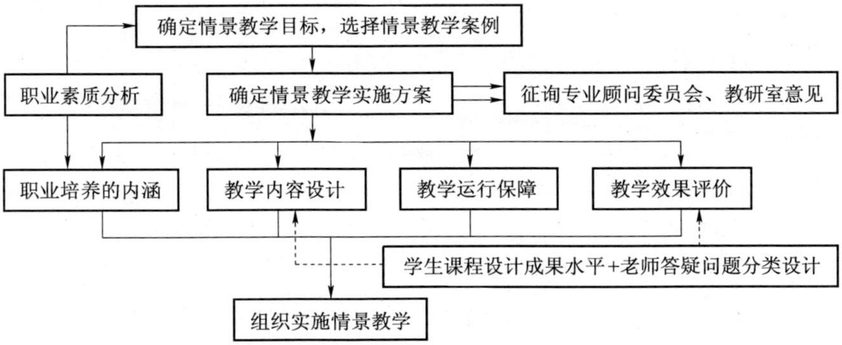

图 8—1 情景教学的实施程序

1. 物理情境

物理情境是指人们能够通过感觉器官感知的情境。就职业技术学校的学生学习而言，可供选择的物理情境主要包括：第一，真实情境，即知识产生或实际运用的场所，在真实情境中，学生学习的方式大体上有两种。一种是学生作为工作群体的一员在真实的职业活动中顶岗工作或担任助手、学徒；另一种是学生作为旁观者在真实情境中参观、学习或进行一定的实际操作，但不在群体中担任任何角色。第二，仿真情境，即通过各种方式创设的模拟的职业情境。仿真情境还可进一步分为场所与工作方式模拟情境、角色扮演情境，以及运用多媒体技术、虚拟现实技术和网络技术所创设的体验性情境、交互式虚拟操作情境和网络情境等。第三，教室情境，即学校中与真实的职业活动相分离的授课场所。

2. 心理情境

心理情境是指由学校文化及教学过程中师生交往、生生交往所形成的心理气氛，它主要包括：第一，积极期待情境。在教学活动中，教师对学生未来发展和学习结果的预测和期待，会在不知不觉中传达给学生，并在一定程度上影响学生职业能力形成的质量和速度。一般而言，积极的期待会起正向作用，消极的期待会起负向作用。第二，宽松民主情境。校园文化、师生关系以及由此形成的心理气氛，也会对学生的职业能力，特别是创新精神、创新能力产生重大的影响。一般而言，宽松民主的情境会有助于职业能力形成，而严厉专制的情境则相反。第三，竞争情境或合作情境。在教学过程中，学校和教师是倡导竞争，还是倡导合作；学习和工作任务是以竞争的方式完成，还是以合作的方式完成，不但会影响学生职业能力中社会能力的发展，而且会影响其人生态度和其他方面的发展。

（六）情景教学的应用范围

该模式在各类职业学校中都有广泛的应用，具体范围覆盖公立和民办职业学校，以及文化基础、专业以及实践课领域。情景教学作为一种能力培养的教学模式，可以应用到有条件创设真实情境的各类中等职业学校的各个专业，特别是与行业结合紧密的学校和专业。

（七）情景教学的检验与评价

一个好的情景教学模式可以从以下三个维度进行评价。

1. 情景内容的准备情况

这一维度可以从情景与职业环境的匹配度、情景案例覆盖知识点的广度、情景中任务难度是否适中三个方面进行评价。

2. 情景教学的过程维度

这一维度主要考查教学的过程是否按照预定的情景设计方案进行以及教师对教学效果的评价是否到位。

3. 情景教学中学生的反馈

这一维度主要考查学生在教学过程中是否活跃，参与程度是否较高。

三、案例教学模式

（一）案例教学的概念与特点

1. 案例教学的概念

案例教学是指教育者本着理论与实际有机结合的宗旨，根据教学目的和要求，以案例为基本素材，将学生引入特定的真实情境中，通过师生、生生间的多向互动，积极参与，平等对话和研讨，重点培养学生的批判反思意识及团体合作能力，并促使学生充分理解问题的复杂性、变化性和多样性等属性的教学方法。❶

从广义上讲，案例教学法是通过对具体情景的描述，引导学生对这些情景进行讨论的一种教学方法。案例可以把抽象的原理、概念等具体化，把它们置于一定的实际情景中。学习者可以清楚地认识到这些原理、概念在实际生活中的表现及用处，增进其学习兴趣和动力。❷

---

❶ 王致坚．案例教学法研究［J］．煤炭技术，2006（12）：119～120.

❷ 黄英，禚学军．案例教学法应该把握的几个基本原则［J］．卫生职业教育，2007（5）：133.

2. 案例教学的特点

关于案例教学，包含一些共同主张：在教学材料和内容上主要对真实情景加以描述或典型化处理，在教学方式上组织学生进行分析和讨论，在教学目的上侧重学生分析问题和解决问题的能力以及实际运作能力的提高。由此我们可以看出案例教学具有以下几个特征。

（1）案例组织的目的性

无论是对一门课程众多案例的组织，还是对某一案例教学的具体设计，都应当紧扣一定的教学目标来进行，都要通过一个个独特而又组织严密的案例或案例体系，最终达到教学目标。

（2）案例陈述的真实性

案例是对已发生的典型事件的如实陈述，所描述的事件是完全真实的，完全依照事件发生的实际状况进行陈述，对所发生事件的时间、地点、具体情节及过程都应如实记录。

（3）案例内容的仿实践性

案例教学的内容主要是针对实践中的问题，案例的展示不是简单地告诉学生一个真实的社会群体在干什么，而是通过再现或模拟方式把学生带到一个真实、典型、具体的“现场”，让学生置身其中，充当角色，进行“实践”操作，增进“实践”经验。一般来说，案例都要选择较为新近的实践活动或事例作为素材，这样才会更加突出案例教学与现实实践活动的相关性。

（4）案例设计的问题性

案例一般都蕴含着可供学生分析和思考的问题。有些问题看上去是明显的，有的可能较为隐蔽，需要学生通过对案例情景的仔细思考才有可能辨明；有些甚至在表面看去较为明显的问题，背后实际还隐含着更为深层的问题。案例设计带有问题性就是要使学生在接触到案例后，产生疑惑，由此引发思考；案例设计所涉及的问题，既可以是给人以正面启迪的，也可以是提供反面教训的。

（5）案例性质的典型性

教学案例的选择要精心地筛选。筛选案例的一个重要原则，就是要考虑案例是否具有典型性或代表性。每一个案例都是一个相对完整的“故事”叙述，都会反映或折射出一定的主题。成功的教学案例必须要考虑案例的典型性，使每一个案例的学习都尽可能地能够代表与学科的内在逻辑相关的那一部分学习内容，并通过这些典型案例将各部分内容联系起来。[1]

（二）案例教学的理论基础

1. 建构主义的观点

建构主义提倡在教师指导下，以学生为中心“自主学习”，以提高学生分析问题、解决问题的能力，达到提高学生“自主学习”能力的目的。

2. 人类认识规律

案例教学模式是指在教学过程中打破以教师讲授为主的教学模式，是理论与教学实践的有机结合，是理论联系实际的具体化，具有可操作性。人类的基本认识规律是由现象到本质，由大量的、合乎实际的感性认识，经过去粗取精、去伪存真、由此及彼、由表及里，最后上升到理性认识。案例教学模式从案例（感性认识）入手，并上升到理论高度，符合人类的认识规律。

（三）案例教学的实施程序

1. 案例的形成阶段

案例的编写或选择是实施案例教学的前提条件，也是案例教学的内在组成部分。在案例的选题确定之后，首要的工作就是任课教师在明确教学目标之后，编写或选择适用的教学案例。所编或所选的案例既要符合教学目标的要求，又要兼顾目的性、真实性、仿实践性、问题性和典型性等特点，教师所选取的案例要准确、贴切，要具有对教学内容作正确无误说明的性质，不致被学生误解或产生歧义，这是选用案例最基本的要求；同时，所选取的案例要少而精。

2. 案例的实施阶段

案例的实施阶段又可分为阅读分析阶段和讨论阶段两个过程。案例的阅读分析是学生接触和了解案例的阶段，在每一个学生阅读、分析案例材料，形成自己有关案例所提出或隐含的见解后，案例教学便进入了讨论阶段。讨论主要是为学生提供发表自己对案例的看法、认识及对问题的见解的机会。发言者表明自己的观点，供大家讨论、批评、切磋、补充。

3. 对案例进行总结和反思的阶段

案例教学的最后环节是总结和反思。这一阶段要求学生写一个案例学习报告，对自己在案例阅读、分析、讨论中取得了哪些收获，解决了哪些问

---

[1] 王玉芬．案例教学分析 [J]．教育与职业，2007（15）：119.

题，还有哪些问题尚待释疑等作一总结，并通过反思进一步加深对案例的认识。[1]

（四）案例教学的教学方法

案例教学的教学方法主要有讲授法、问答法、讨论法、多媒体教学、小组学习、辩论、探究式学习教学法等。

（五）案例教学对教学环境的要求

案例教学要达到预期的效果，一般要有与案例教学相适应的人数或班级规模。一般来讲，班级规模控制在40人以下为宜，或者更少一些。因为适宜的数量可以保证学生充分地交换意见，对解决问题的方案可以进行深入的讨论。同时要求教师具有较高的素质，保证案例教学能顺利地进行。为使案例教学更有效，学习环境必须能为受训者提供案例准备及讨论案例分析结果的机会，必须安排受训者面对面地讨论或通过电子通信设施进行沟通。但是，学习者必须愿意并且能够分析案例，然后进行沟通并坚持自己的立场，因为受训者的参与度对案例分析的有效性有至关重要的影响。

（六）案例教学对教师的要求

教学前，教师要花费大量的时间进行案例的收集、选择和预先设计工作；教学中，教师不仅要掌握教学的进度和方向，引导和鼓励学生去思考、发表独到的见解，而且，还要努力营造适当的课堂氛围，既要达成一定的共识，又要给不同的见解以生存的空间，让学生学会从各种不同的角度去分析问题和解决问题；在案例教学结束之际，教师还要善于总结，从案例中提炼出有关的教育理论。具体来说，教师要做到如下几个方面。

1. 收集相关资料

将案例布置给学生后，要介绍分析框架或对理论工具等给予必要的指导。准备一系列能引导学生讨论的问题，并充分设想案例讨论中可能出现的各种问题及处理方法。随着教学内容的推进，逐渐加大信息量、案例综合性及题目难度。

2. 有效组织和引导案例讨论

在案例讨论时教师要营造良好的自由讨论的氛围，一方面要设法调动学生的主动性和积极性，另一方面要引导学生紧紧围绕案例主题展开讨论。对不同观点及时进行分类梳理，对有些重要的理念给予提示。同时，教师还应

[1] 王玉芬. 案例教学分析［J］. 教育与职业，2007（15）：119.

讲究引导的方法和技巧，如教师不要直接表露自己的观点，以避免约束学生的思维空间；发现学生的判断有误时，不是正面纠正，而是引导学生认识到自己的错误并自我修正。这些都要求教师熟悉案例，有广博的知识和较强的逻辑分析、要点概括及驾驭课堂的能力。

3. 案例讨论后作简要总结

案例讨论结束后，教师应针对学生在讨论中提出的分析问题的方法和思路、解决问题的途径等方面进行总结评价，肯定一些好的思路和独到的见解，指出讨论中存在的缺陷和不足。总结时并不一定要给出标准答案，因为在现实生活中，实际上很少有绝对正确的标准答案。[1]

（七）案例教学的检验与评价

一次成功的案例教学应该具备以下三个特点。

1. 真实可信

案例一定要注意真实的细节，让学生犹如进入现场环境之中，确有身临其境之感。这样学生才能认真地对待案例中的人和事，认真地分析各种数据和错综复杂的案情，才有可能搜寻知识、启迪智慧、训练能力。

2. 客观生动

采用场景描写、情节叙述、心理刻画、人物对白等方法，甚至可以加些议论，边议边叙，作用是加重气氛，提示细节。案例可随带附件，诸如企业的有关规章制度、文件决议、合同摘要等，还可以有有关报表、照片、曲线、资料、图纸、当事人档案等一些与案例分析有关的图文资料。

3. 多样化

案例应该只有情况没有结果，有激烈的矛盾冲突，却没有处理办法和结论。后面未完成的部分，应该由学生去决策、去处理，而且不同的办法会产生不同的结果。

（八）案例教学的适用范围

案例教学模式有一个基本的假设前提，即学生能够通过对这些过程的研究与发现来进行学习，在必要的时候回忆出并应用这些知识与技能。案例教学模式非常适合于开发分析、综合及评估能力等高级智力技能，这些技能通常是管理者、医务人员、法律工作者及其他的专业人员所必需的。案例教学还可使受训者在个人对情况进行分析的基础上，提高承担具有不确定结果风险的能力。

---

[1] 姜林康．统计案例教学初探［J］．中国科技信息．2007（12）：197～198．

四、信息技术教学和实训应用模式

（一）信息技术教学和实训应用模式的概念

信息技术，广义来讲是指完成信息的获取、传递、存储、加工、再生和使用等功能的技术（工具），包括计算机网络技术、通信技术与控制技术。[1] 信息技术作为一种综合的现代教育技术，是通过其拟物作用（情景、资源、教具和学具）和拟人作用（导师、学生、学伴和助手的角色）支持教学模式的变革。

信息技术在教学和实训中应用可以有两个层面：一是基于“辅助”的理念，使信息技术作为教学媒体来帮助教师解决教学中的问题。二是基于“整合”的理念，使信息技术作为构建自主、探究学习环境的要素来支持学习。综合这两个层面的应用，信息技术教学和实训应用模式是以一定的学习理论和教学理论为指导，为完成特定的教学目标或教学任务，利用信息技术的拟物和拟人作用，参与制作和利用各种学习资源，充分参与和支持学习过程设计，创造教学和实训环境的一种模式。

（二）信息技术教学和实训应用模式的理论基础

信息技术教学和实训应用模式建立在现代教育理论、学习理论及传播理论等基础上。

1. 现代教育理论的哲学基础——人本主义

信息技术教学和实训应用模式可以真正实现情景化教学和个别化教学，它提供了丰富的学习资源，拓展了教学时空的维度，实现了人本主义所主张的以学生为中心的教学形式和学生自主学习、自我实现、自我评价的目的；教师允许学生自己学习，满足学生的好奇心和求知欲；建立一种开放平等的教学环境，实现教学手段和目的一致性；师生之间建立双向参与、双向沟通、平等互助的关系，达到人本主义崇尚的人的尊严、民主、自由、平等的价值观。

2. 学习理论基础

认知主义、客观主义、行为主义和建构主义等各种学习理论对各个层面的信息技术教学和实训应用模式都有支持作用，针对不同的教学条件和教学目标，都会应用到这几种学习理论。

---

[1] 全国高等学校教育技术协作委员会．信息技术基础教程（高等学校教师现代教育技术等级培训教材）[M]．北京：高等教育出版社，2001：3.

3. 教育信息论基础——教育传播学

教育传播学把教学看成信息的传播过程，综合运用传播学和教育学的理论和方法来研究和揭示教育信息传播活动的过程和规律，以求得最优化的教学效果。

（三）信息技术教学和实训应用模式的教学策略

在数字化教学环境中，有研究者将教学策略分为主动性策略、社会性策略和情境性策略。[1] 结合职业教育和培训的实际情况，在基于信息技术教学和实训应用模式中，可以构建数字化教学环境的教学策略有抛锚策略、认知学徒策略、建模策略、教练策略以及合作学习和小组评价策略。

（四）信息技术教学和实训应用模式的教学方法

信息技术教学和实训应用模式的教学方法主要有多媒体教学、模拟教学法、角色扮演、游戏法、案例教学、参观法、小组学习等。

（五）信息技术教学和实训应用模式的教学组织形式

信息技术教学和实训应用模式的教学组织形式可以分为群体、小组、个体三类。基于信息技术的职业学校教学组织方式大概可以分为：群体化的同步讲授型、合作教学模式，小组化的协作型、讨论型，个体的自学辅导型、问题教学模式、探究学习模式；另外，还有基于网络技术的分布式组织形式。实际应用中，可能是这些形式的组合形态所形成的有针对性的教学模式。

（六）信息技术教学和实训应用模式对教学环境的要求

1. 课堂教学

多媒体教室：通过电子备课，利用多媒体和超媒体的结构化、动态化、形象化的演示功能，实现多媒体课堂教学、基于资源的自学、网络练习和测试、教务管理。

网络环境：利用网络技术实现音视频信息的动态存储、搜索、获取与交换，进行同步、异步的互动与交流，为自主学习、合作学习、探究式学习提供丰富的资源和良好的学习环境。

2. 实训教学

模拟仿真系统：利用虚拟技术、仿真模拟技术、人工智能等信息技术开发模拟仿真实践训练平台，替代参观教学以及模拟岗位工作训练，模拟课堂上无法实现的情境来培养学生的实践技能。

---

[1] 武法提．基于WEB的学习环境设计［J］．电化教育研究，2000（4）：9.

(七) 信息技术教学和实训应用模式对教师的要求

利用信息技术来支持教学，对教师的信息素养和知识以及信息技术的教学应用能力提出了不同程度要求，他们不仅要具有应用信息技术进行教学改革的意识，还应该具备信息技术教学设计方法、信息技术应用知识、教育技术理论知识和专业领域的信息技术知识和能力要求，以及应用这些知识的能力。具体要求有以下几个方面。

1. 一般要求（如对一般教师）

掌握信息技术应用的基础知识和操作技能，初步具备将信息技术和信息资源用于教育教学中的能力，比如会设计简单的信息技术支持的课堂教学方案，制作简单的多媒体教学课件，并能够使用信息化设备辅助教学；会使用互联网资源支持备课和教学。

2. 较高要求（如对骨干教师）

承担信息技术支持的教学方案的前期设计、教学实施和归纳评价的责任。要建立科学的、基于信息技术的现代教育思想和观念，掌握继续学习新技术知识的能力；能够制订信息技术整合于教学中的应用方案，以及教学应用和评价能力。比如能够制作多媒体教学课件、网络课程等，具有利用网络教学、管理的能力（如制作教学或班级网页或主页），具有信息化技术环境下教和学的评价能力（如撰写评价报告）。

3. 更高要求（如对专业骨干教师）

掌握专业领域的信息技术知识，能够开发（或二次开发、设计）和使用相应的教学实训软件或系统，具备教学指导、教学管理及评价的能力。

(八) 信息技术教学和实训应用模式的应用范围和条件

在信息技术教学和实训应用模式中，需要不同的信息技术硬件和软件支持来构成相应的教学环境，比如课堂的多媒体教学环境、网络教学环境，实训的模拟、仿真系统或平台。同时教师也必须具备相应的信息化教学能力和素质要求，只要是具备这些教学条件和环境以及师资条件的学校，都可以开展相应的不同层次的信息技术教学和实训应用实践。

五、任务驱动式教学模式

(一) 任务驱动式教学的概念

任务教学法最初作为交际式语言教学的方法之一，产生于 20 世纪 80 年代末，是外语教学界提出的“过程教学大纲”（process syllabuses）的产物，旨在把语言教学真实化，把课堂社会化。任务教学的基本思想就是“干中学”，通过学生参与活动，而不是靠教师或书本，使学生体验语言在日常生活中解决问题、处理矛盾时的适用方式，侧重培养语言的运用能力而不仅仅是语言的习得。后来这一教学方法作为一种模式为其他学科的教学所借鉴。

在职业教育领域，任务驱动式教学模式是指以完成某一实际任务为中心，展开一系列教学活动。学生在教师指导下，面对真实世界的挑战，在完成任务过程中进行学习。偏重于包括智力在内的多种技能的训练，特别适合培养职业能力、职业态度的教学。在职业教育能力本位（CBE）的课程模式中，较多地采用以任务为中心的教学。职业教育的 CBE 课程开发中，通用的做法是利用 DACUM 表确定教学内容和教学策略。由工作分析确定岗位职责和综合能力，再由任务分析确定职业任务和相应的专项能力。最后，以任务（或专项能力）为教学单位（称为模块）确定教学活动。

（二）任务驱动式教学的理论基础

任务驱动式教学模式的理论基础是教学的“活动中心说”。“活动中心说”是以批判传统式的“向书本学”的教学思想为基点提出的，该理论主张通过直接经验进行教学，教学的基本原则是“做中学”，其代表人物是美国进步主义教育家杜威。杜威认为，真理和生活需要分不开，探求真理不能脱离实践经验。那么，要让学生获得知识经验和发展，就需要让学生参与各种实践活动，在“做”中学。学生的一切学习都来自经验的改造。任务驱动式教学强调学生在完成任务的活动中学习，属于活动教学范畴。

（三）任务驱动式教学的实施程序

任务驱动式教学模式的实施步骤主要由以下几个部分组成。

一是明了学习任务和目标。在这一阶段通过观察，听讲或阅读等途径把握任务要求以及预期结果。

二是了解步骤、方法和规范。通过观察影像，阅读说明工作原理的图文资料和教师指导等途径，了解完成任务的步骤方法，以及所需知识技能要求。

三是按步骤进行学习性操作，执行任务运作计划，以完成任务形成活动产品。

四是评价结果。

（四）任务驱动式教学的教学方法

任务驱动式教学模式的主要方法是讲授法、观察法、自主学习、协作学习。

（五）任务驱动式教学对教学环境的要求

对教学环境的要求主要体现在以下几点。

第一，在任务驱动式的教学环境中，要向学生提供准确理解任务的情景和完成任务所需的相关软硬件资源，便于学生对任务需求、任务目标及任务实现的方法有清晰的认识，使学生能够结合已有知识，发挥自身的主动性与创新能力，利用各种资源，出色完成任务。

第二，要为学生提供阶段性独立进行任务规划与实施的条件，在教师对教学过程的把握与指导下，允许学生在一定的范围内自行安排自己的学习过程并解决在任务执行中出现的问题。

第三，要为学生提供能够进行协作学习的环境。在任务驱动式教学中，为了完成某一特定任务，在任务分工、收集资料、制定实施步骤等环节中都要求学生进行充分的协作，通过团队的共同参与最终完成任务。

（六）任务驱动式教学对教师的要求

1. 要求教师具有职业实践的经历或熟悉职业实践发展

教师对所授课程的相关职业工作现状要有充分的了解，最好是具有相关职业的从业经历，只有这样教师所设计的任务才有真实感与实用性，才能引起学生的兴趣与关注。

2. 要求教师具有高质量的任务设计能力

在任务驱动式教学模式中，任务设计的质量直接决定着教学过程的效率与教学效果。教师要在教学目标的指导下，结合学生已有的知识基础及认知水平，将教学内容自然地融入到任务中，任务目标以及相关环节的设置要能够对整个教学过程产生驱动力，使学生在任务执行的过程中完成对知识技能等的掌握。

3. 要求教师具有一定的创新教育的理念

教师在设计任务的时候还需要考虑到留给学生一定的创新空间，这样才会有利于培养学生的创新意识。

（七）任务驱动式教学的应用范围

任务驱动式教学模式中的任务具有很强的实践性，尤其适合对学生职业技能的培养，因此该模式在中职学校教学中具有一定的应用价值。

（八）任务驱动式教学的评价

对学习结果与学习过程的评价必须相互结合，互有侧重。要特别重视学生的自我评价。学生参照评价标准内容，逐项给予自己的评定，并在作品之后或学习体会之末附上简短的自我评语或得分。在此基础上，教师可以组织学生评价小组进行核实或教师给予检查评定。

第三节 中职学校教学模式改革的瓶颈分析

很多学者对职业教育教学模式的改革与创新做了大量研究，指出现有教学模式对学生个性发展、职业能力形成等方面存在的不利影响，构建了一些理论上更加适合中职学校教学、有利于学生培养的教学模式（包括前文所述的各种教学模式），这些模式不论是从理论还是从实践层面都在一定程度上促进了中职学校教学模式的发展，但其对中职学校教学所产生的积极效应缺少连贯性和规模化，整体应用效果差强人意。究其根源，主要是仍然存在一些诸如生源选拔方式、师资素质、评价方式、管理制度等制约中职学校教学模式改革的瓶颈因素，由于教学模式是建立在多重因素基础上的社会活动，因此其运作有赖于诸多条件的支持。如果不能改善和保障教学模式的实施条件，教学模式的改革和教学质量的提升都难以取得质的飞跃。

目前制约中职学校教学模式发展的瓶颈主要包括生源选拔制度、师资素质水平、教学管理制度及教学实验和实习基地建设等几个方面。

一、生源选拔制度

生源选拔制度决定了中职学校的学生来源，也就是说决定了中职学校教学活动的对象。目前中职学校仍然采用和普通高中统一选拔标准的方式，完全凭考试的分数作为选择中职学校学生的标准，这种方式不能很好地适应职业教育的特点，不利于中职学校对学生的个性、专长的准确把握，更不利于学生职业生涯的规划和职业发展。

职业教育的内容涉及全社会几百种行业，几千个职业岗位，由于不同的职业领域本身在身体、智力、个性方面有着不同的特点和要求，而学生个体间也存在着智力类型的差异。如果职业教育内部能在学生选择专业（职业）方向时，按个性特长与职业需要适宜性进行合理的指导与分配，中职学校教学的针对性和有效性将大大提高。

职业教育的生源选拔应根据职业教育特点将招生考试和职业能力测试相结合。这样一方面有助于改变人们的人才观和学生观，尤其是职业教育内部的教育工作者的人才观、学生观，使教师真正认识到中职学校学生的独特性、职业教育的独特性在于“异”，而不是“劣”。从而看到中职学校教学模式改革的必要性，增强教师进行教学模式改革的信心。另一方面，有利于职业教育培养目标的实现，以及教学模式改革的实施。采用职业能力测试作为选拔标准，事实上是对进入职校的学生进行一次个性专长的再分流，虽然进入每一所中职学校的学生仍存在个性差异，但他们的兴趣，能力相对较为接近，有利于教师在教学时有针对性地进行教学模式的修正和创新。

二、师资素质水平

教师是教学模式改革的主要参与者和执行者。再理想的教学模式方案，如果没有教师的理解和支持，以及相应的教学理论和技术作支撑，其结果只能是纸上谈兵。因此，要顺利实现教学模式转换应从教师的需求与能力入手。“需求”是针对教师的主观层面，即教师有教学改革的愿望和要求，从心理上接受并愿意使用新模式，充分认识到新模式的价值。而“能力”则是在客观上对教师岗位的要求，就是教师具备驾驭新模式的教学理论和技术。

（一）加强教师教育理论的培训

进行教师教育理论培训的目的是普及教育科研知识，提高广大中职学校教师教学理论方面的素养主要应完成三方面的任务。

1. 转变观念

在实践中，很多职校教师把教学质量难以提高归因于学生素质差，这种认识表面上是责任归因的错误，深层次分析则是教学观念的错误。持这种归因观点的教师是把学生当作了被动的教育对象，而不是能动的主体。以为学生的学必须适应教师的教，而不是教与学的相互适应。所以，转变教师的教学观念是首要任务，只有确立成功教育是适应学生个性特点的“适性教育”的理念，才能正确审视教学中所遇到的问题，对教学模式的改革持积极公正的态度。

2. 提高教师教学的责任感和探究的热情

中职学校教师在自己求学和已有的教学经历中已习惯于以知识教学为基础的教学模式，要改变习惯的做法，势必要付出比平常多的精力，这也是常常造成教师不支持改革的一个重要原因。只有提高责任感，才能使教师热心于教学改革，乐于挑战自我。

3. 调整知识结构和能力结构

书本知识的教学与活动管理对施教者而言在教育技能和管理素质的要求上有着很大差别。前者一般只需要掌握理论知识和语言表达能力，而后者不仅需要理论功底，还要有实践能力、组织管理能力、活动策划能力和处理公共关系的能力。所以，教师必须通过培训调整知识结构和能力结构以胜任教学模式改革的责任要求。

（二）加强教师实践性能力培养

尽管国家提出了“双师型”师资建设的目标，但实际贯彻中，很多中职学校重视的还是教师学历层次的“高”。特别是一些中职学校在解决师资学历达标后，将教师建设的重心放在了追求更高层次的学历上。事实上，中职学校与普通高中的教学目标不同，侧重于学生实践性能力的培养，这就要求教师不但拥有专业所需的基础理论、基本知识，更要具有较强的实践性能力，既有专业教育的学历，又有教师教育的学历，还有实践工作经历。目前，对大多数中职学校教师来说，最缺乏的是实践经验。因此，要加强教师的实践性能力培养。

1. 中职学校需要为教师和企业界的联系建立平台

可以让教师到专业对口的部门兼职或实习，定期去企业考察学习；把教师深入企业学习锻炼作为师资队伍建设的重要内容，在时间、待遇上给予相应的政策和机制保证。

2. 职业教育师资的职前教育和职后培养体系的建立也应瞄准“双师型”这一目标

加强教师的实践性能力培养重点在于解决现有教师的专业能力同教育教学能力相分离，以及专业知识同专业工作能力、职业技能相分离的状况，而不是一味的效仿普通高中师资建设的做法，简单追求研究生等层次的高学历。

三、教学管理制度

（一）课程体系的改革

教学模式都是建立在一定的教学内容和课程体系之上的。中职学校理想的教学模式的课程体系应以职业专门能力（实践性能力）为线索，从基础到专长设计课程进程。教学进程的每一阶段，理论知识与实践应用要充分结合，以学生的职业能力养成为根本，理论与实践相互促进。学期划分可更加灵活，可按相对独立的教学任务划分成教学周期，以保证教学中实践先行。

（二）评价制度的改革

目前中职学校虽然有实践环节的评价，但教师在选择评价方式上更青睐书面考试，操作等解决问题的实践性能力考核所占比重有限。这种具有导向性的评价制度极易削弱实践在教学中的地位，同时也不能准确反映教学的成果和学生的能力水平，其结果是有些操作能力很强的学生因书面表达不尽如人意而常被归入差生之列。因此中职学校应根据其教学目标和教学对象的特殊性，建立具有职业教育特点的评价方式。考核的内容和方式上要从重视考核学生知道什么转向考核学生能做什么，因为应用才是中职学校教学的最终目标。总之，只有将理论考核与操作考核有机结合的评价才是公正合理的。

（三）管理制度的改革

树立教学管理就是为教学服务的观念，把提高中职学校教学质量工作的重点放在教学改革经验的提炼与推广、教学研究的组织和指导方面，而不仅仅是检查、评比。中职学校的教学模式注重与职业领域的联系，因此教学更有职业个性，难以用一个标准来衡量不同职业领域的专业和学校。所以，应减少“一刀切”的管理方式，给学校和教师有更多的决策权和能动空间。只有大力扶持中职学校教学模式的改革和创新研究，才可能带来中职学校教学质量的飞跃。

四、教学实验和实习基地建设

教学实验和实习基地的建设是教学模式改革的必要物质条件。中职学校的教学模式强调学生在实践基础上进行学习，因而对实验和实习场所的需求较高，这也是进行教学模式改革的主要困难之一。为此应从多方面努力，不断改善中职学校实验实习的硬件环境，要争取最大投入，尽可能完善实验实习条件，以保证改革顺畅进行；应充分挖掘潜力，吸引企业和社会力量对职业教育的投入和参与；政府要不断给予政策和经费的扶持，使中职学校办学条件大为改善。中职学校在保证实践性教学时间的前提下，还要着重处理好理论和实践的结合方式，让彼此的促进功效最大化，提高实验实习场所的管理效益。

中职学校教学实验和实习基地的挖潜建设可从多方面入手。第一，遵循科学、规范、高效的原则，统筹规划和管理，提高已有设施设备的利用率。可调整课时的作息时间，利用晚上、周末、假期等时间充分使用好场地和设施。第二，加强校际之间协作，合作设立定点实验、实习基地，实行实践教学资源共享。第三，充分利用高科技手段，建立模拟仿真实训室，提高实训的规模和效益。现在一些条件比较好的中职学校里，已建立了多媒体教室、模拟教室等，不要让先进的教学仪器设备仅成为观摩教学的点缀、展示学校实力的“摆设”。要让教师们头脑中的“软件”跟上硬件的发展进度，充分用足、用好这些现代化设施。第四，积极拓宽与企业的联系渠道，通过互利互惠方式协调好培训与企业利益之间的关系，如学校为企业提供职工培训服务，企业优先选留毕业生等，调动企业参与办学的积极性。

第九章　中职学校教学设计

◎ 教学设计概述

◎ 中职学校教学设计的前期分析

◎ 中职学校教学设计的过程

教学设计（也称为教学系统设计）的研究起步于20世纪50年代，它以教学系统为研究对象，在充分借鉴系统方法、认知心理学、传播理论以及教学理论等理论的基础上，针对传统教学的弊端提出一系列分析和解决教学问题的系统方法。对各级各类学校教师的教学活动具有很强的指导意义和可操作性。职业教育在培养目标的定位、教学计划的安排、教学方案的实施、教学对象的需求等方面与普通教育相比，具有鲜明的特色，因此中职学校的教学工作应该投入更多的精力，设计出适合自身特点的最优化教学方案。应该说教学设计是中职学校教师走上讲台前必备的一种能力，每一位中职学校教师都要深入研究并掌握教学设计的基本原理与技术，以规范教师的教学行为，优化教学过程，提高教师的执教能力和教学效果。在进行职业教育教学设计之前，首先要明确教学设计所涉及的一些基本概念，主要包括教学设计的含义与特征、理论基础、模式等。

第一节　教学设计概述

一、教学设计的含义与特征

（一）教学设计的含义

一般来说，“设计是指人们在创造某种具有实效性的新事物或解决所面临的新问题之前，所进行的探究性的系统计划过程”[1]。按照这样的理解，设计注重的是规划和组织。教学设计是设计的一种特殊类型，属于设计科学的子范畴，它的设计对象不是静态的物，也不是机器运转的规则流程，而是

---

[1] 孙可平．现代教学设计纲要［M］．西安：陕西人民教育出版社．1998：1.

充满动态复杂关系的教学系统。因此教学设计既具有一般设计活动的基本特征，又具有自身的独特性。教学设计从其学科形成的历史来看，是在综合多种理论的基础上并随着相关技术的发展而发展起来的一门学科，因此相关理论与技术的每一次发展都对其产生重要的影响，所以人们在对教学设计概念的界定上存在多种不同的观点。分析比较国内外较有影响的关于教学设计的定义，归纳起来大致有如下几种观点。

1. 教学设计是一个过程

这种观点将教学设计看做是一个系统规划或计划的过程，具体是指将教学设计视为用系统的方法分析教学环境、明确教学问题并研究解决问题途径、形成教学方案、评价教学结果等的过程。这种观点的代表人物有加涅（R. M. Gagne）、肯普（J. E. Kemp）、史密斯（P. L. Smith）、雷根（T. J. Ragan）等人。其中，加涅（1992）指出，“教学的系统设计是计划教学系统的系统过程”❶。肯普（1994）认为，“教学系统设计是运用系统方法分析研究教学过程中的相互联系的各部分的问题和需求，确立解决它们的方法步骤，然后评价教学成果的系统计划过程”❷。史密斯、雷根（1999）也指出，“教学设计是指运用系统方法，将学习理论与教学理论的原理转换成对教学资料、教学活动、信息资源和评价的具体计划的系统化过程”❸。

2. 教学设计是一种技术

这种观点的代表人物是美国著名教学设计专家梅瑞尔（M. David Merrill）。梅瑞尔（1996）将教学设计界定为“教学是一门科学，教学设计是建立在教学科学这一坚实基础上的技术，因而教学设计也可以被认为是科学型的技术（Science-based technology）”❹。此观点将教学设计视为开发学习经验和学习环境的技术，认为“教学的目的是使学生获得知识技能，教学设计的目的是开发促进学生掌握这些知识技能的经验和环境”❺。

3. 教学设计是一门科学

这种观点将教学设计看做是设计科学的子范畴，其代表人物是帕顿（J. V. Patten）和瑞格卢斯（Charles M. Reigeluth）。帕顿（1989）在《什么

❶ R. M. 加涅，L. J. 布里格斯，W. W. 韦杰．教学设计原理［M］．皮连生，庞维国，译．上海：华东师范大学出版社，1999：20.

❷ 何克抗，郑永柏，谢幼如．教学系统设计［M］．北京：北京师范大学出版社．2002：2.

❸ 何克抗，郑永柏，谢幼如．教学系统设计［M］．北京：北京师范大学出版社．2002：2.

❹ 何克抗，郑永柏，谢幼如．教学系统设计［M］．北京：北京师范大学出版社．2002：3.

❺ 盛群力，李志强．现代教学设计论［M］．杭州：浙江教育出版社，1998：3～4.

是教学设计》一文中指出："教学设计是设计科学大家庭的一员，设计科学各成员的共同特征是用科学原理及应用来满足人的需要。因此，教学设计是对学业业绩问题的解决措施进行策划的过程。"[1] 瑞格卢斯在《教学设计是什么及为什么如是说》一文中指出："教学设计是一门涉及理解与改进教学过程的学科。任何设计活动的宗旨都是提出达到预期目的最优途径，因此，教学设计主要是关于提出最优教学方法的处方的一门学科，这些最优的教学方法能使学生的知识和技能发生预期的变化。"[2]

对于"教学设计"这一概念的界定，第一种观点突出教学设计的操作性，强调教学设计如何操作以及操作的程序与步骤；第二种观点突出教学设计的技术性，强调教学设计过程中创设与开发学习经验和学习环境的技术与方法；第三种观点突出教学设计的学科属性，指出教学设计隶属于设计科学。这三种观点反映了人们认识与理解教学设计的不同视角，观点之间也并不矛盾，只是强调与侧重的方面有所不同，三者实际上是在阐述教学设计不同方面的性质与特点。教学活动具有明确的目的、丰富的内容、复杂的对象、不同的形式、多样的方法、灵活的传媒、固定的时间、繁重的任务以及影响教学活动的各种多变的因素。因此，教学设计是指在进行教学活动之前，根据教学目的的要求，运用系统方法，对参与教学活动的诸多要素所进行的一种分析和策划的过程。[3] 对于教学设计的含义，可以从如下几个方面加以理解：

第一，教学设计的研究对象是不同层次的学与教的系统，这一系统中包括了促进学生学习的内容、条件、资源、方法、活动等。创设教与学系统的根本目的是帮助学习者达到预期的目标。第二，教学设计是应用系统方法研究、探索教与学系统中各个要素之间及要素与整体之间的本质联系，并在设计中综合考虑和协调它们的关系，使各要素有机结合起来以完成教学系统的功能。第三，教学设计的目的是将学习理论和教学理论等基础理论系统地应用于解决教学实际问题，形成经过验证、能实现预期功能的教与学系统。

（二）教学设计的特征

从教学设计的思想、理论与方法以及教学设计的实践方面分析，教学设计具有下面四个基本特征。

1. 指导性

教学设计是为指导教学活动而精心设计的施教蓝图，是指导教师教学活

---

[1] 何克抗，郑永柏，谢幼如．教学系统设计［M］．北京：北京师范大学出版社，2002：3.

[2] 盛群力，李志强．现代教学设计论［M］．杭州：浙江教育出版社，1998：2.

[3] 徐英俊．教学设计［M］．北京：教育科学出版社，2001：7.

动的基本依据和行动指导方案。教学活动进行的具体步骤，教学活动的具体环节及其衔接，各项具体活动组织与形式等方面都会受到教学设计方案的约束与控制。

2. 整体性

整体性要求根据教学设计的目标要求，全面考虑和分析教学活动的各个要素，力求使它们在达成教学目标的过程中能够有机配合，达到某一标准下的最优效果。

3. 操作性

在科学合理的教学设计方案中，教学目标被分解为具体的并具有可操作性的目标，方案中对教学内容的安排、教学时间的分配、教学活动的组织与调控、教学方法的选择与运用、教学评价方式与手段等都必须具有可操作性。只有如此，教学设计方案才能成为教师有效实施教学的依据。教学设计方案的操作性还体现着教学设计方案的弹性和灵活性。

4. 创造性

教学设计是教学工作中一项极富创造性的工作。教师进行教学设计活动并不是简单的机械性劳动，而是一项发挥教师才智、焕发生命活力的具有个性化特点的创造性劳动。教学设计活动虽然有着一定的程序性、合理性、精确性等方面的要求，但这些具有一定规范性特点的要求不能成为教师才能自由发挥的束缚，更不应该影响甚至扼杀教师在教学设计活动中的创造性。为了能够充分体现教学活动丰富多彩、生动灵活的特点，满足学生多样化的学习需求，教学设计非常强调教师要能够针对教学的具体情况创造性地设计教学。因为每位教师的教学经验、教学风格、教学技能等方面都有着鲜明的个性化特征。

（三）系统设计教学与传统教学的比较

基于系统观的教学设计是人们对教学活动规律性的科学认识和理性思考的结果，能够规范教学活动并形成最优化的教学方案。汉纳姆和布里格斯在其研究成果中对系统设计教学与传统的教学进行了全方位的对比，指出二者在教学活动的有关要素与环节均存在明显区别。[1]

1. 教学总目标

传统的教学根据所开设的课程和使用的教材来确定教学总目标。教学总

---

[1] Wallace H. Hannum&Leslie J. Briggs, How Does Instructional Systems Design from Traditional Instruction? Educational Teacnology/January, 1982, pp. 9～14.

目标能否实现，则成为衡量教师能力和水平的标准。系统设计的教学，不仅根据所开设的课程和使用的教材来确定教学总目标，而且根据所隶属的更大系统的需求，根据学习者的学习能力和水平以及客观条件来制定教学总目标。

2. 学习者和具体教学目标

在传统的教学中，学习者在统一的大纲、课程、教材、时间、进度等方面的严格制约下，进行着统一的学习活动，被要求达到统一的标准。简言之，传统的教学就是“一刀切”。在传统教学过程中，学习者事先不知道教学目标，他们只能从教师的授课中和课本中间接地了解。而系统设计的教学，则是按学习者的不同状况和条件制定不同的教学目标，安排不同的时间和进度，开展不同的教学活动。其教学目标明确具体，并事先明确地告诉学习者，使师生双方都能做到心中有数。

3. 学习者的初始状态

传统的教学对学习者的初始状态关注不够。例如教师对学习者的学习能力、学习习惯、学习特点、学习方法、学习态度和认知结构等分析得不够深入。所有的学习者都是面对相同的教学目标和相同的教学活动及资料。而系统设计的教学，考虑了学习者的初始特征，特别是有关学习方面的特征，并据此安排不同的教学目标，开展不同的教学活动，提供不同的资料。显然，系统设计的教学照顾到了不同程度学习者的学习需要，使学习者能够获取学习上的成功，有效地贯彻了因材施教的教学原则。

4. 教材的选择

传统的教学使用的是指定教材，一般地区的学校和教师无权选择教材，不管教材是否符合学习者的实际情况。而系统设计的教学是按照教学目标的要求和学习者的实际挑选教材，甚至自编教材。

5. 教学内容的顺序

传统的教学是按照教学内容的逻辑顺序依次递进，没有考虑到诸如学习者的可接受性问题等必要的条件。系统设计的教学，不仅按照教学内容的逻辑顺序逐步展开，而且根据学习理论的原则和必要的条件来安排教学内容的顺序。这样的安排，既符合可接受原则的要求，又符合学习者的实际情况，便于学习者掌握教学内容。系统设计的教学，在设计中不仅考虑到了教的顺序，而且考虑到了学的顺序。

6. 教学方法

传统教学在教学方法的采用上受到了教师偏好的影响，由教师感到能否驾轻就熟而决定采用何种教学方法；而系统设计的教学则依据学习理论和教学模式的研究结论，由教学目标和内容所决定，同时考虑了学习者的学法，教法与学法相互呼应。因此在系统教学设计指导下，必须科学地确定教学目标，深入分析教学内容，慎重选择教学方法。

7. 教学媒体的选择

传统的教学，教师根据自己的喜好和可行性选择教学媒体，其效果如何，初次使用时是不清楚的；系统设计的教学，主要是依据教学目标和学习者的特点进行选择。选择何种教学媒体还要基于理论研究的结果和实践的证明。如果没有实践证明，教师在采用前一定要证明其效果如何，而后决定是否选择。

8. 教学时间

传统的教学是学习者在规定的时间段内完成固定的学习任务，但学习者的掌握程度却参差不齐；系统设计的教学，学习者所花费的时间要因人而异，因为学习者掌握学习内容所消耗的时间不同。例如，相同的学习内容要达到相同或相近的水平，有的学习者需要花费 20 分钟才能掌握，有的则需要更长一点时间才能掌握。系统设计的教学，由于给予了学习者足以掌握学习内容的时间，因而能使绝大多数学习者掌握教学目标所规定的内容。

9. 掌握程度

传统的教学是少数学习者掌握大多数目标，使大多数学习者无法完成全部教学目标；系统设计的教学是大多数学习者掌握大多数目标。显然，传统的教学在掌握程度上具有不确定性，而系统设计的教学，详细分析了学习者的状态，采取了有效的教学策略，选用了适当的教学媒体，准确地找到了导致差距的原因，并相应地采取了措施，因而能更好地提升学生的学习效果。

10. 效果预测

传统的教学，教学效果一般按常态曲线分布，但很少能达到高水平。其原因在于，传统的教学强调所有的学习者在同一时间内，使用同一教材，按照同一进度去学习同一内容，这难以照顾到不同程度学习者的学习需要。教学要求上的“一刀切”必然导致教学方法的单一化和固定化。系统设计的教学效果虽常常突破常态分布，但大多数学习者能够达到较高水平。系统设计的教学考虑到了学习者的个别差异，有效地采取了一系列教学措施，甚至是补救措施，因而能保证取得预期的教学效果。

11. 测试评价

传统的教学在测评上没有严密的安排，常常参照“常模”作出估计和评定。测评的目的是为了定分数、划等级、决定升留级和升学。系统设计的教学在测评上则是有步骤、有计划地进行，按照教学目标和学习者的起始状态，作出科学的测试和评定。其目的主要是从中获取反馈信息，检查学习者的进步状况，确定学习者的掌握程度，诊断其困难所在，检查原设计方案的合理性和可行性，以便发现问题，修正教学。

12. 失效与对策

在传统的教学中，教学效果低效或无效，是学习者方面的原因造成的，责任不在教师。一旦低效或无效，没有及时的替代物和应急措施。系统设计的教学认为，教学效果低效或无效，应该从教学设计和操作方面查找原因，从教学上查找问题，研究如何改进教学。教学效果一旦低效或无效，事先有替代物和应急措施。例如，为需要帮助的学习者事先预备几套方案。

13. 教师的作用

在传统教学中，教师往往从主观愿望出发，忽视学习者的主观能动性，把学习者视为被动接受知识的容器，教师充当授课讲述的角色；在系统设计的教学中，教师不仅充当信息传递者的角色，而且同时发挥着指导者、管理者、咨询者、促进者的作用，对学习者进行全方位的指导、多方面的管理和随时的咨询，全面促进学习者身心的健康发展。

二、教学设计的理论基础

每一门独立的学科都有支撑其生长的理论基础，教学设计也不例外。教学设计学科的形成经历了一个对多种理论和技术逐渐吸收、融合扬弃的过程，这些理论不但为教学设计提供了坚实的理论基础与支撑，也在操作层面为教学设计提供了方法与技术。对于中职学校的教师而言，只有深入了解相关理论的基本思想和主要观点，才能更好地理解和应用教学设计的原理与技术。

（一）对教学设计的理论基础的不同观点

国内教学设计研究者对教学设计的理论基础进行了大量的研究，概括起来有如下一些论点：[1]

"单基础"论：认为"教学设计的理论基础是认知学习理论"，并强调"主要是指加涅（Robert. M. Gagne）的认识学习理论"。[2]

---

[1] 林宪生．教学设计的概念、对象和理论基础［J］．电化教育研究，2000（4）：5.

[2] 李克东，谢幼如．多媒体组合优化教学设计的原理与方法［J］．电化教育研究，1990（4）.

“双基础”论：主张“教学设计是以传播理论和学习理论为基础”。❶

“三基础”论：认为“教学设计是以学习理论、教学理论和传播学为理论基础”。❷

“四基础”论：认为“教学设计理论基础包括四个组成部分，即系统论、学习理论、教学理论和传播理论”，并强调“学习理论应当是四种理论中最重要的理论基础”。❸

“五基础”论：提出教学设计要以学习心理理论、现代教学理论、设计科学理论、系统理论和教育传播学为理论基础。❹

“六基础”论：主张“学习理论、传播理论、视听理论、系统科学理论、认识论和教育哲学共同构成了教学设计的理论基础”。❺

从以上观点可以看出，人们对哪些理论作为教学设计的理论基础是有争议的。从“单基础”到“六基础”不仅数量上相差悬殊，而且选项上也存在很大差别。对于任何一种系统教学设计的理论基础，我们不应轻视。正如美国教学设计理论家瑞格卢斯所说：“教学科学作为一门应用学科尚非常年轻，各种理论观点都带有某些合理性，但每一种理论只能部分把握教学的本质。”❻ 造成上述情况的主要原因是人们对教学设计概念及其研究对象的不同理解所致。但应该肯定地说人们把学习理论、传播理论、系统理论和教学理论作为教学设计的理论基础的认识是相对集中的。囿于篇幅，本书仅对这四种理论的主要观点与思想进行阐述。

（二）理论基础介绍

1. 学习理论

学习理论是研究人类学习的本质及其形成机制的心理学理论，在一定程度上描述、解释和预言了学习活动的规律性。教学设计正是为了促进学习者有效进行学习而创造的一门科学。因此在教学设计研究与实践中尤其重视学习理论的发展。学习理论本身可谓流派众多，但研究的基本问题是相同的，都包括学习的本质、学习的动机、学习的过程、学习的迁移和学习的风格

---

❶ 张旭，许林．现代教育技术［M］．北京：科学出版社，1995：30.

❷ 乌美娜．教学设计［M］．北京：高等教育出版社，1994.12.

❸ 何克抗．从信息时代的教育与培训看教学设计理论的新发展［J］．中国电化教育，1998（1）.

❹ 张筱兰．论教学设计［J］．电化教育研究，1998（1）.

❺ 冯学斌，万勇．教学设计的理论基础［J］．电化教育研究，1998（1）.

❻ Charles M. Reigeluth，The Evolution of Instructional Science：Toward a Common Knowledge Base，Educational Technology，1984，11：21.

等。不同学派的学习理论对上述问题有不同的理解和认识。代表性的流派可分为三种：联结派（行为主义）、认知派（认知主义）和人本主义。联结派认为学习是刺激与反应间的联结，注重学习者的外部现象与外在条件的探索，其代表理论有：桑代克的“试误说”、华生的“刺激反应说”、斯金纳的“操作条件说”，等等。认知派则基于格式塔派的观点，强调知觉的整体性，认为学习是个体对情景的了解，是认知的结果。其代表理论有：托尔曼的“认知—目的论”、莱温的“场”理论等。人本主义的学习理论从全人教育的视角阐释了学习者整个人的成长历程，注重启发学习者的经验和创造潜能，引导其结合认知和经验，肯定自我，进而实现自我。人本主义的代表人物是美国心理学家马斯洛和罗杰斯。

对教学设计更具有指导意义的是现代认知学习理论，其代表理论如下。

（1）加涅的学习的层次与条件

加涅将智慧技能的学习分为连锁—辨别—具体概念—定义概念—规则—高级规则共六个层次，每个高一级的层次都以低一级的层次为基础。加涅将学习结果分为言语信息、智慧技能、认知策略、动作技能和态度五种类型，各种类型的学习条件是不同的；在他的学习结构模式中，明确地指出了认知策略同智慧技能的区别。[1] 这些理论对教学设计具有深远的意义。

（2）布鲁纳的认知发现说

这就是后来在教学中常用的“发现学习”或“指导发现学习”，是指由例证到概念和规律的教学法。但是，这一方法的外部条件是教师必须列举若干体现概念或规律的例证，内部条件以学生已掌握相关的概念为基础，学生的心理过程要经过辨别、提出假设、检验假设和进行概括几个阶段。在物理课堂教学中，只有那些很简单或很直观的概念或规律可以采用这一方法，而且在课堂环境中，完全由学生独立发现的情况是罕见的，一般是在教师的指导下的发现学习。由于它是由例证到结论，所以其学习模式称为上位学习。[2]

由于学习者头脑中储存了某种认知结构，它可以吸收新的信息，而新的信息吸收后，又使原来的认知结构发生某些改变。它强调接受学习，认为学生的学习主要是接受系统的知识，这种学习是有意义的主动学习。接受学习一般先呈现概念和规则，然后用实例说明。其内部条件是要求学生原有的认

[1] 邵瑞珍．学与教的心理学［M］．上海：华东师范大学出版社，1990：101～103.

[2] 李镜流．教育心理学辩论［M］．北京：光明日报出版社，1987：64～73.

知结构比较清楚、稳定，而且与要学习的知识具有上位结构。所以，它称为下位学习，它又分派生的下位学习和相关的下位学习。[1] 二者的区别在于前者的概念或规则完全可以由上位派生，而后者不是由前者派生的，学习新知识会改变原有概念的认知。当新知识与原有认知结构处于互不包含的并列关系时，就属于并列学习。

2. 传播理论

教学中的大量事例表明：学生所接受的教学信息并不完全取决于教师所讲授的信息输出量，即教学信息在传输与转换中受到了众多因素的影响。但是，影响教学信息传播的因素有哪些，在教学设计中如何综合考虑各相关因素，以达到最优化的教学效果，是长期困惑教育研究者的问题。20 世纪 40 年代兴起的传播学，通过对传播模式、传播者和受传者、传播的信息、传播的符号、传播的媒介、传播的效果等的研究，使人们对大众传播有了较清晰的认识。同时也给教育研究者以启示，因为教学过程也是信息传播过程，是特殊的传播过程，它遵从传播学的规律。所以，教学设计体系理论的一个重要方面是以传播理论为基础发展起来的。

传播模式是对传播这种复杂现象和过程的理论的简化表示，传播学的模式很多，按信息流动的方式主要包括单向、双向和循环三类，如拉斯威尔的“5W”模式、香农—韦佛的“数学模式”、韦纳的“控制模式”、威尔伯·施拉姆的“循环模式”，等等。下面以几种典型模式为例，说明传播模式对教学设计的影响。

拉斯威尔的“5W”模式可以用一句话来表示：谁，说了什么，通过何种渠道，对谁说，产生了什么效果（Who，says What，in Which channel，to Whom，What effect）。这一模式可用图 9－1 表示。

图 9－1 拉斯威尔的“5W”模式

从“5W”模式中可以看出教学过程至少涉及如下因素：谁——教师及其他教学信息源；说了什么——教学内容；通过什么渠道——教学媒体；对谁说——教学对象；产生什么效果——教学评价。这对教学是极有启发的。例如，如何控制教学过程，如何针对教学内容的特点和内容进行教学，利用

[1] 尹俊华．教育技术导论［M］．北京：北京师范大学出版社，1992：18～20．

什么媒体，教学对象的兴趣、特点和影响因素是什么，学习后的效果如何，等等，都是教学设计中应予以考虑的。但应注意的是，这一模式虽然完全符合教育传播过程，但不能照搬，因为它忽略了教学中动机和信息反馈两个重要因素。

香农—韦弗的“数学模式”以及韦纳的“控制模式”如图 9－2、图 9－3 所示。

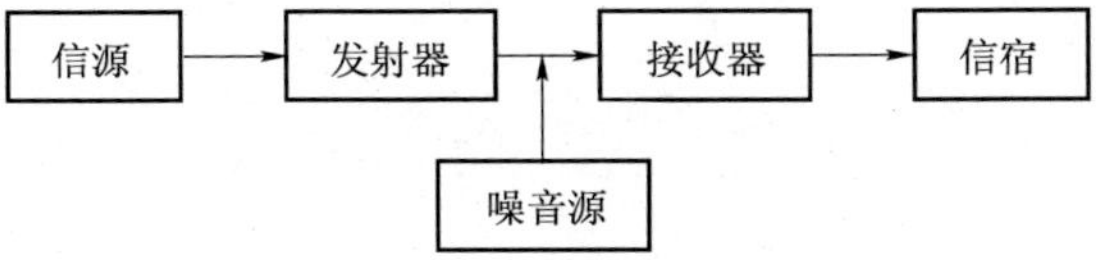

图 9－2　香农—韦佛的“数学模式”

图 9－3　韦纳的“控制模式”

这两个模式明确地提出了信息传播活动中噪音与反馈的存在并指出其对信息传播效果产生至关重要的影响。

威尔伯·施拉姆的“循环模式”（如图 9－4 所示）以直观方式进一步揭示了传播过程的复杂性质。这一模式对教学设计具有重要的指导意义。

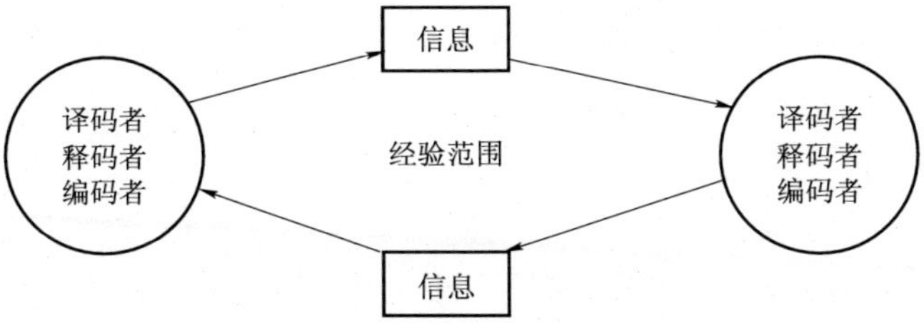

图 9－4　施拉姆的“循环模式”

传播理论在教学设计中有着极广泛的应用，信息度量、媒介理论、传播符号的研究等内容已有机地和教学设计结合起来。这里值得一提的是，教学进程同大众传播之间是有差异的，教学过程是一种教育传播，它具有信息内容明确的目的性，受传者要有自觉性和积极性，传播媒体具有多样性等特点。

3. 视听理论

视听理论产生于 20 世纪 40 年代，比较成熟的是戴尔的“经验之塔”理论，他将学习分为活动的（直接的经验）学习模式、图像的（观察的经验）学习模式、符号的（抽象的经验）学习模式三种类型，并按由具体到抽象排成一个塔状（如图 9—5 所示），形成了从实际活动到观察、再到抽象的完整过程。

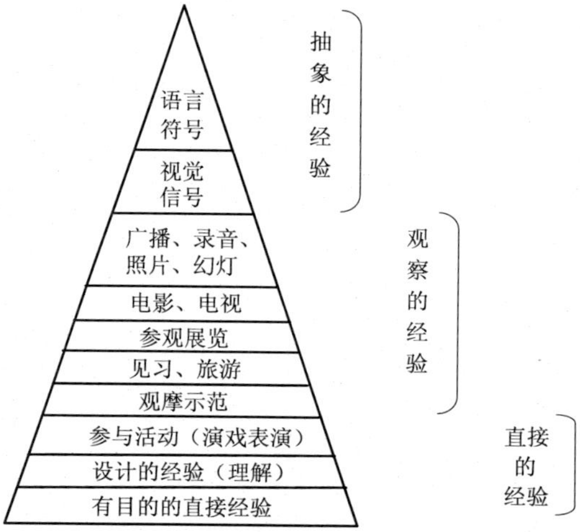

图 9—5 戴尔的“经验之塔”

戴尔的“经验之塔”理论，对教学是很有启发的。首先，教学应从具体经验入手，随着学生知识和年龄的增长，逐步走向抽象，抽象的概念应以具体经验为基础。其次，塔中的视听教具，比语言更具体和易于理解，而且它能冲破时空的限制，弥补学生的经验不足，所以教学中应大力提倡利用各种媒体进行教学。

4. 系统科学理论

控制论、信息论、系统论统称为系统科学。近几年来，三论的许多原理被广泛地运用在教育系统分析、课堂教学的信息加工、反馈与控制等方面。这些研究使人们对复杂的教学过程的信息传递、反馈与控制等问题有了新的认识。在教学设计中，常用的三论理论基础有三对相关概念和三个原理。

（1）三对相关概念

三对相关概念是系统与要素、结构与功能、过程与状态。系统即要研究的对象，它是由许多要素构成的，系统内部各要素的组织形式就是结构，而系统在一定环境条件下所能发挥的作用即功能。系统状态的变化称为过程，而对系统特征的量度即表征状态。这就要求在教学设计过程中，以研究对象为系统，弄清它由哪些因素构成，它们之间存在何种层次关系，如何相互作用，随着外界条件的变化，如何度量这些变化。

（2）三个原理

三个原理是反馈原理、有序原理、整体原理。

反馈原理：任何一个系统只有通过信息反馈，才能实现控制，没有反馈，要实现系统控制是不可能的。在教学过程中，要实现教学目标，也只有通过提问、作业、测试等方式反馈信息，才能发现教学中存在的问题，调整教学进度，改进教学方法，因材施教，提高教学质量。

有序原理：任何系统只有开放，与外界有信息交换，才能有序。任何的独立系统，都会自发地达到最大的无序状态，开放系统由低级结构转为高级结构，即为有序。教学设计作为教育的一个子系统，也应采用开放式的研究，不断学习其他相关学科的新观点、新方法和新技术，以达到不断地自我发展、自我完善的目的。

整体原理：任何系统都是有结构的，系统的结构功能不等于各孤立部分的功能之和，系统各部分互相联系，可以形成新的结构，从而产生功能，教学进程中，我们不仅要传授知识，还应培养学生科学的态度，从而从整体上提高学生的素质。在讲授知识时，首先要从总体上把握知识结构，然后具体分析各部分的关系，从总体上认识各个部分，再由各个部分认识总体。

5. 认识论、教育哲学

教学过程是一种特殊的认识过程，必须接受辩证唯物主义认识论的指导。在教学设计中，教学活动必须符合认识规律，处理好传统与现代、教与学、直观与抽象、直觉与逻辑、知识与方法、理论与实践、重点与全面、集体与个别的各种关系，将教师的主导作用与学生的主体作用很好地结合起来。哲学无疑对教育设计具有指导意义，但对教学设计更直接作用的是教育哲学，自 20 世纪初到现在，五种不同的教育哲学对世界各国的教育起着不同的影响，这就是：传统的文科教育、进步教育、学科结构运动、新行为主义、人文主义心理学。对教学设计有重要影响的还有美育理论，在教学中，不仅要将学科知识的科学美渗透出来，还应提倡教学美、艺术美，从而使学生在振奋、愉快的环境中接受教育。

6. 教学理论

教学理论是研究教学一般规律的科学。教学理论工作者通过大量的研究和实践，发现和揭示了许多教学规律，包括在教学基本原理、基本原则、教学目标、教学内容、教学方法等领域取得了相当丰硕的成果，这些成果为系统教学设计的理论和实践工作的开展提供了关于教学的科学依据。尤其是20世纪50年代以来的教学理论对系统教学设计理论产生的影响更为显著。如布卢姆的教学目标分类理论、掌握学习理论、形成性评价理论，斯金纳的程序教学理论，布鲁纳的以认知结构为中心的课程论思想、发现教学法和概念获得的教学程序，奥苏伯尔的有意义学习的理论和“先行组织者”的教学程序，加涅的由九大教学事件组成的教学程序，赞可夫的发展教学理论，瓦根舍因和克拉夫基的范例教学理论，巴班斯基的教学过程最优化理论、建构主义教学理论，比格斯的教学理论等。由于上述的许多理论都是教育工作者所熟悉的，所以这里就不一一赘述。这里主要讨论巴班斯基的教学过程最优化理论、建构主义教学理论和比格斯的教学理论。

（1）巴班斯基的教学过程最优化理论

巴班斯基是苏联颇有影响的教育家。他提出了教学过程最优化原理。具体地说，可以把教学过程的最优化理解为教师有目的地选择组织教学过程的最佳方案，这一方案能保证在规定的时间内，使教学和教育任务的解决达到可能范围内的最大效果。对此，巴氏强调指出：最优化并不意味着对课堂教学作局部的改进和完善，而是有科学依据地、自觉地挑选和实施一整套措施体系，这就使教师所获得的不是比以前略好的效果，而是在不增加时间的额外消耗（不造成负担过重），在师生精力支出最低限度的情况下，取得对该具体条件而言最大可能的成果。❶

巴氏还提出了最优化方案形成的六个基本环节：① 教学目的与教学任务的分析。教师应领会教学任务，并在全面分析的基础上使之具体化。② 学生学习情况的分析。根据任教班级学生的具体情况、课时数等设计学习的速度，分析教材困难程度。③ 教师的自我分析，包括教师对教学技能、技巧的驾驭的熟练程度与特长，对班级的掌握情况等。④ 在上述分析的基础上选择已知条件下的最佳解决教学任务的综合性手段与方案。⑤ 在一定的课时内，逐步地去完成该项教学任务。⑥ 按最优化的标准分析完成教学任务的情况。

（2）建构主义教学理论

建构主义教学理论以其学习理论为基础，形成了富有特色的教学理念，

❶ 高文．教学过程最优化原理及其基本方法体系和实施程序［J］，外国教育资料，1983（2）：250.

它与传统教学论不同。传统教学论认为知识或者教学内容是对世界的标准解释，学生的学习任务就是掌握这些标准解释；教师的主要职责就是将这些知识教给学生；学生是否掌握这些知识主要通过考试来检验。建构主义在质疑传统教学论的基础上提出了其基本思想：

① 建构主义教学的特点规定了教学是建构性的。建构主义教学的特点包括内容的真实性与复杂性；方法的导引性与支撑性；学习环境的丰富性、挑战性和开放性；评价的激励功能与支持反思和自我调控的功能；学习共同体的构建，共创互动合作、支持双赢的学习文化；教学情境的浸润性功能。[1]

② 建构主义的教学观。建构主义教学观的内涵主要可以概括为如下两个方面：第一，学习在本质上是学习者根据已有的知识和经验主动建构心理表征的过程，这种表征既包括结构性知识，也包括非结构性的知识或经验。[2] 教师和学生分别以自己的方式建构对世界（人、社会、自然、文化）的理解，其对世界的理解因而是多元的，教学过程就是教师和学生对世界的意义进行合作性建构的过程。[3]

③ 强调发展学生主体性的教学目标观。建构主义的教学目标强调发展学生的主体性。建构主义认为，课本知识只是一种关于各种现象的较为可靠的假设，而不是解释现实的“模板”或最终答案，在不同的情境下有其特异性，而且课本知识只能说是一些信息、信号或符号，只有通过个体的建构才能获得意义。因此，教学活动中发展学生的主体性、主动性尤为重要。

④ 重视建构性学习过程的设计。运用建构主义的教学观设计学习过程时，可遵循如下原则[4]：提出与学生相关联的问题；学习围绕核心概念进行；了解并尊重学生的观点；在教学情境中评价学生的学习；把学习看成是建构的过程，就要求教育者选择能够支持知识建构的工具和活动。在选择适当的教学工具时，需要考虑以下几方面：第一，工具应该能够使学习成为一个整体而有意义的任务，而不是单独的某项技能；第二，工具可以分担一些

---

❶ 高文．教学模式论［M］．上海：上海教育出版社，2002：71～72.

❷ 张建伟，陈琦．从认知主义到建构主义［J］．北京师范大学学报（社会科学版），1996(4)：76～77.

❸ 张华．课程与教学论［M］．上海：上海教育出版社，2000：467～468.

❹ ［美］PriscillaNorton，Karin M. Wiburg，吴洪健．信息技术与教学创新［M］．倪男奇，译．北京：中国轻工业出版社，2002：36～37.

认知负荷，起到支架作用，学习者不借助工具就不能完成任务；第三，通过将工具所承受的认知负荷逐渐转移给学习者，学习者借助工具可以完成越来越复杂的任务。

（3）比格斯的教学理论[1]

澳大利亚教学论学者比格斯在学习层次划分的基础上提出了教学的层次论。比格斯将学习分成六个层次，即增进知识、回忆和再现、简单应用、理解内容的含义、从不同角度看问题、改变个人。据此，比格斯又将学习分为量的学习和质的学习，其中前三个层次属于量的学习，这种学习只关注独立的知识点，或应用一些简单的算法，是一种低层次的学习；后三个层次属于质的学习，这种学习更多的是关注知识的内涵，以及学习者的态度、价值观的形成，是一种更深层次的学习。

根据学习的层次划分，比格斯认为教学可以划分成三个层次：量化的层次、工具的层次、质化的层次。量化层次的教学将学生的学习看成是学了多少的问题，认为教学只是知识的传授。大多数教师（尤其是新教师）认为自己的任务就是传播外在材料中的知识，用讲授的内容来填满学生，学生的任务就是听讲、吸收知识。工具层次的教学认为学习是在外在的评估机构中呈现效果的过程，因此，教学就是获得最佳效果的有效技能的最佳组合。教师要使教学方法适应不同学生的不同需要。质化层次的教学认为学习不仅仅是教师的传授，还涉及学习者理解学习内容的方式，因此，教学是教师和学生的互动过程。教师的任务是参与到学生的有效学习活动中去。目前这种教学观被越来越多的人接受，并将得到更彻底的发展。比格斯主张教学不仅仅只是教，更应该在学生已有知识的基础上教，以便让学生学起来更容易。因此他提出了课堂教学的“3P”（Presage，Process，Product）模型，即前提、过程、产物。通过3P模型描述，学生根据自己的学习动机和已有的知识来解读课堂环境。该模型非常强调学生和教师在教学中的互动作用，强调师生的相互交往。

除了上述教学理论外，与教学设计相关的教学理论还有瑞格卢斯的精细加工理论、梅里尔的成分显示理论、加涅关于学习的先决条件论、奥苏伯尔的“渐进分化”教学原则、布鲁纳的“螺旋课程”、安德森等提出的“图式理论”，等等。这些理论从不同的角度、以不同的方式揭示了教学过程中的规律，值得广大教育工作者尤其是一线教师认真研习。

---

[1] 占丰菊．比格斯教学理论述评［J］．外国教育研究，2002（29）：20～23.

三、教学设计的模式

（一）模式的含义

模式，通常是指再现现实的一种理论性的简约形式。教学设计的模式是在教学设计的实践过程中逐步形成，既是教学设计理论的具体化，也是教学设计实践活动的升华。它包含三个要点：第一，教学设计过程的模式是对教学设计实践的再现；第二，它是理论性的，代表着教学设计的理论内容；第三，它是简约的形式，是教学设计理论的简约体现。

由于教学设计实践中所面对的教学系统范围和任务层次（一堂课、一门课、课程计划，甚至国家教育系统）有很大的差别，而且设计的具体情况和针对性也不一样，再加上教学工作环境（不同国家、不同教育层次）和个人专业背景（学科专家、教学设计专家、媒体专家、教师、评价专家等）的差异使他们对教学设计的理解和认识不尽相同，在设计中他们的关心点和自身的优势也不同，因而导致出现数百种不完全相同的教学设计过程模式。

这些教学设计模式繁杂多样、良莠不齐，适用的情境对象也大相径庭。但是，从一定意义上说，都是对“目标为本”的基本教学设计模式所作的扩展，都是要回答“我们要到哪里去？我们怎样到那里去？我们是否到了那里？”三个基本问题。

（二）几种经典模式介绍

1. 迪克和凯里模式[1]

美国著名教学设计理论家迪克和凯里（Dick W. & Carey L.）所提出的模式十分注重教学过程的系统性，为我们掌握基本的教学设计程序和规范提供了良好基础，具有很强的实践意义。他们认为教学过程的现代视野是将教学看成一个系统的过程，这一过程的每一个成分对成功的学习而言都是至关重要的。运用系统观点来看待教学的好处是能够把握这一过程中各个成分的重要角色，各个成分之间必须有效地发生相互作用。

迪克和凯里模式中的各个步骤为：确定教学目标、进行教学分析、确定起点行为、编写教学具体目标、设计标准参照试题、开发教学策略、开发与选择教学材料、设计与实施形成性评价、进行教学调整、设计与实施总结性评价。

以上十大步骤代表了迪克和凯里倡导的运用系统方法设计教学的程序。这些程序之所以被看成是系统方法乃是因为它们是由一组相互作用的成分构

---

[1] 盛群力，李志强．现代教学设计论［M］．杭州：浙江教育出版社，1998：78～133.

成的，每一个成分都有其自己的输入和输出，整合之后产生了预期的产品。系统还要收集其本身效果的有关信息，以便在最终的产品定型前能作出改进，从而达到预期的质量水准。

2. 肯普模式❶

肯普模式由肯普（J. E. Kemp）在 1977 年提出，后又经过多次修改才逐步完善。肯普认为，教学设计是从学习者的观点而非传统的从内容的视角来考虑教学。教学设计有四个基本要素，基本在任何一个教学设计模型中都可以见到其踪影。四要素可以通过回答下列问题表现出来：① 教学方案为谁而开发？——学习者；② 你希望学习者学到或表现什么？——具体目标；③ 如何最有效地学习学科内容和技能？——教学策略；④ 如何确定学习完成的程度？——评价程序。这四个最基本的成分（学习者、具体目标、教学微略和评价程序）形成了系统的教学规划的框架。

在图 9－6 所示的肯普模式模型中，各构成要素之间并不是用直线或箭头相连的。虽然肯普使用椭圆形模型的目的是想传递一种灵活性，但也不否认九个成分也可以有某种序列联系。当然，某些情况下并不要求涉及全部九个要素。使用椭圆形图示的另一个原因是九个成分之间存在着灵活的相互依赖性。对于一个成分作出的决定可能会影响其他的成分。例如，尽管已经陈述了教学目标，但学科内容的具体项目可能会增加或重新排序。因此，这一椭圆形程序允许和鼓励在选择成分、操作顺序及各成分循环

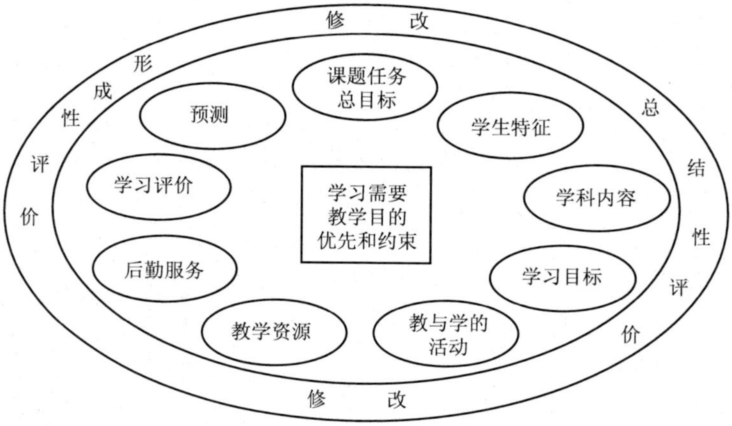

图 9－6　肯普模式

❶ 盛群力，褚献华．现代教学设计应用模式［M］．杭州：浙江教育出版社，2002：365～382.

往复时有一定的灵活性。当教学设计规划一旦具体化时，这一程序允许有所添加或改变。

3. 史密斯和拉甘模式

史密斯和拉甘（P. L. Smith & T. J. Ragan）的《教学设计》一书目前在国际教学设计研究领域享有盛誉。他们将教学设计过程划分为三个阶段：分析阶段、策略阶段和评价阶段。该模式的创新之处在于突出了情境分析以及按照组织、传递和管理三个类别来讨论策略等。

史密斯和拉甘通过一个数字电视系统维修人员培训的例子来说明他们提出的模式是如何运作的：首先是分析情境、学习对象与任务阶段。在分析阶段，设计人员要尽可能多地了解学习者（维修人员）所处的环境，了解学习者本身的特点以及了解要求学习者完成什么样的维修任务。设计人员将向数字电视公司的主管部门、数字电视开发商、以往的培训机构和学习者本人了解相关信息。他们还要了解学习任务本身，了解学习者究竟需要掌握多少知识技能才能完成修理任务。其次是选择教学策略阶段。教学策略的选择同促进学习的多种因素有关。此时，设计人员要确定与维修数字电视相关的学习内容（材料），还要安排学习者要经历的学习活动，规定教学活动的先后序列，选择适宜的教学媒体。实际上，在这个阶段，设计人员要回答的是教学事件如何真正起到促进学习的作用。再次是评价阶段。评价既包括对学习者的评估，也包括对教学的评估。在安排评价活动时，设计人员要制定评价的计划以明确学习者在学习活动结束后哪些方面应该得到改变。

4. 马杰模式

马杰（R. F. Mager）所著的《有效教学的设计》以当今教学与培训设计的先进理念为依托，依据教学分析、设计、开发、实施和评价等阶段，具体讨论了分析业绩、分析目标、分析任务、确定教学具体目标、落实知识技能分层、明确课程先决条件、配置标准测试、提供针对性练习、确定教学内容、选择教学传递方式、安排教学模块、开展试教、安排教学顺序、制定上课程序、做好准备工作、实施教学和教学改进等相关教学设计具体工作。马杰认为，尽管这些程序是按实际完成的大致顺序来阐述的，但并非是指进入了后一个程序，前面的程序就可以置之脑后了，教学设计人员要做到全局在胸，通盘考虑。教学系统开发程序不限于哪个学科、专业和职业，如果不考虑教学目的，程序设计是基本相同的。

第二节　中职学校教学设计的前期分析

一、学习需要分析

教学系统设计是一个问题解决的过程，只有发现了问题，认清问题的本质才能着手对它进行解决。而对问题的鉴别与分析通常也称学习需要分析。学习需要分析的目的在于发现教学中存在的问题，对解决问题的可行性进行分析，确定最终要解决的问题，以此为基础选择问题解决策略并确立评价标准。

（一）学习需要的含义

伯顿（Burton）和梅里尔（M. D. Merrill）在其《需要的评价：目的、需要和优先考虑的需要》一书中把与教育有关的需要分为以下六类。

1. 标准的需要

标准的需要是个体或集体在某方面的现状与既定的标准比较而揭示出的差距。既定的标准如国家统一的标准测验和各类认可的标准教学大纲等。

2. 感到的需要

感到的需要是个人认为的需要，是个体必须改进自己的行为的需要和渴望，它表达了一种现在行为或技能水平与所渴望的行为或技能水平之间的差距，如部分学生认为在信息时代，自己应该掌握基本的计算机技能就是一种感到的需要。

3. 表达的需要

表达的需要是个人或集体已认识到有“需要”，为满足该需要而表达出来。如上例中，学生有学习计算机基本技能的渴望，他报名选修了相应的课程，这就表达了学生要学习这门课程的需要。

4. 比较的需要

比较的需要是同类个体或集体通过比较而显示出来的差距，如把一个班级与另一个班级相比较来确定相互间的差距。

5. 预期的需要

预期的需要是指预测未来社会或工作岗位对学习者可能的要求。

6. 紧急事故需要

紧急事故需要是指通过分析潜在的、很少发生但会引起重大后果的问题，引出培训的需求，例如，化学工厂和炼油厂经常开发一些类似遇到火灾、爆炸、泄漏之类的紧急事故该如何处理的员工培训项目，就是基于紧急事故需要而进行的。

可以看出，上述几类需要的核心含义是：当“现状是”与“应该是或必须是”两者之间存在差距时，就产生需要。由此可以推知学习需要是指在某一特定情境下，学习者学习方面目前的状态与所期望达到的状态或应该达到的状态之间的差距。“目前的状况”是指学习者群体在能力素质方面已达到的水平，“期望的状况”或“应该达到的状况”是学习者应当具备的能力、素质。通常对学习者的期望是由时代发展所赋予学习者的历史使命、职业发展对人才的要求及学习者自身对知识、技能、态度的培养和发展方面的个人要求等几个方面所决定的。

（二）学习需要分析

1. 学习需要分析的含义及意义

学习需要分析在有些论著中也称“前端分析”、“学习需要的评价”，它是指通过系统化的调查研究过程，发现教学中存在的问题，通过分析问题产生的原因，确定问题的性质，论证解决该问题的必要性和可行性。其核心是发现问题，而不是寻求解决问题的方法，具体包括三方面的工作；一是通过调查研究，分析教学中是否存在要解决的问题，诸如在学校教学中，学生的成绩达不到教学大纲的要求；在职业教育中，由于企业设备更新，对操作工人及技术人员提出了新岗位技能的要求等问题。二是分析存在问题的性质，以判断教学系统设计是不是解决这个问题的合适途径。出现在教学或培训中的问题的原因往往是多方面的，如学生学习成绩未能达标，可能是由教学或培训计划的实施或评价方面存在缺陷而引起的，还可能是由于学生人数太多而导致教学质量下降，还可能是由于学生缺乏学习的动机或教学管理混乱等原因造成的。三是分析现有的资源及约束条件，以论证解决该问题的可能性。

通过学习需要分析，论证了教学系统设计是不是解决问题的必要途径，以及在现有资源和约束条件下是否可解决问题。可以让教师与学生的精力、时间以及其他资源被有效地利用来解决教学中真正的问题，从而提高整个教学效益。

通过学习需要分析，我们可以获得有关“差距”的资料和数据，由此可形成教学系统设计的总目标。有了总目标，就可以寻找相应的解决问题的方法，即达到目标的手段，从而最终解决问题。

2. 分析学习需要的基本步骤

这里介绍的是进行学习需要分析的四个基本步骤，我们在实践中可根据实际情况灵活掌握。

第一步是规划。规划包括确定分析对象、选择分析方法（如内部参照法或外部参照法）、确定收集数据的技术（包括问卷、评估量表、面谈、小组会议及案卷查寻）、选择参与学习需要分析的人员。

第二步是收集数据。收集数据不可避免地要考虑样本的大小和结构。样本必须是每一类对象中具有代表性的个体。此外，收集数据还应包括日程的安排以及分发、收集问卷等工作。

第三步是分析数据。对收集到的数据，教学系统设计者必须进行分析，并根据经济价值、影响、呈现的频数、时间顺序等对分析的结果予以优化选择和排列。

第四步是写出分析报告。这份报告应该包括四个部分：概括分析研究的目的；描述分析的过程和分析的参与者；用表格或简单的描述说明分析的结果；以数据为基础，提出主要建议。

3. 学习需要分析的基本方法

对需要进行分析主要通过采取恰当的需要分析方法，找出“是什么”与“应该是什么”之间的差异，即明确进行教学系统设计所要解决的问题。分析学习需要的基本方法有内部参照需要分析法和外部参照需要分析法，两者的主要区别在于目标参照系的不同。

（1）内部参照需要分析法

内部参照需要分析法是由学习者所在的组织机构内部，用已经确定的教学目标（期望状态）与学习者的学习现状做比较，找出两者之间存在的差距，从而鉴别出学习需要的一种分析方法。

这种方法的前提是以接受既定的目标作为期望值来分析学习需要，通常比较适用于我国普通学校的教育。学校的培养目标体现在各科教学大纲和教材当中，因此往往以大纲作为对学生的期望标准。这里存在一个内部目标是否合理的问题，如果目标的制定充分反映了机构内、外环境对它的要求，充分考虑了学习者自身发展的特点，那么内部参照需要分析法是有效的，否则它不能揭示真正的需要，这是采用内部参照需要分析法应注意的问题。

由于目标存在于机构内部，所以关于期望的状态只需查阅机构内部的目标方案和访问机构内部的目标决策者就可得到，但应注意的是要把所期望的状态用学习者可测量的行为术语描述出来。这样收集数据的重点就是关于学习者目前状态的信息，具体做法是：将期望状态（包括知识、技能和态度等方面）的目标具体化，并形成完备的指标体系，以作为收集目前状况数据的依据。

以下数据收集方法可供参考：

① 按照形成的指标体系来设计测验题、问卷或观察表，然后通过分析试卷、问卷或观察记录直接从学习者处获取信息。

② 根据指标体系，分析学习者近期的测试成绩、合格记录等相关的现成材料。

③ 根据指标体系，召开教师等有关人员的座谈会或对他们做问卷调查，以了解学习者目前的状况。

内部参照需要分析法通常比较适用于我国普通学校的教育教学。运用该方法需要注意下面几点：学习者的期望状态是既定的，体现为教育组织机构在学科教学大纲中所规定的教学目标；把期望的状态用可测量的行为术语描述出来，使教学目标具体化，形成完备的指标体系；重点收集能够反映学习者目前状态的资料和数据，收集方法可采用测验、问卷、座谈等。

（2）外部参照需要分析法

这是根据机构外部的要求（社会或职业的要求）来确定对学习者的期望值，以此为标准衡量学习者的学习现状，找出差距，从而确定学习需要的一种分析方法。这种方法揭示的是学习者目前的状况与社会实际要求之间存在的差距，其特点是以社会目前和未来发展的需要作为准则和价值尺度去揭示教育、教学中存在的问题，从而制定出教育、教学目标。我国的职业技术学校或培训机构较多采用这种方法分析教学问题。外部参照需要分析法是对机构内部目标合理性进行检验的有效方法。由于这种方法的期望值是根据社会需要而制定的，所以首先要收集、确定与期望值相关的社会需求信息。收集信息主要有以下途径。

① 对毕业生跟踪访谈、问卷调查，听取他们对社会需求的感受以及工作后对学校教育或培训教学的意见和建议，从中不仅可以获得关于社会期望的信息，也可获得学习者现状的信息。

② 分析毕业生所在单位对毕业生的工作考核，了解他们对职工的要求和对毕业生的评价，以了解社会需求和要求改进学校教学的信息。

③ 设计问卷并发放到与所学专业相关的工作单位，以得到社会对人才能力素质的需求信息。

④ 深入到工作第一线做现场调研，以获得对人才能力素质需求的第一

手信息。

⑤ 进行专家访谈，以了解专家对社会发展和人才需求的看法。在专家访谈的基础上形成关于未来信息的一般性调查表，然后让专家对调查表中的各个项目做重要性程度的判断和预测，组织者对收回的调查表做统计分析，并把包含上一轮统计分析结果和说明的调查表再返回给专家，征求预测意见。如此继续下去，直到专家意见趋于一致，即可获得未来社会发展对学习者的期望信息。有关学习者现状的信息收集方法与内部参照需要分析法相同，不再重复。

综合以上论述，可知两种方法的主要区别是期望值的参照系不同，以及由此带来的信息收集方法也略有差异。相对来说，内部参照需要分析法容易操作，省时省力，但运用该方法分析学习需要往往局限于教育系统内部，即在某一特定教育或培训组织机构所规定的教学目标之内考虑教学设计问题，而对该目标的设定与社会实际要求是否相符却不够关心。因此，无法保证机构内部目标的合理性。外部参照需要分析方法操作上比较难，要耗费大量的精力和时间，但却能保证所定目标与社会需求直接发生联系，因而有其合理性。在实际运作时，可采取内外结合的方法，也就是根据外部社会需求调整修改已有的教学目标，并以修改后目标所提出的期望值与学习者的现状相比较找出差距。

二、学习内容分析

随着认知心理学的发展，特别是认知策略在教学中的应用，人们总结出了很多分析与组织教学内容及使教学更加有效的具体方法，这些方法是直接指向教学的，能够增加教学设计的有效性，因此，在教学设计中有必要进行系统研究和应用。

（一）教学内容的选择

教学内容是指为了实现教学目标，要求学习者系统学习的知识、技能和行为规范的总和。分析教学内容的工作以总的教学目标为基础，旨在规定教学内容的范围、深度和揭示教学内容各组成部分的联系，力争达到教学最优化的内容效度。教学内容的范围指学习者必须达到的知识和能力的广度，而深度则规定了学习者必须达到的知识深浅程度和能力的质量水平。明确教学内容各组成部分的联系，可以为教学顺序的安排奠定基础。所以，教学内容的安排既与“学什么”有关，又与“如何学”有关。由于实际教学设计项目的不同，教学内容分析可以在不同层次上进行。根据当前我国各级各类教育工作的实际需要，这里主要讨论微观层次教学设计中的内容分析。

教学内容有一定的结构层次，具体可划分为课程（指狭义的课程）、单元和项目（项目可以是一个知识点，也可以是一项技能等）等层次。在职业技术教育或培训方面，一般按工种（如车工、钳工等）、任务和技能等对教学内容进行划分。

在微观层次的教学设计中，教学内容的选择一般从单元层次开始。单元作为一门课程内容的划分单位，一般包括一项相对完整的学习任务。单元的选择与设计通常涉及三个基本方面：范围、重点和序列。“范围”主要是确定内容覆盖的广度和深度。一般在决定单元范围时，要从课程的连续性以及社会和学生的需要出发，确定单元内容中各种事实、概念与概括的相对重要性，从而选取难度适当的核心内容。“重点”主要是确定内容中的关键成分。学习单元重点通常围绕特定的主题与观点展开，这一主题又由若干课题构成，从而形成一定的理论框架。“序列”是确定内容展开的顺序。一般在确定材料的序列时，要注意新旧知识之间的联系，保证新的学习以原有学习为基础展开。

通过选择与组织单元，可确定课程内容的基本框架。由于学科的特点不同，所进行的划分也不同。一个单元的内容有相对的完整性。单元实质上反映了课程编制者或教师对一门学科结构的总体认识，以及在此基础上对这种结构按教学要求所做的分解和逻辑安排。

在普通学校教育中，选择教学内容一般由学科教师或学科的教材专家负责。为防止遗漏教学重点和要点，应尽可能多收集与课程目标有关的内容资料。在确定教学内容时可以合并相关内容或删除不必要的部分。

对中职学校而言，应主要按照岗位要求确定学习内容。美国教学技术专家克内克等人在 1986 年总结出的确定教学内容的工作程序可供参考（图 9－7）。

（二）教学内容的编排

1. 教学内容编排的含义

教学内容的编排是对已选定的学习任务进行组织，使它具有一定的系统性或整体性。在一门课程中，各单元教学内容之间的联系一般有三种类型：一是相对独立，各单元在顺序上可互换位置；二是一个单元的学习构成另一个单元的基础，这类结构在序列上极为严密；三是各单元教学内容的联系呈综合型。

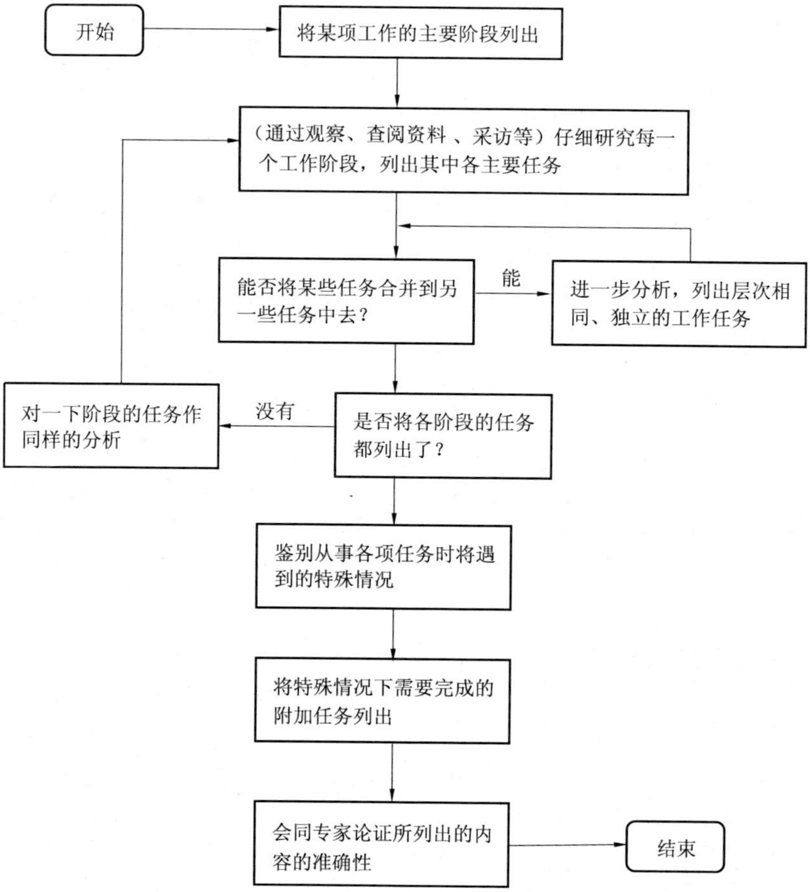

图 9－7　确定教学内容的工作程序

2. 几种有影响的教学内容组织编排理论

（1）布鲁纳提出的螺旋式编排教学内容的主张

美国著名教育心理学家布鲁纳认为教材应该把反映该学科发展水平的最基本概念和原理作为主体，以达到较强的迁移；在学习的早期阶段就应该使用这样的教材，让学生尽早有机会不同程度地去接触和掌握某门学科的基本结构，但这样的教材只有与学生的智力发展水平相适应，才能使基本概念和原理的教学顺利进行；学科的基本概念和原理均可分别从动作的、表象的、符号的三种不同智力发展水平，加以编撰和组织，教学涉及的概念和原理可能相同，但教材的直观程度逐渐降低，抽象程度不断提高，内容不断加深，从而体现了“螺旋”式上升的特点。

（2）加涅提出的直线编排教学内容的主张

加涅从学习层级论的观点出发，把教学内容转化为一系列习得能力目标，然后按这些目标之间的关系，从较简单的辨别技能的学习到复杂的问题解决技能的学习，把全部教学内容按等级来排列，每一个简单的部分都是复杂部分的先决条件，复杂部分的教学都是以简单的教学为基础的。

（3）奥苏伯尔提出的渐进分化和综合贯通的原则

所谓渐进分化是指学科的最一般和最概括的观念应首先呈现，然后按细节和具体性逐渐分化；综合贯通是强调学科的整体性。因为学科内容不仅包括一个学科的各种概念和规则，同时也包括学科本身的特定结构、方法或逻辑，如不掌握这部分内容，就不可能真正理解这门学科。

（4）梅里尔等人提出的最短路径序列

这种编排方法也是一种由简到繁的序列，它借鉴了计算机程序编制和信号管理的基本思想，采用分析的方法，确定一个程序中所有可能的学习途径。教学时，先教授构成最短途径的运算过程，其余部分由越来越长的路径所构成。因此，随着教学过程的进行，序列和规则变得更加复杂和详尽。

上述几种观点从不同角度探索了教学内容组织编排的方法，我们在具体编排教学内容时，在遵循以下几个原则的基础上，可根据学科特点对上述四种理论加以选用。

第一，由整体到部分，由一般到个别，不断分化。如果学习是以掌握科学概念为主的，则应把基本的原理和概念放在中心地位。根据这个特点，应先陈述学科中最一般、最概括的观点，然后按内容的具体性不断进行分化。这是因为当人们在接触一个完全不熟悉的知识领域时，只有阐明了理论框架，才能借助这种框架进行分类和系统化。一般来说，从已知的、较一般的整体中分化出细节要比从已知的细节中概括整体容易些。

第二，确保从已知到未知。如果学习的内容在概括程度上高于学习者原有的概念，如在掌握了“广播”、“电视”、“报纸”等概念以后，再学习“大众媒体”这个总括性概念时，或要学习的新的命题与学习者认知结构中已有的概念不能产生从属关系时，就应采取由浅入深、由易到难、由具体到抽象、由较简单的先决技能到复杂技能的序列，排成一个有层次或有关联的系统，使前一部分的学习为后一部分的学习提供基础，成为后续学习的“认知固着点”。

第三，按事物发展的规律排列。如果教学内容是线性的，可以通过向前的、进化的、按年代发展或从起源出发的方法来编排。这样的组织方式与研究的社会现象、自然现象的变化顺序和客观事物本身发展的顺序相一致，符合事物的运动变化规律，能使学习者对自然和社会现象的发展过程有比较全面的认识。

第四，注意教学内容之间的横向联系。安排教学内容时，不仅要注意概念纵向发展之间的联系，还要注意从横向方面加强概念原理、单元课题之间的联系以及知识、技能、情感各部分内容之间的协调衔接，以促进学习者融会贯通地去学习。若在教学内容的安排中忽视对知识进行横向联系，学习者就不能区别相似概念之间的差异，新的内容含糊不清，就会导致遗忘，也不利于学习的迁移。

通过内容的选择与组织，可以确定课程内容的基本框架。接下来需要确定所选单元的目标及学习内容的类别，加涅将此项工作称为任务分析。

（三）确定单元目标及对内容进行初步评价

在各单元的教学内容确定以后，要为每一单元编写相应的单元目标。单元目标是课程目标的子目标，它主要说明一个单元的教学过程结束时所要得到的结果，说明学习者学完本单元的内容之后应能做什么。由于单元目标体现该单元总的教学意图，所以在表述上较概括、扼要。在各单元目标确定以后，为保证所选择的教学内容与学习需要相符合，教学设计者应重视对教学内容的选择和组织进行初步的评价。这不仅有助于避免在无关内容上花费时间与精力，更重要的是可使教学内容、学习需要、教学目标及后续的教学评价几个方面保持一致，以保证教学的效果和质量。在教学设计的初期，可从下列几个方面评价教学内容的选择与组织。

① 所选择的教学内容是否为实现课程目标所必需的，还需补充什么？哪些内容与目标无关，应该删除？

② 各单元的顺序排列与本学科逻辑结构（或完成任务所需的技能）的关系如何？在这种关系的处理上体现了什么样的学习理论或教学理论？

③ 各单元的顺序排列是否符合学生的心理发展？

④ 各单元的顺序排列是否符合教学或培训的实际情况？

⑤ 学习者已掌握了哪些内容？教学（培训）从哪里开始？

在对教学内容进行初评时，应组织学科专家、有实际教学经验的教师、有关行业专家和学生代表共同参与。他们反映的意见与建议可能是教学设计者和参加教学设计的学科内容专家所忽略的。在评价过程中，卡片是一种有效的展示工具。教学设计者可把课程目标、单元教学内容与单元目标分别用不同颜色标出，按一定的顺序展示在专门设计的计划板上，这样可使参加评价的人对整个课程内容要点一目了然，同时，也便于教学设计者根据各个评价者的意见及时增删、修改内容，并调整各项内容之间的联系。

三、学习者分析

学习者分析是要找出学习者的背景、学习特性及知识基础、技能和态度，以了解学习者的学习准备情况及学习风格，为学习任务分析和教学策略的制定提供依据。由于我国的基础教育没有涉及职业内容，因此学生进入职业院校学习时，职业学习准备明显不足；基础教育养成的学习风格与职业教育期待的学生学习风格差距较大。因此在职业教育教学设计之学习者分析阶段，对学习者进行系统深入的分析就显得更加重要。学习者分析的范畴包括学习者一般特征分析、学习者的起点水平分析、学习风格分析和学习动机分析等。

（一）学习者一般特征分析

学习者一般特征指对学习者从事学习产生影响的心理、生理、职业和社会的特点，包括学生的年龄、性别、年级水平、认知类型、学习动机、学习方式与方法、生活与职业经验、经济、文化、社会背景等因素。它们与具体专业内容虽无直接联系，但影响教学设计者对学习内容的选择和组织，影响教学方法、教学媒体和教学组织形式的选择与运用。

（二）学习者的起点水平分析

任何一个学习者都是把他原来所学的知识、技能、态度带入新的学习过程中的，因此教学系统设计者必须了解学习者原来具有的知识、技能、态度，我们称之为起点水平或起点能力。

评定学习者在新的教学开始之前的起点水平，其目的有两个：明确学习者对于面临的学习是否有必备的行为能力，应该提供给学习者哪些“补救”活动，我们称之为“预备能力的分析”；了解学习者对所要学习的东西已经知道了多少，我们称之为“目标能力的分析”。

1. 预备能力的分析

在传统课堂教学中，对预备能力的预估通常需要编制一套预测题。教学系统设计者可以根据经验先给学习内容设定一个教学起点，将该起点以下的知识技能作为预备能力，并以此为依据编写预测题。

2. 目标能力的分析

对目标能力的预测有助于我们在确定教学内容方面做到详略得当。当然，假如教师知道学习内容对学习者是完全陌生的，这类预测就失去意义。

教学系统设计强调教学效果的评价以预先确定的目标为依据。在学习结束时，以原定学习目标为基础编写测试题目，来检查学习者达到目标的程度，这样，学习目标与测试题之间就存在一种内在的联系。据此，有的学者提出，可以直接使用期终考试题在学程开始之前对整个学程的教学目标所要求的能力一并进行预测，从理论上说，同样的考试题如分别用于预测和后测，前后两次成绩的差距即反映了教学效果。也有人建议，对目标能力的预测可以从期终考试题库中选择和组合一部分试题，对学习者进行预测。

3. 学习态度分析

对教学设计者来说，学习者对待所学内容的态度对教学的效果也会产生重要影响。判断学习者态度最常用的方法是态度量表。此外，观察、约谈等评价方式也可用于态度分析。

在实际的教学系统设计工作中，对于学习者起点水平分析的上述三个方面往往是结合在一起的。

（三）学习者学习风格的分析

在各种学习情境中，每一个学习者都是带着自己的特点进入学习的。而学习者之间存在着生理和心理上的个体差异，不同学习者获取信息的速度不同，对刺激的感知及反应也不同。因此，要实现真正意义上的个别化教学，必须了解学习者的学习风格，并在此基础上为每一个学习者提供适合其特点的学习计划、学习资源和学习环境，而多媒体技术的发展和网络丰富的教学资源，使个别化教学成为可能。

在我国，比较公认的是谭顶良先生对学习风格所下的定义（1995）：学习风格是学习者持续一贯的带有个性特征的学习方式，是学习策略和学习倾向的综合。这里学习策略指学习方法，而学习倾向指的是学习者的学习情绪、态度、动机、坚持以及对学习环境、学习内容等方面的偏爱。有些学习策略和学习倾向会随学习任务、学习环境的不同而变化，而有些则表现出一贯性，成为一种相对稳定的个性特征。那些持续稳定的表现出来的学习策略和学习倾向就构成了学习者所具有的学习风格。

需要说明的是，学习风格本身没有好坏之分，每一个人都有自己独特的学习风格。在每一个文化、社会经济阶层或者班级内部都存在着不同的学习风格。对于教学设计者而言，了解学习风格的主要目的在于找出不同的学习风格与教学内容的组织、教学方法的运用、教学媒体的选择之间的关系，以便为学习者提供适合其学习风格特点的教学。

（四）学习动机的分析

学习动机虽然不像认知结构、认知发展特征等因素那样对学习者的认知过程产生直接的影响，但也是学习者特征中影响学习的一个重要的内部因素。对学生学习动机的分析与掌握一般通过调查问卷或科学量表的方法进行。

学习动机主要指学习者学习活动的推动力，又称学习动力。它对学习者的学习行为和学习活动有着极为重要的影响，它决定个体活动的自觉性、积极性、倾向性和选择性。学习动机和人类学习之间的关系是相辅相成的，并非单向的。动机能推动学习，而学习反过来又可以增强学习的动力。因此，著名教育心理学家奥苏伯尔认为当学习者尚未表现出对学习的兴趣或动力不强时，教师没有必要推迟学习活动。对于那些尚无学习动力的学习者来说，最好的办法是通过有效的教学，使他们尝到学习的甜头，就有可能产生学习的动力。动力的中等程度的激发或唤起，对学习具有最佳的效果。动力过强或过弱，不仅对学习不利，而且对保持也不利。

第三节　中职学校教学设计的过程

一、教学目标的设计

教学目标是学生学习后预期产生的行为变化，表现为对学生学习结果及终结行为的具体描述。从教育方针、培养目标、课程目标、教学目标的层级关系上看，教学目标居于微观基础地位，是教学目的的具体化。只有将教学目的转化为具体的可操作的教学目标，并通过教学目标的达成，教学目的才能达到，培养目标才能实现，教育方针才能贯彻。中职学校的教学目标设计要增强目标导向意识，宏观上要树立现代职教观，如基于职业属性的专业观、多元智能的人才观、能力本位的教育观、行动导向的教学观、工作过程的课程观等，微观上要掌握教学目标的设计技术。

（一）两种重要的教学目标分类理论

1. 布卢姆目标分类理论

布卢姆把教学目标分成三大领域：一是认知领域，是有关知识的回忆和再认等方面的目标，包括知识、理解、运用、分析、综合、评价。二是情感领域。是有关兴趣、态度、价值观形成以及判断能力的发展等方面的目标，具体包括接受、反应、形成价值观念、组织价值体系、形成价值情绪（意即渗透到个性心理之中）。三是技能领域，是有关操作技能、运动技能以及适应性发展等方面的目标，具体包括观察、模仿、练习、适应。这三个领域的目标体系，既有各自独立的特点，又是紧密相连的统一整体。在教学实践中，一定要注意它们之间的联系，绝不能顾此失彼或机械地将其分开。

2. 加涅的学习结果分类理论

加涅的分类也有一定的代表性，他认为，学习的结果或者教学活动所追求的目标，就是形成学生的五种能力：智力能力、认知策略、言语信息、运动技能和态度。他将知识、技能和言语、态度放到了统一的联系中加以认识。

（二）设计教学目标的原则

1. 全面性原则

教学目标的设计，要充分反映人的全面发展的要求，克服片面的只见知识、技能目标，而不见情感目标的现象。

2. 具体性原则

教学目标的制定要具体、明确，力求最大限度地体现学生的行为结果，克服模棱两可、似是而非的现象。

3. 能力本位原则

中职学校的培养目标是为社会造就大量的高技能人才，技能培养是中职教育之本。因此，在设计教学目标时，要注重学生技能目标的实现，加强实践性环节。

4. 难度适中原则

目标的难度要适中，要接近学生认知结构的最近发展区。因此，教师在制定教学目标时，要对学生的整体学习水平有一个科学的分析和估计，据此确定适当的难易程度，克服目标过高或过低以及没有目标的现象。

（三）确定教学目标的依据

1. 依据教育目标和课程目标

教育目标是人们对预期达到的教育成果的一种描述或规定。一般是指国家宏观规定的对教育的总目标和总要求，是最高层次的目标。课程目标是各门学科要达到的具体要求，它规定了学生学习该课程应掌握的基本知识、技能和能力。教学目标是对以上两个目标的具体化，是教师所期望的学生的变化，包括知识、技能、情感、人格行为等各个方面的变化，是可观察的、可操作的学生的行为目标。它们三者之间是层层包容、逐级细化的关系，教育目标、课程目标是一般意义上的目标，它的落实最终要体现在每一节课的教学目标中。教育目标是制定教学目标的总方向，课程目标是制定教学目标的直接依据。

2. 依据教学实际

一是依据学生实际。教育目标和课程目标所规定的内容带有普遍适应性，是共性的要求。但由于学生发展水平的差异性，在制定教学目标时，既要考虑到教育目标和课程目标的要求，又要考虑到学生的实际水平，并把他们有机地结合起来。二是依据教师的实际。教师在编制教学目标时应考虑到自身的教学风格、能力和经验，还应考虑学生可能达到的目标和希望学生达到的目标。三是依据学校的实际。各地经济发展和文化水平的不同，以及各中职学校发展的规模、层次和速度不同，在实现教学目标和任务的时间和方式上也就不尽相同。要依据自身条件，制定切实可行的教学目标。

3. 依据教学内容

教学目标总是以一定的课程内容为媒介的，编制教学目标要建立在认真分析和准确把握教学内容的基础上。要围绕教学内容设计适合培养目标的知识、技能、情感、意志、价值等目标，并有选择、有重点地贯彻到每一节课的教学中。

（四）编制教学目标的方法

1. 行为目标表示法

这种方法的特点是要求用明确的、可观察的或可测量的学生的具体行为变化来表达教学目标。不能用那些抽象的、模棱两可的、似是而非的学生行为来表述教学目标。教学目标所描述的应是学生的行为而非教师的行为，一般不用来描述教师的教学程序或活动安排。应该尽量用“能写出……”、“能作出……”、“对……作出评价”等描述，这就明确地表示出学生的行为变化，很容易观察和测量。

2. 任务分析法

这种方法强调教学目标的表述应尽可能具体、详尽，要将教学目标的表述分解成若干基本成分，即引起行为的刺激情境、可观察到的行为、行为指向的对象和判定行为结果的标准。如“提供一些文字、图片等素材，学生必须在两个小时内，按指定的用户需求，利用提供的软硬件环境，制作出一个主题网站”，就是按照任务分析法的要求表示的网页设计课教学目标之一。

3. 组合表示法

行为目标法和任务分析法各有优点，但也有不完善之处。比如对态度、情感、兴趣、动机、价值等方面的教学目标，一般很难用具有高度严密性和精确性的行为目标来表示。组合表示法就是为解决这个问题而提出的，其特点是把行为目标表示法和任务分析法组合到一起使用，使定性分析和定量分析结合。这种方法很适合中职学校德育课教学目标的编制。

二、教学策略的设计

教学策略是对完成特定的教学目标而利用的教学程序、教学方法、教学组织形式等因素的总体考虑。因此，教学策略的制定应从教学目标出发，在系统理论、学习理论、教育传播理论和教学理论的指导下，针对学习内容和教学对象的特点，在时间、形式、情境与方法等多个维度上，对教学活动作出的科学安排。

（一）教学程序的确定

教学程序即教学内容的各组成部分的排列顺序，它决定“先教什么，后教什么”。教学过程也是教学目标的实现过程。因此教学程序设计得如何，不但关系到教学的效率，更为重要的是关系到教育目的、培养目标和课程目标的落实。

1. 教学程序确定的依据

确定教学程序的依据，主要包括教学内容、教学条件、学习者的特征、社会环境等。

（1）教学内容

依据人们对职业活动的逻辑顺序研究，不同教学内容的教学程序不同。为了获得较高的教学效能，教学程序的确定需要遵循职业活动的逻辑顺序、能力形成的心理逻辑顺序。

（2）教学条件

教学条件一般包括教师的数量、结构、质量，教学网络与媒体的功能，教学设施与设备数量、功能等，教学程序往往受到这些教学条件的约束。

（3）学习者特征

学习者的一般特征、初始能力和学习风格，也是教学程序确定的依据。学生的初始能力决定了教学程序的起点，而学生的一般特征和学习风格将影响教学过程以及进程，从而影响教学程序的安排。

（4）社会环境

职业教育是以全面素质为基础，以能力为本位的教育。职业教育的目标是培养生产、建设、管理一线的高级应用技术人才。因此，职业教育的理论教学必须同生产实践相结合，即产学研结合。产学研结合教学需要社会环境的支持。生产常常具有年周期、季度周期或者月周期。为了充分利用社会资源，教学程序安排需要积极顺应生产的周期变化。

2. 教学时间确定的依据

从心理学的角度看，时间是学生学习过程中的一个决定性因素。从教育学的角度看，时间是一种重要的教育资源。学校教学活动总是在一定的时间内进行的，教学时间是影响教学活动的一个重要因素，控制和改变教学时间在一定程度上也就意味着控制和改变教学活动。因此，在教学实践中，了解、研究教学时间，并根据教学需要对教学时间表进行合理分配和控制，是教学设计的一项重要内容。教学时间的分配主要有四个依据。

（1）教学任务

教学任务应较为均匀地被分配到整个教学过程中去。每一节或每一单元，能力目标一般不超过两个，而基本概念不超过 3 个。这是由人对学习的管理能力所决定的。

（2）学习者特征

学习者的生理、心理、社会特征，学习者的初始能力，以及学习者的学习风格也都不同程度地影响着教学时间的长短。因此学习者的特征是教学时间分配的另一重要依据。

（3）学习规律

首先，对学习规律的研究表明，知识的掌握、品性的养成、技能的形成以及迁移、整合、类化都是具有一定规律性的，特别是每个环节需要的时间是不同的。因此，在教学活动时间安排上，需要遵循学生的认知规律，符合学生特有的认知要求，才能获得满意效果。其次，各个学习环节的学习成果具有一定的时效性。如知识习得后，必须注意及时转化、应用，才能结合到原有认知结构中去，进行有效的保持。因此，教学时间安排需要考虑学习环节间的关系。这对教材的章节内容多少和章节之后的学习活动，诸如作业等提出了要求。再次，根据美国心理学家布卢姆的掌握学习理论，对学生学习成果的及时反馈、检查是十分重要的，因为错误的认知，常常产生负迁移。因此，教学活动的时间安排，应尽量在负迁移产生之前，纠正错误的认知。

（4）教学资源

教学时间的分配除了依据教学任务和学习的规律之外，教师、教学方法、教学设施、设备也是教学时间分配的重要依据。所以，在教学时间分配上，一般假设是：合格的师资、得当的教学方法、一般学校具备的教学设施和设备。

（二）教学形式的确定

所谓教学形式，就是围绕既定教学内容，在一定时空环境中，师生互相作用的方式、结构和程序。从微观看，教学形式决定着师生关系，因而决定着师生相互作用的方式与效果。作为教学活动的纽带，教学组织形式也直接制约着教学活动能否按照既定程序进行，教学方法与手段能否发挥其最佳功效，从而最终决定教学的成效。因此，选择哪种教学组织形式进行教学并非随意的，而是有其自身所依据的原则。从职业教育教学活动看，选择确定教学形式，主要依据以下几项原则。

1. 学生的兴趣及学习需要

同样的教学内容和教学时间，采用的教学组织形式不同，教学效果各异，甚至有时差别很大，这主要取决于学生的兴趣是否被激发起来，教师是否将全身心投入到教学活动中，学生的学习需要是否得到了满足。

2. 学习的规律与学习风格

学习理论表明，学生的认识是从表象到概念，从具体到抽象，从感性到理性，再从简单到复杂，从浅显到深奥不断深化的过程。学生所习得的知识，只有经过转化和巩固，才能进入迁移与应用阶段，即必须经过掌握、迁移、类化与整合的过程。职业教育教学过程的设计就是依据这一基本要求进行的。教学组织形式是依据教学过程存在的，没有教学过程就谈不上教学组织形式。因而，职业教育教学组织形式的设计也必须遵循学生的学习规律和学习特征。

3. 职业活动过程与情景

不同职业，职业活动的过程与情景差别很大。在教学形式的确定上应遵循职业活动形式一致性原则。一致性不是指相同，教学不是车间流水作业，教学形式也不同于职业活动形式。教学形式是在职业活动形式的基础上，在各类教学原则要求下，对职业活动形式的超越。

4. 教学活动的整体优化

首先，教学组织形式是围绕一定的教学内容而设计的。不同的教学内容必须要求有与之相适应的教学组织形式。如陈述性知识的教学常采用集体授课形式，而表现为各种技能、技巧的程序性知识则应尽可能做到教学的个别化。其次，在职业教育教学活动中，教学组织形式起着纽带作用，正是通过一定的教学组织形式将各种教学要素，如教学内容、教学方法、教学时间、教学空间等集结起来，确保教学活动的顺利开展。因此，教学组织形式的设计应体现教学活动整体优化的原则。

（三）教学情境的设计

一般教学情境的设计有四种方式：故事化情境、活动化情境、生活化情境和问题化情境。对于职业教育而言，职业活动情境设计方式是需要重点运用的。在设计教学情境时，为了充分地激发学生的学习动机，应从四个条件（注意力、针对性、自信心、满足感）着手，运用好下列方法。

1. 引起并维持注意力的方法

这种方法主要包括三个方面：变化材料的呈现方式；用具体的事例说明；似是而非或令人惊奇，即用各种方法使教学材料中包含一些矛盾、冲突和惊奇。

2. 加强针对性的方法

这种方法主要包括三个方面：确保学习内容与学习者已有的知识经验联系起来，降低所呈现的新学习材料（内容）的生疏度；说明正在学习的知识、技能和态度等的现有价值；逐步使学习者相信现在所学习的东西对将来有价值。

3. 建立自信心的方法

这种方法主要包括三个方面：清楚明确地阐明学习目标。学习者一般都希望知道学习目标，即希望预先知道学习结束后要掌握什么；课堂教学和学习任务循序渐进，使得学习内容容易掌握；允许学习者不断提高自我控制学习进程和达到成功结果的程度，如果给学习者以控制教学过程的适当的权限，那么他们的自信心将能得到维持与增强。

4. 产生满意感的方法

就每一个学习行为而言，要达到满意感，需要通过提供反馈产生强化。而满意感一经形成，不仅能够增强学习者的自信心，维持学习者的注意力，而且能够发展成为一种自我管理能力。产生满意感的方法包括两个方面：对学习者的学习业绩提供反馈，当学习者完成某一学习任务，达成某一学习目标时，就给他们提供适当的反馈，那么就能够向他们展示他们所形成的能力，使他们产生满意感；鼓励他们将这种技能加以概括并迁移到类似的或新的情境中去，有助于他们产生满意感，并进而强化学习动机。

教学情境的设计还需要注意五个方面的问题，即情境作用的全面性、情境作用的全程性、情境作用的发展性、情境的真实性和情境的可接受性。

（四）教学方法的使用

在职业教育教学中，教学方法不仅具有层次之分，而且各种常用的教学方法都有其自身的适应场合。作为教师，首先应了解各种教法所适应的情境，避免在教学资源及教学时间方面造成不必要的浪费，并注意综合、灵活运用。

1. 综合性

在职业教育教学中，教学目标、教学内容、教师的素养、学生的身心发展等都涉及多方面的内容，且每种教学方法又都是有局限性的，这就决定了任何一种教学活动都应综合使用各种教学方法，把各种教学方法有机结合、合理运用。例如：讲授、讨论、问答等教学法，对学生知识的掌握、抽象思维的发展非常有利，但不利技能、技巧的形成；参观、演示等直观教学法形象、生动，但过分使用这类教学方法，又不利于学生抽象思维、逻辑判断能力的形成；实验、练习、实习等操作性教学方法，有助于理论知识的巩固和技能、技巧的培养，但单方面使用这些教学法，又不利于系统和深刻地掌握理论知识。每种教学方法各有利弊，在实际教学中只有将各种教学方法综合运用，克服其缺点，才能获得最佳的教学效果。

2. 灵活性

职业教育教学过程是一个动态的过程，虽然教师在备课时根据教学目的、任务、内容和学生的实际情况设计了具体的教学程序或教学方法，但是，在实际的教学活动中，存在着各种可能性的变化。这要求教师在教学方法的选择使用中要灵活机智，随时把握好不同方法的应用。根据教学中出现的特殊教学情境，巧妙地因势利导，机智灵活地采用一些新颖教学方法，使教学收到意想不到的效果。

三、教学媒体的设计

（一）教学媒体的概念

媒体以承载和传递教学信息为最终目的时即称为教学媒体，教学媒体用于教学信息从信息源到学习者之间的传递，是教学资源的重要组成部分之一。教学媒体包括现代化教学手段、传统教学工具、教学资料和教学传媒等。

现代教学媒体是指利用现代技术承载和传递教学信息的工具由两个相互联系的要素构成：一是硬件或现代教学设备，即用以存储和传递教学信息的教学机器；二是软件，即录制或承载了教学信息的各种片、带、盘等。教学媒体虽然只是教育系统中的一个要素，但它本身也自成系统。而且，随着科学技术的进步，它在教学过程中所发挥的作用越来越大，也因此越来越受到教育工作者的重视，并且正朝着新的趋势发展，即更加小型化，智能化，印刷图文、影像、声音数字化以及学习网络化等。因此，对教学媒体设计的系统研究是十分必要的。

（二）当前媒体设计概况

现代教学媒体能够同时获取、处理、存储、展示包括文字、图形、声音和动画等不同形态的教学信息。它的引入，使课堂超越了传统教育、教学的视野，冲破了时空限制，丰富了教学内容，增加了教学密度和容量，促进了学习者对学习材料的感知，创造出了一个知识来源多样化的教学环境，为学习者个性、素质的发展提供了无限广阔的天地。因此，原本属于教学策略研究领域的教学媒体设计已日益为越来越多的教育工作者重视、研究。教学媒体的分类研究，教学媒体的特性研究，教学媒体选择与应用研究等正不断地在广度和深度上拓展、延伸，并已取得了丰硕的成果。对于教学媒体的分类如下：

根据印刷与否分类，可分为印刷媒体和非印刷媒体；

根据教育信息传播过程中信息流动的相互性分类，可以分为单向传播媒体和双向传播媒体；

根据教学媒体的制作技术分类，可把媒体分为基于视觉技术的媒体、基于视听技术的媒体、基于计算机技术的媒体和基于网络技术的媒体。

这一研究成果可以指导教师根据不同种类媒体的特点，结合教学内容的性质和学习者特点更有针对性的运用媒体及媒体组合来实施教学。

（三）教学媒体设计原则

随着科学技术的飞速发展，教学媒体从古老的语言、文字到先进的多媒体计算机、网络，种类越来越多。而在教学过程中，为了完成既定的教学任务，需要在丰富多彩、功能各异的教学媒体中选择最为合适、有效的一种或多种媒体。这就要求我们遵循系统科学的基本原理与原则进行科学且合理的设计与选择。

1. 需要可行原则

任何教学媒体的使用都是由教学需要所决定的，而实际可行又是教学媒体在教学过程中得以具体应用必不可少的分析环节。可以说，任何一种教学媒体或媒体组合的成功使用都是教学需要与可行性相统一的结果。

（1）教学需要是媒体选择的前提与基础

在教学实践中，往往有的教师为了体现教学手段的现代化，为用而用，认为教学媒体多多益善，这种情况只能给人一种冗余的感觉。看起来很热闹，其实效果不佳。因此，在进行教学媒体设计时必须针对一定的教学任务、教学目标、难点、重点来考虑，选择相应的媒体。并注意这些媒体是否能引起学习者的学习兴趣；是否与学习者已有的知识状况和发展水平相符合等。千万不能片面追求媒体的数量而不考虑效果，以避免媒体种类的繁杂和内容的冗长。

（2）实际可行是媒体选择的必要条件

在运用媒体进行教学前，教师不仅要吃透教材，了解学生，还应该熟悉教学媒体的特点和操作规程，选择最佳切入时机和信息呈现方式，使教学更加生动、更具启发性，既重视应用媒体启动学习者的智力因素的作用，也重视其非智力因素对教学效果的影响，使两方面水乳交融，互相促进，保证教学媒体应用的实际可行。

2. 经济有效原则

在工业上，经济有效通常指产出与投入之间的对比关系，相对既定的产出，投入越少，效率越高。应用于教学媒体的设计与选择，也应该本着付出尽可能低的代价，取得尽可能完善的教学效果。即媒体选择的概率等于媒体产生的功效与需付出的代价的比值。也就是说，为了有效地控制教学系统，我们可以应用系统科学中某些有效性数据来分析媒体的经济有效性，找到教学媒体的最佳作用点，以进行科学且合理的设计与选择。

3. 简单可靠原则

教学媒体的使用与操作应尽可能简单、方便。同时，简单必须与可靠相统一。各种媒体特性各异、各有所长，单独使用一种媒体完成教学任务是有困难的，为了保证可靠，高效的教学，我们需要考虑综合各种教学媒体的特性，将各种教学媒体的长处结合起来使用，采取多种媒体组合教学，实现各种媒体的协调一致、最优搭配。

（四）媒体类型的选择

每一种媒体都有一定的特性，主要表现在传递范围、表现力、重现力、参与性和受控性等方面，因此他们的功能也不尽相同。例如：有的媒体适合于传递声音，有的则善于表现运动，还有的媒体可以给学生提供参与的机会。对于某一特定的教学情境，确实存在着使用某一媒体效果更好的情况。当进行认知类的教学时选择动画图片模型、幻灯等教学媒体，即可收到良好的教学效果；而对于情感类的教学内容，设计者应选用表现手法多样、艺术性和感染力强的媒体，这样的教学可能对学习者产生强大的吸引力和情感上的震撼力，有利于教学目标的实现；对于技能训练类的教学，设计者应选用电视录像、电影等表现手法丰富、具有时空突破功能的教学媒体。

正确选择教学媒体的类型已成为教学媒体设计的焦点，对于媒体类型的选择必须系统全面地予以考虑。

1. 教学媒体的类型和特点

从不同的角度可以将教学媒体进行多种分类，根据现代教学媒体作用的感觉通道不同和其在教学中作用的共性，将教学媒体划分为视觉媒体、听觉媒体、视听媒体。下面分别就这几类教学媒体的特点予以简单的分析和介绍。

（1）视觉媒体

人们总是通过自己的感官从周围世界中获取各种各样的信息。实践证明，在所有的感官中，视觉感官的感受能力最强，远远强于其他几种感官的感受能力如表 9—1 所示。

表 9—1 学习比率的研究

感觉	视觉	听觉	嗅觉	触觉	味觉
比率	83%	11%	3.5%	1.5%	1%

可见，在教学中开发和利用好视觉媒体是十分重要的。

视觉媒体最显著的特点就是它的直观性。其教学效果取决于学生的年龄、文化背景及所处的地域特征等。视觉媒体在教学中的具体运用形式包括投影、幻灯以及图片、印刷材料、模型、实物等教具。

（2）听觉媒体

听觉媒体是指承载并传递声音信息的物质工具，如教学中常用的录音机、唱机、语音实验室及相匹配的软件等。听觉媒体主要是用于语言能力的学习与训练，特别是听觉技能的训练。它可适用于教学的所有阶段。

为了有效地使用听觉媒体，应当培养和发展学习者的听觉技能。听觉技能主要靠反复实践才能形成。可以通过直接听、按照说明听、听大意、利用上下文听，分清有关和无关信息、分析描述的结构，以及改变叙述速度和声音强弱等方法来提高学习者的听觉技能。

（3）视听媒体

所谓视听媒体，是指可以同时通过视、听两个感觉通道呈现信息的媒体。对记忆的研究表明：视听并用将获得更多的教学信息量，更长的记忆保持率和更佳的学习效率，如表 9—2 所示。

表 9—2 记忆比率的研究

学习方式	记忆保持比率	
	三小时左右	三天以后
听觉	60%	15%
视觉	70%	40%
视听并用	90%	75%

由此可见，视听媒体结合了视觉媒体和听觉媒体两者的功能与优势，能够将直观、鲜明的图像与生动的语言、语调有机配合。这种默契的配合能创造出一种新的环境氛围，不仅使所需传递的教学信息得以充分表达，而且有利于学习者学习兴趣的激发，使学习者处于积极的学习状态，促进其对信息的接收、理解和记忆。视听媒体包括电影、电视、录像和交互媒体等。

在教学媒体设计过程中我们需要根据教学内容以及学习者特征的差异，针对不同类型媒体的特点进行科学、合理地选择。

2. 充分应用多种媒体资源，开展多媒体组合教学

19 世纪末幻灯介入教育后，教学便开始使用多种媒体。20 世纪 70 年代以来，随着媒体技术的不断发展与媒体种类的不断增多，新的教育教学理论与学习理论的创新和引入，以及系统科学理论在教育领域的广泛运用，多种媒体优化组合和教学过程优化已成为教学设计的重要内容。多种教学媒体的组合应用，使传递、呈现教学信息的方式和渠道多样化，但这种多媒体组合并不是简单地相加或更替，而是按照教学系统设计理论进行有机组合，使之互为补充、相辅相成，优化传递、呈现的手段和方法，以调动各种教学要素，调动学习者多感官参与学习，形成最优化的教学系统结构。

（1）多种媒体组合应用

众所周知，现代教学媒体种类很多，性能各异，在表现方法和使用效果上各自存在着这样或那样的优缺点，没有一种能绝对满足一切教学内容和教学对象的“万能媒体”。而教学过程是一个十分复杂的过程，需要对人体的多种感官进行多方位的延伸才能达到最佳效果，因此，应对性能各异的教学媒体进行优化组合，使其在教学过程中交互应用，扬长避短。以充分调动学习者多种感官参与学习，实现动静结合、视听结合、协调统一的教学过程，切实提高和加强教学的整体效应，取得最佳的教学效果。因此，我们应该充分发挥各种媒体的教学优势，开展多媒体组合教学，综合运用各种媒体资源，为学习者创设一个最佳的学习环境。

(2) 新旧媒体组合应用

每当新型媒体出现的时候，有些人总是爱夸大其作用，并试图以此代替其他的媒体。其实，任何一种新型媒体都不可能完全取替传统媒体，更不可能替代教师，它只是整个教学媒体资源中的一个新成员而已。

从媒体的发展过程和存在规律来看，任何一种媒体都以原形或技术升级或嬗变这三种形式存在，新旧媒体之间并无绝对的可替代性。而且，各种媒体技术在教育中地位和作用是不能以媒体的新旧或传统媒体与现代媒体的标准来划分的，旧媒体并不一定会因新媒体的出现而丧失其自身的价值。所以，各种新型媒体和一些传统媒体是相互交融，共同存在的。运用教学设计的基本原理对各种媒体进行优化组合，形成具有整体功能的多媒体教学系统已经是教学媒体应用发展的一个必然趋势。

综上所述，媒体是教学主体之间、教学主体与教学客体之间相互联结、相互作用的桥梁和纽带。多种媒体组合应用使教学主体的交互方式灵活化、多样化，同时，多种媒体组合应用能够将数字、语言、声音、图像结合起来，形成全方位的信息传播和刺激，改变了教学内容的内涵、外延和呈现方式，使教学内容得以大容量、大跨度的扩展和深化，对教育现代化的实现具有积极的推动作用。

另外，教学信息在传递过程中会有损耗，多种媒体相互补充可以保证信息的准确传递，信息通道干扰极小，这也是组合应用多种媒体的优势之一。

第十章　中职学校教学评价

◎ 教学评价概述

◎ 中职学校常用的评价方法

第一节　教学评价概述

一、教学评价的概念

围绕教学评价的提法比较多，例如，教学质量评价、教学工作评价、教学评价、课堂教学评价、课堂教学质量评价、学科教学质量评价，等等。尽管提法不尽相同，甚至其含义也不同，但却从不同角度提出了许多有价值的评价方案，有力地促进了教学评价研究的开展。陈玉琨在《教育评价学》中提到："教学评价通常可以在两个层面上理解：一是包括学校教学管理在内的教学工作评价：二是教师教学（主要是课堂教学）的评价。由于它们对学校的教育、教学质量有着至关重要的影响，这类评价活动受到了教育工作者越来越多的关注。在一般情况下，教师课堂教学评价可以成为学校教学工作评价的一个部分。"❶ 张玉田认为"教学评价是根据教学目的和教学原则利用所有可行的评价技术对教学过程及其预期的一切效果给予价值上的判断，以提高信息改进教学和对被评价对象做出某种资格证明"，"教学评价既是对学生学习能力和学习成就上的变化做出估价的过程，也是对教师教授能力和教授效果做出估价的过程"❷。还有学者认为，"教学质量评价应由两个部分构成，即教学成果评价和教学过程评价。前者主要是通过学生的学力水平来评价教学质量，后者主要是通过课堂教学水平来评价教学质量。虽然两者的角度不一样，但其着眼点却是一致的，即对教师的教学质量进行评价"❸。

综观以上对教师教学概念的梳理，可以对教学评价这一概念作出界定：依据中等职业教育教学目标和教学原理，以促进中职学校教师的发展和专业

---

❶ 陈玉琨．教育评价学［M］．北京：人民教育出版社，1999：185.

❷ 张玉田．学校教育评价［M］．北京：中央民族学院出版社，2000：136.

❸ 张玉田．学校教育评价［M］．北京：中央民族学院出版社，2000：136.

化为目的，采用一定科学的测评技术和手段，在收集客观评价信息的基础上对中职学校教师的教学质量以及与教学密切相关的因素进行价值判断的活动。

二、教学评价的特点

中职学校的教学评价与普通学校的教学评价相比有如下特点。[1]

1. 条件制约性

由于中职学校的专业课程在很大程度上依赖于设施、设备、测量工具和仪器仪表的数量与质量，所以在评价时必须考虑这些因素。

2. 课程复杂性

实验、实习及课程设计、毕业设计等学习活动表现复杂、形式多样、要求不一，加之实践性教学采取分散活动方式，对此进行评价的价值基准的分析、制定是比较复杂的，而且评价过程也费时费力。

3. 内容综合性

在中职学校的教学中，常常要对理论教学与实践教学，尤其是对课程设计、毕业设计或毕业论文等进行综合评价。因此，对于综合的方法、考虑的方式等，均需有统一的认识和标准。

4. 要求可变性

随着科学技术的日新月异，中职学校的教学目标不断提升，价值基准也往往随之发生变化，因而对于教学目标的终点和达到程度的考虑自然也会发生变化。此外，职业教育课程内容的更新要比普通教育快得多，这就造成了教学评价的可变性。

5. 评价内容要突出企业特色

职业教育是开放性的、社会化的教育，中职学校的办学质量只有得到用人单位、学生与家长的认可，才有实际意义。社会的多角度评价不仅能保证学校为社会经济发展带来效益，而且，在面向实际、面向社会、面向学生家长的评价中，可以不断提升中职业教育的地位和学校的声誉。评价的开放性与教育的开放性是一致的，开放式的评价就是要面向实际、面向社会、面向学生家长，也就是说，评价要充分考虑教育的社会性因素，看学校为满足学生的发展做了什么，学校为地区的经济发展和文化建设作出了哪些贡献。评价的开放性是社区、企业、家长和学生参与评价程度的必然反映。

---

[1] 刘春生，等．职业教育学［M］．北京：教育科学出版社，2002：250.

6. 教学评价的功能导向性

教学评价重视管理、控制，更重视促进、发展。在谈到评价的功能时，就会自然地面对“甄别”与“发展”之争。虽然我们不能“合二为一”的兼顾两种功能，但我们认为二者并非是截然对立的关系，在一定的评价系统中二者也可以很好地协作。促进中职教师专业发展的教学评价的特点就是既要从管理的角度上使广大一线教师及时转变观念，积极接受评价有益的部分；又要从发展的角度上帮助他们发现问题，及时纠正、提高、发展[1]。

评价不是目的，而是重要的管理手段，评价以它的客观性、科学性为公正、实事求是地鉴定质量提供了可信赖的依据。而过程管理也为评价的全面、规范提供了保证。导向、激励、改进是教育评价的三大功能，一个带有指向的评价方案，一次目的明确的评价过程，一份客观、公正的评价结果，都是体现评价基本功能的重要环节。

三、教学评价的类型

根据需要和目的的不同，可把评价划分为多种类型。

（一）按评价的功能来分

教学评价根据功能和目的可分为配置型评价、诊断性评价、形成性评价和终结性评价。

1. 配置型评价

配置型评价是在一个新的学习阶段（比如学期或学年）开始前进行的一种评价。通过学习开始前的考核或者摸底测验，了解学生为学习新内容必须预备的基础知识、技能和能力，其目的就是为了摸清学生现有水平情况，从而为今后对每个学生进行学习指导提供条件，并以此为参考，进行学习指导计划和编班、分组，确定课程的开设与课程的进度。

2. 诊断性评价

进行诊断性评价是为了摸清教学的基础，使教学适合学习者的需要。诊断评价的一个重要功能，就是辨别哪些是高出或低于零点的学生，这样就可以把他们分置在对他们最有益的教学程序中去。诊断评价的主要作用是找出造成学习困难的原因：教学目标制定的不适当；中等职业教育专业技能课课堂评价的研究教学方法或教材有难度；或者是否涉及身体、情感、文化或环

[1] 李雁冰．课程评价论［M］．上海：上海教育出版社，2002：56.

境影响等方面，针对具体情况加以指导，使教学得以顺利进行[1]。

3. 形成性评价

形成性评价的主要目的不是给学习者评定成绩或作证明，而是既帮助学习者也帮助教师把注意力集中在达到掌握程度所必须具备的特定知识上，试图观察潜在的先决行为。在进行形成性评价时不评定等级，只找出不足的原因和所犯错误的类型，要尽量缩减那些判断性见解。只有对评价不带有任何要评成绩的联想，被评者才不致害怕，而看作是一种帮助。为达到形成性评价的目的，往往要频繁地进行，每种新技能或新概念的教学初步完成时，就应进行形成性评价。在教学技能训练中所进行的评价就是形成性评价，只指出优点和不足，不评定成绩。

4. 终结性评价

一个学期、一个教程或一个学程结束的时候，都要进行评价，以便进行等级划分、鉴定、评价进步，或对课程、学程以及教学计划的有效性进行研究，这类评价称为终结性评价。终结性评价的目的，则是对整个教程或其中某个重要部分进行较为全面的评定，以评价学生对几种新技能或新概念掌握的情况。然后把给学生评定的成绩报告家长或学校的管理人员。终结性评价的测试题目要有效度和信度。

在课堂教学中，常用的评价类型是诊断性评价和形成性评价，即在教学过程中对教和学的情况进行诊断和评价，以便随时获取反馈信息，调节教学方法和进度，使教学逐步完成教学目标所规定的各项教学任务。大多数评价的目的不是评定成绩和等级，而是提高课堂教学的质量和效率，使所有学生都能掌握学习内容[2]。

（二）按评价主体来分

按评价主体可以将教学评价分为外部评价和内部评价。这种分类方法以评价者是否参与课堂教学活动为依据。外部评价是指由教育行政主管部门的人员，如教研员、评价专家、学校领导、教务人员以及教师同行等不参与课堂教学活动的评价者对教师的课堂教学进行的评价；内部评价则是由直接从事课堂教学活动的教师本人和学生群体所进行的评价。

无论是外部评价者还是内部评价者，在评价的过程中都会遵循一定的评价标准，不过不同评价者的评价标准可能会有所不同，如同行更多地会从学科的角度对课堂教学提出要求，学校领导则会从学校管理角度提出要求，教

---

[1] 刘志军．课堂评价论［M］．桂林：广西师范大学出版社，2002：33～34.

[2] 黄甫全，王本陆．现代教学论学程［M］．北京：教育科学出版社，2003：26.

师本人则会从自我教学风格方面进行评述，而学生则可能从教学内容的多寡和教学中的情绪反应等方面进行评价。

（三）按评价目的来分

按评价目的可以将教学评价分为奖惩性评价和发展性评价[1]。

1. 奖惩性评价

奖惩性评价的目的是根据评价的结果对教师进行奖惩，它将教学评价的结果与教师的奖惩相结合，并以此作为教师晋级、嘉奖、降级、解聘等的依据。这种评价是目前我国教育领域中运用较多的评价方式，存在一定的弊端，如参评教师过分注重被评课的质量而不是整个教育教学的质量，出现中评不中用的现象，此外还难以调动广大教师的积极性。

2. 发展性评价

发展性评价的目的则是期望通过对教学进行点评、讨论、反思，让被评教师的教学技能和水平得到提高，评价结果不与奖惩挂钩，而是为教师之间相互交流、发现各自的优缺点提供机会，为制定教师发展的目标和对策提供依据。

（四）按评价的资料收集手段来分

按评价的资料收集手段可以将教学评价分为现场观察评价、监视监听评价、录像评价、量表评价等。

1. 现场观察评价

现场观察评价是评价者进入课堂，实时实地听教师讲课并及时进行评价，这种评价方法在实际运用过程中往往表现为随堂听课、评课。这种评价资料的收集方法具有很强的时效性，而且能够对各种临时发生的情况进行评价，对教师的教学激情和学生的参与积极性有较深的体会。缺点在于会受到评价者注意力分配和记录速度等的限制，而且评价者的出现往往会使被评教师和学生在心理和行为上发生一定变化。

2. 监视监听评价

监视监听评价则是利用单向玻璃或摄像设备等进行的实时课堂评价。评价者不直接进入课堂，这样可以在很大程度上避免给师生带来压力，使获取的信息更加真实。缺点在于可能会受到观察角度等的影响，无法全面了解整个课堂的情况。

3. 录像评价

录像评价则是利用录像将教师的教学过程和学生的活动记录下来，进行

---

[1] 刘志军．课堂评价论［M］．桂林：广西师范大学出版社，2002：33～34.

课后的评价和分析。其优点在于可以多人反复观看和讨论，在评价的过程中也可以让被评教师参与讨论，从而使得整个评价资料更为全面、客观、准确；而且还可以将不同教师的教学录像进行对比，或者将同一个教师的教学录像进行对比，分析教师教学的进步情况。在录像评价中，录像往往只是一种评价资料的收集手段，对录像进行数据的编码、分析和评价会派生出不同的录像评价分析技术。

4. 量表评价

量表评价则是采用事先编制好的评价量表，由教师和学生根据他们对教学过程和效果的主观印象进行回答。这种评价方法的关键是评价量表的编制，它有时也被称为问卷评价法。问卷评价是目前进行课堂教学评价最主要的方式，也是实践中应用最广泛的一种方式。

第二节 中职学校常用的评价方法

一、理论课常用的评价方法

(一) 量表评价法

1. 量表评价法概述

量表评价法是传统课堂教学评价中最常采用的方法，它是事先确定好需要进行评价的指标，并给出评价的等级，在评价过程中，评价者对照课堂教学的实际状况，逐项给出相应的等级评定。表 10－1 所示是一个中职学校理论课课堂教学评价表。

表 10－1 中职学校理论课课堂教学评价表

学校：________ 年级：________ 讲课教师：________ 学科：________ 课题：________

评价项目	评 价 要 点	符合程度	
		基本符合	基本不符合
教学目标	*(1) 符合课程标准和学生实际的程度		
	(2) 可操作的程度		
学习条件的准备	(3) 学习环境的创设		
	*(4) 学习资源的准备		
	(5) 学习活动的设计		
学习活动的指导与调控	*(6) 学校指导的范围和有效程度		
	(7) 教学过程调控的有效程度		

续表

评价项目	评 价 要 点	符合程度	
		基本符合	基本不符合
交流与反馈	(8) 交流反馈的方式		
	*(9) 交流反馈的效果		
学生活动	(10) 学生参与活动的态度		
	*(11) 学生参与活动的广度		
	(12) 学生参与活动的深度		
课堂气氛	*(13) 课堂气氛的宽松度		
	(14) 课堂气氛的融洽度		
教学效果	*(15) 问题解决的广度		
	(16) 问题解决的灵活性和创造性		
	(17) 教师、学生的情绪体验		
其他			
教学特色			
评课等级和评语			

注：表中 * 表示基本评价要点，总的评价等级将分为 A、B、C、D 四级，只要在这些基本评价要点上有被评为“基本不符合”的，那么总的评价等级将为 D，即最低一级。

根据不同的标准，课堂教学评价表有各种类型。如，根据评价主体的不同评价表有供课堂教学参与者之外的评价者使用的量表，如上例就是供课堂教学参与者之外的评价者使用的评价量表，也有供课堂教学的参与者使用的评价量表，如特定的学生评价量表，即学生对教师的课堂教学评价表（如表10—2）。

表 10—2 学生对教师的课堂教学评价表

学校名称________ 评价人班级________ 姓名________ 评价时间________

教师姓名		男	女	老	中	青	担任课程	

评价项目	评 价 要 点	评价结果				
		优	良	中	合格	差
为人师表 教书育人	1. 仪表端庄，言传身教，具有爱心，师德高尚； 2. 教风严谨，严于律己，尽心尽职，循循善诱。	10	8.5	7	6	5

续表

<table>
<tr><td rowspan="2">评价项目</td><td rowspan="2">评　价　要　点</td><td colspan="5">评价结果</td></tr>
<tr><td>优</td><td>良</td><td>中</td><td>合格</td><td>差</td></tr>
<tr><td rowspan="2">教学效果
技能水平</td><td rowspan="2">1. 备课认真，讲课熟练，教态自然，语言准确，条理清楚，层次分明，重点突出，娓娓动听；
2. 重视启发，思维活跃，方法多样，手段直观，效果优良；
3. 板书工整，准确规范，布局合理，有助于笔记、记忆和复习；
4. 教学技能熟练、全面。</td><td>60</td><td>51</td><td>42</td><td>36</td><td>30</td></tr>
<tr><td></td><td></td><td></td><td></td><td></td></tr>
<tr><td rowspan="2">课堂管理</td><td rowspan="2">1. 师生关系民主、平等、和谐、合作；
2. 课堂学习气氛热烈活跃，学生学习积极性高；
3. 课堂管理严格，责任心强，纪律良好。</td><td>10</td><td>8.5</td><td>7</td><td>6</td><td>5</td></tr>
<tr><td></td><td></td><td></td><td></td><td></td></tr>
<tr><td rowspan="2">教学辅导</td><td rowspan="2">1. 教学辅导，一视同仁，顾及全体，照顾个别；
2. 辅导及时、耐心、细致。</td><td>10</td><td>8.5</td><td>7</td><td>6</td><td>5</td></tr>
<tr><td></td><td></td><td></td><td></td><td></td></tr>
<tr><td rowspan="2">作业批改</td><td rowspan="2">1. 作业布置，题量适中，难易适当；
2. 批改、讲评及时，评语、评讲认真。</td><td>10</td><td>8.5</td><td>7</td><td>6</td><td>5</td></tr>
<tr><td></td><td></td><td></td><td></td><td></td></tr>
<tr><td></td><td>总评等级：优 100～88；良 87～75；中 74～65；合格 64～55；差 ≤54</td><td colspan="2">总评得分</td><td colspan="3"></td></tr>
<tr><td>总评</td><td colspan="6">评语：</td></tr>
</table>

注：① 教师总评得分应等于每个学生对该教师教学评价的总评得分的算术平均值；

② 教师总评等级应等于该教师总评得分（算术平均值）对应的等级。

2. 量表评价法的设计与使用

由于量表评价法的基础是评价量表，因此量表评价法的核心也就是评价量表的制订。而评价量表的核心又在于评价标准的制订。

（1）明确评价目的和要求

课堂教学评价能够达到不同的功能，这些功能的实现是由评价目标和相应的课堂教学评价来实现的。因此，在课堂教学评价活动中，评价目标和要求是评价的起点，不同的评价目标，其评价体系的架构内容也截然不同。如，如果评价的目的是为了了解课堂教学的环节是否完整，那么评价体系的重点将会在课堂教学的基本环节上；如果评价的目的是了解课堂教学中师生的互动，那么评价体系中关注更多的将是有关互动的环节。评价目的实际上体现了课堂教学评价本身的导向作用，即期望通过课堂教学评价把教学活动引入某个方面，或者在教学评价中体现某种新的思维和理念。

（2）建构课堂教学评价体系和标准

课堂教学评价体系和标准是课堂教学评价的基础，在课堂教学评价中，它是进行课堂教学评价的实际依据。这些标准和体系主要有以下三类。

① 依据课堂教学的各个要素进行分析，把课堂教学分为教学目的、教学内容、教学方法和教学过程等，在此基础上进一步细分。这种体系的特点是结构清晰，脉络分明。

② 依据非固定问题来建立标准，如教学目标明确、教学重点突出、教材处理恰当、联系实际密切、教学结构合理、教学方法灵活、教态亲切自然、教师素养良好、教学效果明显等。这类评价体系虽然是以评价中的一些核心或者重点问题为基础的，但事实上，从某种角度上仍然可以将其分解、合并为课堂教学中的各个要素，即与第一种类型的教学评价指标体系在本质上没有区别，区别只是在于不同的教学评价标准所认同或者看重的课堂教学的要素是不一样的。实际上，在第一类评价指标体系中，也没有能够完全把所有的课堂教学要素包括进去，其中通常包括教学目标、教学内容、教学方法、教学过程等主要内容，对于教学基本功、教学设计、教学组织等较少涉及。这些教学要素的缺乏，并非其不重要，而是对于评价目的而言，不是评价的重点而已。

③ 依据课堂教学中的具体行为，将课堂教学分为教师的行为和学生的行为。在教师行为方面，强调要不断激发和引导学生的学习需要，营造和谐、民主、活跃的课堂教学气氛，创造性地使用教材，注重学生的差异，给学生提供更多思考和创造的时间和空间等。而对于学生的行为，则强调要能够积极主动地参与到学习中去，能提出学习和研究的问题，师生间有多向交流，有自己的收获与体验等。这类标准明确地将教学过程中的活动依据、活动对象分成了两个方面，并根据不同的教学理念和对理想教学状态的理解，规定了教学双方应该有的一些行为。

（3）制定课堂教学评价标准时要注意以下几个问题

① 评价体系建构的主要方式是将课堂教学区分为不同的要素来进行，

不同的评价可根据不同目标来选择不同的要素。

② 就课堂教学行为而言，可以根据课堂教学的主要参与者——教师和学生，将课堂教学分为教师行为、学生行为、师生互动行为和生生互动行为四种。

③ 在课堂教学中，还有一种评价标准是对课堂教学效果的评价。我们在前面曾提到课堂教学的效果是一些教学评价的主要目标，特别是在课堂教学前、中、后所采用的预备性测验，这些评价都是一种量化的评价。而我们这里提到的效果评价主要是一种质性的评价方式，即评价者或者教师通过对课堂教学的观察、反思来获得相应的评价结论。通常这种评价关注的问题主要有：学生掌握教师所教的内容了吗？学生在认知、情感或技能方面取得了哪些进步？学习内容的巩固性与持续性怎样？学习内容的迁移性如何？

④ 其实从某种角度上来说，上述几种评价角度都有一定程度的交叉，如，课堂教学评价要素中涉及师生互动、教学效果，而课堂教学的行为标准中也有可能涉及教学过程的因素。

⑤ 课堂教学评价的标准实质上反映了一定的教学理念和教学思想，也就是说不同的教学理念和思想下的评价标准是不同的。如，有人将教学目标分为基础目标、提高目标和体验目标，那么，不同的教学目标下的评价指标就是不一样的。基础层次的评价行为有激发学生兴趣和求知欲的作用，有明确的教学目标、教学组织过程，学生学懂会用，以知识结构为中心等；而素质教育的评价，也使得部分课堂教学评价指标体系中开始体现素质教育的内容。

3. 制定评价方案

评价方案是对整个课堂教学评价的实施规划，在制定评价方案时，应考虑以下几个方面的问题：评价的具体目的是什么；评价的对象是谁；评价者是谁；评价的主要步骤如何；要采用什么样的评价方法；评价结果将用在什么地方。

通常一个完整的评价方案包括以下几个方面。

（1）评价目的

评价目的即为什么要制定这个评价方案，大体上是对价值、应用等的一个简单描述。

（2）评价原则

评价原则即整个评价方案的制定、指标的建构、评价的实施、结果的解释、应用等应该遵循的一些原则。在有些评价方案中，不直接提评价原则，而是提相应的评价思路或理念。从某种角度上看，评价的思路、评价的理念和评价的原则有异曲同工之妙，特别是评价的理念和评价的原则之间。评价原则是评价目的的重要保证，因此，评价原则不应过于虚幻，而应该根据具体目的提出一些相应的指导原则，如坚持发展性的原则、可行性的原则等。

（3）评价的指标体系

评价的指标体系是评价方案的重要组成部分，前面我们已经对这个部分作了详细阐述，这里不再赘述。

（4）操作说明

操作说明是评价指标的具体细化、应用与评价范围的说明，是判断哪些行为、情境适用于评价指标的具体说明和解释，是对评价指标特征的说明。

（5）评价表的使用说明

主要需要说明应用评价表的方法、步骤、程序等，也可以包括对一些评价表实施过程中应该注意的问题加以提醒。此外，还通常包括对评价表的评价结果或者等级的判断和应用进行说明。

4. 量表评价法的实施

量表评价法的实施要注意以下几个方面。

（1）评价前

评价者应该认真阅读评价方案表，熟悉评价要点的特征描述，必要时，应该对评价者进行相应的培训。评价者对评价指标体系和操作要点的理解直接关系到评价的效度，因此在评价之前应确保评价者掌握和熟悉评价指标的具体含义和相应评价要点与行为，对于不太熟悉方案的评价者可以采用教学录像评价的方式进行培训。

（2）评价中

评价者应该根据评价要点做好听课记录。课堂教学评价方案中，除了那些按照教学过程来组织的评价指标之外，对于评价指标的判断和评价往往需要跨越课堂教学中的几个阶段，甚至是对整个课堂教学的说明。因此，往往需要根据评价要点，在评价过程中做好相应的听课笔记，听课笔记可以按照课堂教学的基本过程，从课堂教学的导入开始，以教、学和师生之间的活动为主要内容，并随时记录下自己相应的感受。要注意的是：听课笔记不是课堂教学实录，没有必要把课堂教学中的所有东西都记录在案；同时要熟悉整个评价指标，只有这样，才有可能随时对照课堂教学的实际情况分析出评价指标的实际情况。

(3) 评价后

课堂教学评价的目的并不仅仅是为了简单地对课堂教学作出一个等级评定，其主要目的是促进课堂教学，因此在评价等级的判断过程中，需要综合考虑课堂教学中的各种因素，特别是需要考虑教学中教师和学生的相应意见，能够跟上课教师进行相应的讨论，从课堂教学的目标、教学设计、实施过程、教学效果等各方面进行评价。

量表评价法主要由评价者和上课的教师来进行，通常可以将上课教师的自我评价和评价者的评价结合起来，再根据相应的教学条件、教学设计、教学实施等方面的情况，作出相应的等级评定。在评价时，最好能够再写出简要的、有针对性的评语。

5. 评价信息的整理分析与撰写评价报告

采用量表评价的方法不是简单地进行评价量表的填写，相反，评价等级的判断还需要综合来自教学各方面对象的信息，而这个过程就是指评价信息的整理分析，即评价者对收集到的各种资料进行整理、汇总和综合，在此基础上获得评价的结果，最后在评价结果的基础上形成评价结论。

评价结论是针对评价对象的进一步发展而提出的解决目前存在问题的意见和建议，其目的是通过课堂教学评价来提高教师教学的水平，并进而提高课堂教学效果。评价结论应该包括对被评价教师的课堂教学所提出的意见及进一步提高的建议，评价结论中的意见和建议应该尽可能具体和有针对性。

(二) 随堂听课评价法

随堂听课评价法是评价者通过对被评价教师的课堂教学的直接观察，获取有关该教师的教学行为、过程、特点以及所展现出来的教学能力等第一手信息，从而能够有效地进行课堂教学的评价，并相应地提出建设性的意见，以此提高教师课堂教学能力和课堂教学效率的方法[1]。

1. 随堂听课评价法概述

(1) 随堂听课评价法是课堂教学评价的基本形式和方法

随堂听课评价法是目前评价教师课堂教学能力和效果的最主要方式。尽管课堂教学评价在向专业化、系统化、量表化、量化和质性评价相结合的方向发展，不过，由于随堂听课评价法自身的特点，使其成为进行课堂教学评价的主要形式之一。随堂听课评价法最主要的特点表现在两个方

[1] 王景英．教育评价与理论［M］．长春：东北师范大学出版社，2002：298．

面：首先，评价者往往是由具有较高课堂教学水平的教师或者管理者来担任，其自身对课堂教学有很高的造诣，评价意见往往中肯、具体、有建设性；其次，随堂听课评价法相比于量表法，自由度比较大，容易实施，也有利于发挥。

（2）随堂听课评价法是了解教改动态，促进教师专业发展，提高教学质量的主要手段

尽管听课的性质、类型和方式多种多样，如有竞赛式的交流课、有研究式的示范课、有预约式的汇报课等，这些课常常能够展现教师教学的最好水平、课堂发挥的最佳状态，是新理念、新策略、新信息的集合点，特别是对于那些精心准备的汇报课而言。同时，教师教学能力的提高也是在其教学实践经验，特别是对教学过程不断改进的过程中积累的。在随堂听课评价的过程中，评价者与被评价者不仅有共同关注的评价内容，而且评价过程中共同讨论、共同研究的气氛非常适宜于教师的成长。任课教师通过对自身教学能力和教学过程的反思，能够获取有效的提高自身教学能力的信息，促进自己的发展。

2. 随堂听课评价法的设计和应用

（1）课前的充分准备

随堂听课评价应该收集、了解与即将要评价的课有关的资料和信息，在条件许可的情况下，可以考虑召开预备会议，向被评价者介绍评价的目的、内容，了解教师教学的实际情况，为评价活动的实施奠定基础。具体而言，听课前应做好如下几个方面的准备。

① 熟悉教学目标、充分把握教学内容。课堂教学评价应该有针对性，而这个针对性来源于对教学目标和教学大纲的理解和把握，应明确这节课教学的三维目标；了解教材编排体系，弄清新旧知识的内在联系，熟知教学内容的重点、难点。

② 了解被评价课的教学设计。听课评课之前，应该充分了解这节课的教学设计，了解教师拓展的空间，甚至可以针对所教的内容在自己头脑中设计课堂教学的初步方案，粗线条勾勒大体的教学框架，为评课提供一个参照体系，即评课者自己如果来上这堂课，应该如何上？此外，还应该充分了解评价对象的教学设计，以便在随堂听课和课后的讨论中进行相应的评价；同时了解教学设计，也能够使得听课和评价时做到有的放矢。一般而言，对于评价对象的教学设计，应该给予充分的尊重，不能随意改变。

③ 确定听课方式。随堂听课评课中，评价者可以选择充当旁观者和参

与者，而这两种角色决定了将会有两种不同的听课方式，经验丰富的评价者往往交叉使用这两种听课方式。当评价对象进行课堂讲解时，评价者往往默默地坐在教室的一角，融入班集体但并不参与教学过程，而是对整个课堂教学进行观察；当开展小组活动时，评价者可以在教室中四处走动，观察小组活动或者参加小组活动，必要时还可向小组提供帮助。

要根据听课目的（汇报课、研讨课、指导课、检查课）确定侧重点，针对教师业务层次和水平进行评议、指导并提出不同要求。一般而言，听课的重点将集中在教学中的难点、疑点和薄弱环节上。在随堂听课之前确定听课重点，将使随堂听课更为有的放矢，从而提高听课效率，并通过课后讨论提高评价对象的教学能力，促进评价对象的未来发展。

（2）课中的仔细观察和翔实记录

听课是复杂的脑力劳动，需要评价者多种感官和大脑思维的积极参与。同时评价者要想获得理想的听课效果，在听课中就要集中精力，全身心地投入。

① 仔细观察。由于课堂教学成功与否不仅仅在于教师讲了多少，更在于学生学会了多少。所以听课应从单一听教师的“讲”变为同时看学生的“学”，做到既听又看，听看结合。因而，在某种程度上，听课也是看课。

② 详细记录。听课记录是重要的教学资料，是教学指导与评价的依据，应全面、具体、详细。其中可以包括情境创设、教师点拨与引导、师生的双边活动、教法选择、学法运用、练习设计、教学反馈、课堂的亮点与失误等，还可包括听课者的评析与建议。总的来说，听课记录主要包括两个方面的内容：一是课堂教学实录；二是课堂教学评点。

课堂教学实录中，第一是教学的基本信息，包括听课的时间、学科、班级、评价对象、第几课时等；第二是教学过程，包括教学环节和教学内容；第三是板书内容；第四是各个教学环节的时间安排；第五是学生活动情况；第六是教学效果。

课堂评点是评价者（听课者）对本节课教学的优缺点的初步分析与评估，以及据此提出的相应建议，包括以下几方面：教材处理与教学思路、目标；教学重点、难点、关键点；课堂结构设计；教学方法的选择；教学手段的运用；教学基本功；教学思想等。课堂评点往往是在听课过程中的及时点评，这种点评不是听课完成之后的回顾式点评。

③ 认真剖析，归纳小结。认真剖析是指在听课过程中要全身心地投

入，积极思维，既要抓住细节，防止思维出现断裂，影响对教学的整体认知和评价，还要做到根据听课前的准备，认真思考评价对象的教学过程，为分析评价赢得时间，变被动听课为主动听课，并将实际教学与课前预设的方案及以往经验（听过的优秀课）进行对照，以便寻找课堂教学中突出的亮点和教学中存在的问题。归纳小结是指对课堂教学过程中发现的优缺点，评价者应依据教育教学理论和课程标准给予过程性评价；同时应指出缺点与不足，提出修改方法和依据，并将这些环节点评及时纳入听课记录。归纳小结主要是听课刚结束时，从自己对整个课堂教学的感受出发，进行记录和点评。

（3）课后客观评析，加强指导

课后客观评析即评课，它是指课后对所听的课进行分析整理、客观评议的过程。评课时需要针对课堂教学的不足寻找解决问题的办法，提出合理的修改建议。作出评价意见时应该充分与评价对象交流切磋。评课主要有两种模式。

① 从师生及其交互活动来进行评价。

首先是教师的教，主要关注以下四个维度：

其一，组织能力，包括教学内容的组织、教学语言的组织、教学活动的组织等，核心是教学活动的组织能力。

其二，调控能力，看教师能否根据课堂教学进展情况与出现的问题，采取有效措施，调整教学环节，保证课堂教学任务顺利完成。

其三，教学机智，观察教师敏捷、快速地捕捉教学过程中各种信息的能力，观察其是否能灵活利用各种教学资源，果断处理课堂偶发事件，激活课堂教学。

其四，练习设计，看教师能否依据学生个体差异，设计具有弹性、开放性、实践性的练习题，达到巩固新知、拓展提高的目的，以满足不同类型学生的需要。

其次是学生的学，主要观察学生学习中的以下四种状态：

其一，参与状态，看学生是否全员参与、参与的面有多大。

其二，交往状态，看课堂上是否有多向信息联系与反馈、人际交往是否有良好的合作氛围、交往过程中学生的合作技能怎样。

其三，思维状态，看学生是否具有问题意识，敢于发现问题、提出问题，发表自己的见解，看学生提出的问题是否有价值，探究问题是否积极主动，是否具有独创性。

其四，情绪状态，看学生是否有适度的紧张感和愉悦感，能否自我调控学习情绪。有时课堂会突然爆出笑声，有时会从激烈的讨论转入冷静专注地聆听，这就是一种良好的情绪状态。

② 从课堂教学要素来进行评价。

主要可以从以下几个方面来进行：

其一，教学目标。首先，从目标制定来看，要看是否全面、具体、适宜。全面指能从知识、能力、思想情感等几个方面确定；具体指知识目标要有量化要求，能力、思想情感目标要有明确要求，体现学科特点；适宜指以新课标为指导，符合学生年龄实际和认知规律，难易适度。其次，从目标达成来看，要看教学目标是不是明确地体现在每一个教学环节中，教学手段是否都紧密地围绕目标，为实现目标服务。

其二，教材处理。在处理教材上，要看是否突出了重点，突破了难点，抓住了关键。评价一节课时，既要看评价对象在知识传授时是否准确科学，更要注意分析教师在教材处理和教法选择上是否突出了重点，突破了难点，抓住了关键。

其三，教学程序。首先是看教学思路设计。教学思路是教师上课的脉络和主线，它是根据教学内容和学生水平两个方面的实际情况设计出来的。在课堂中直接表现为一系列教学措施怎样编排组合，怎样衔接过渡，怎样安排详略，怎样安排讲练等。评价教学思路设计要注意以下几个方面：一是要看教学思路设计符不符合教学内容实际，符不符合学生实际；二是要看教学思路设计是不是有一定的独创性，给学生以新鲜的感受；三是要看教学思路的层次、脉络是不是清晰；四是要看教师在课堂上实际运作教学思路的效果。其次是看课堂结构安排。课堂结构安排是指一节课的教学过程各部分的确立，以及它们之间的联系、顺序和时间分配。课堂结构也称为教学环节或步骤。

其四，教学方法和手段。它包括教师教学的活动方式，还包括学生在教师指导下学习的方式，是“教”的方法与“学”的方法的统一。这需要注意以下几个方面。一看是不是量体裁衣，优选活用。一种好的教学方法总是相对而言的，它总是因课程、学生、教师的自身特点而相应变化的，也就是说教学方法的选择要量体裁衣，灵活运用。二看教学方法的多样化。教学方法忌单调死板，教学活动的复杂性也决定了教学方法的多样性，所以，评课既要看教师是否能够面向实际恰当地选择教学方法，同时还要看教师能否在教学方法多样性上下一番工夫，使课堂教学超凡脱俗，常教常新，富有艺术性。三看现代化教学手段的运用，即看教师是否适时、适当用了投影仪、录音机、计算机、电视、电影、电脑等现代化教学手段。

其五，教学效果。课堂教学效果评析包括以下几个方面：一是教学效率高，学生思维活跃，气氛热烈；二是学生受益面大，不同程度的学生在原有基础上都有进步，知识、能力、思想情感目标达成；三是有效利用课堂教学时间，学生学得轻松愉快，积极性高，当堂问题当堂解决，学生负担合理。

（三）中等职业教育理论课教学评价方法创新思考

在中职学校专业技能教学中，课堂教学起着十分重要的作用，其主阵地的位置并没有改变，如何评价一堂课成了必须研究的问题。其课堂教学评价方法应该重视从以下几个方面去思考创新。

一是目标设计。要求除了继续进行双基教学之外，课堂教学目标设计应该重视发展学生的整体素质，尤其是关注培养学生的创新精神和实践能力。

二是师生关系。要求做到民主、合作与互动。其中互动包括：思想共振、情感共鸣与活动默契三方面。

三是独立学习。教是为了不教。未来的文盲不是不识丁的人，而是不会学习的人。教师应该把教室变为学室，讲堂变为学堂。教给学生学习方法，而不是单纯的知识传授，这是课堂教学评价的重要标准。

四是语言表达。当今的课堂教学评价要求从多方面对教师的语言表达加以评价。其中包括：内部语言，即思维语言；外部语言，包括口头语言、书面语言、体态语言与机器语言等。

五是教学节奏。要求课堂教学节奏达到：缓急有序、动静相生、疏密相间、起伏有致、详略得当、有张有弛、放收自然、浓淡适度、抑扬顿挫、随机应变。

六是质量度效。既重视对教学质量的评价，又重视对教学数量的评价，还重视对教学适度的评价，更重视对教学效果、效率与效益的评价。

七是教学风格。要求课堂教学评价重视对教师教学风格与学生学的风格的认知与评价。

八是高峰体验。布鲁姆认为是师生在教学过程中达到认知与情感交融成一片的最高学习境界；马斯洛理解为，可让心灵净化、视觉满足、精神愉悦的活动体验。无论如何课堂教学评价必须重视对学生与教师高峰体验的研究。

基于此，中等职业学校专业技能课堂教学评价方法的创新主要为：定性方法的创新与定量方法的创新。

二、实践课常用的评价方法

（一）实践课教学评价与目前存在的问题

1. 实践课教学

中职教育实践教学是一种以培养学生综合职业能力为主要目标的教学方式，是中职教育的主体教学形式。它在中职教育教学过程中相对于理论教学独立存在但又与之相辅相成，主要通过有计划地组织学生通过观察、实验、实训、实习等教学环节巩固和深化与专业培养目标相关的理论知识和专业知识，掌握从事本专业领域实际工作的基本能力、基本技能、培养解决实际问题的能力和创新能力。实践教学评价则是根据中职院校实践教学的目的和教学原则，利用所有可行的评价技术，对教学过程及其预期的一切效果给予价值上的判断，以改进中职院校的实践教学和对评价对象作出某种资格证明。

由此可见，实践教学评价对于中职院校来说尤为重要。目前中职学校的实践教学评价仍处于发展阶段，并没有引起足够的重视，也没有建立起一套完整的实践教学评价制度，教学评价方法不科学的现象比比皆是。因此，充分认识实践教学评价在中职学校实践教学中的重要作用，建立一套完整的实践教学评价体系，克服实践教学评价存在的问题，有利于保证中职教育质量、更好地实现中职学校人才培养目标。

2. 实践课教学评价存在的问题

目前实践课教学评价方面出现的一些问题，表现在以下四个方面。

（1）对实践课教学评价的认识不足

由于我国长期以来所形成的传统教育观念的影响，中职学校仍沿用传统的教育模式，在教学内容方面重理论、轻实践。因此，实践教学评价也没有得到足够的重视，往往只是套用基础教育和普通高等教育的评价模式，缺乏针对中职学校培养目标的有针对性的监控和评价；并且现有的中职学校实践教学评价仅仅是对理论教学评价模式的照搬与移植，在实践教学评价方面仍处于空白状态；同时评价随意性较大、主观性较强、人为因素较多，存在一定的偶然性和片面性。这样，不仅教师的积极性没得到提高，而且导致学生对评价体系产生抵触和不满情绪。另外，实践教学评价标准和理论的缺乏，也在很大程度上制约了教学质量的提高以及中职学校培养目标的完成。

（2）实践课教学评价对象缺乏全面性

一个完整的实践教学评价应该是对整个实践教学系统的评价，但由于种种原因，我国中职学校的实践教学评价同课程评价相似，只对学生进行评价，对学生的评价也仅仅局限在考核学生在实训、实习等实践教学环节中一般知识的运用和操作技能的掌握程度，而对学生在这一过程中的职业态度、职业道德、职业信念等方面的发展并未给予太多的关注和评价。对实践教师业务水平、实践课程安排的合理性等方面更是很少涉及。这种实践教学评价对象“窄化”的现象不能激励实践教学教师的积极性，也无法使学校认识到实践课程的安排是否合理，不利于中职学校实践教学质量的提高。

（3）实践课教学评价主体单一

所谓实践教学评价主体就是对实践教学进行评价的主体。受传统教育体制“集权化”特点的影响，中职学校的实践教学评价“大权”主要掌握在班主任或实践、实习指导教师手中。教师是进行实践教学评价的主角，学生总是处于被动的地位。在实践教学过程中，学生只要获得教师的青睐和好评，就算完成了任务。这样，学生只是朝向某个指导教师或某所学校评价标准的方向发展，使他们在发展过程中带有很多个人色彩，存在一定的片面性。学生自我评价，学生家长、用人单位和校外的监督机构对学校及学生在职业道德、职业情感等方面的发展进行评价的功能并没有得到应用。由此看出，评价主体多元化即评价主体由教师、学生、家长、社会等部门联合组成，才能使中职学校的学生全面发展，不仅在知识，而且在德、智、体等方面适应竞争激烈的社会的要求。

（4）实践课教学评价方式单调

我国中职学校实践教学评价的方式主要是一种事后评价，即在实践教学过程结束后进行评价的方式。实践课教学中对综合性的校内外实训、实习采用的主要是实践过程结束后由指导教师打分的评价方式；而对实践性课程则主要沿用在学期期中或结束时进行纸笔测验、考试的传统评价形式。这种事后评价可以保证评价的客观性和公正性，但这种单一的评价方式明显忽略了对学生在学习过程中的情感、心智、价值观念等综合素质的发展状况的评价。对基本功不同的学生在经过各自努力后取得的进步并没有进行评价，因此评价也没有起到其应有的激励作用。

（二）实践课常用的评价方法

在实践课教学评价方法上，我们可以采用绝对评价法、过程评价法和综合评价法，来评价每个学生在实践项目中学习与训练情况，激励学生更好地掌握能力目标，发挥调节教学活动的功能。

绝对评价法是指教学评价的标准源于企业生产一线的生产性标准，并结合中职教学专业的课程目标，制定出其教学目标和评价标准。应用绝对评价法的目的是体现职业要求，使学生的训练态度、基本技能和成本意识等职业素质在实践中得到提高。

过程评价法是指教学评价的标准源于企业技术型人才在完成某一生产任务时所应掌握的程序性知识和相应的技能。其教学目标是综合先前学过的专业知识和技能，通过项目训练积累经验，从而形成某一方面的专业能力。应用过程评价法的目的是检验某一方面能力所掌握的程度，重点在于其综合性和系统性。

所谓综合评价法是指综合运用绝对评价法和过程评价法来实现本专业高年级学生综合训练项目的教学评价。设置综合实训项目，为实现以实践为导向的教学创造了条件，其相互关系如图 10－1 所示。

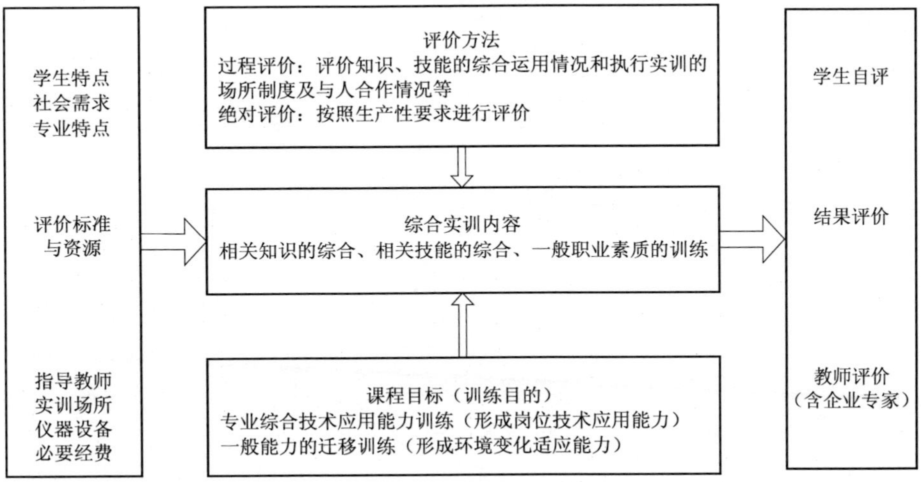

图 10－1　综合训练评价方法背景关系示意图

（三）实践课常用评价方法的应用

1. 基本技能操作训练考核采用绝对评价法

基本技能训练的课程内容一般是中等职业教育类专业的入门技能内容，通用性较强，基础作用明显，其最终考核应以绝对评价法为主。因其评价目标具体、清晰、可操作性强，并与企业生产一线岗位的简单生产任务吻合，所以采用绝对评价法，可引导学生逐步树立工程技术意识，有利于后续专业教学的开展。以机电类专业为例进行实践课常用评价方法的讨论，如电工电子实训的评价要求如下：

① 理解锡焊操作规程要求和元器件、导线的装配工艺要求；

② 掌握电阻、电容、电感元件识别与检测技术（元器件容量或大小的认读，以及性能好坏的检测鉴别）；

③ 晶体管的仪器检测（熟悉并会使用JT1型晶体管图示仪）；

④ 串联型稳压电路的安装与调试技术（能正确识别与判定元器件的正负极性、晶体管的引脚，保证焊点的质量和美观）；

⑤ 按照厂标进行超外差收音机的整机装配与调试（通过整机的装配使学生巩固锡焊、元器件检测和装配及整机的装配技术）。

电工电子实训的评价标准如表10－3所示。

表10－3 电工电子实训的评价标准

序号	项目	成绩比例（%）	审评成绩（%）
1	工焊锡训练	20	100
2	元器件引线成形	10	
3	元器件识别与检测	10	
4	电路装接图的绘制于装接工序安排	15	
5	串联型稳压电路的安装与调试	20	
6	超外差收音机的整机装配与调试	10	
7	实习小结与答辩	15	

2. 专项技能实训考核采用过程评价法

专项实习、专项技能实训等内容都是专业教学内容。因各项内容综合程度不是最高，与企业生产一线的真实生产任务有一定的距离；另外，作为技术人才来说，理论技术的基础应该宽泛些，所以专项实习、专项技能实训的目的是使学生掌握专业中某一部分技能。通过实习、实训，使学生逐步了解各个技术环节的衔接、信息的获取、工作过程中人员之间的配合与协调等，从而实现从感性认知到理性应用的逐步深化。为此，在这类实习和实训中采用过程评价法是恰当的。

在中职学校实践课中，实验的基础性地位也是比较显著的，实验课的目的和任务是加深对理论知识的理解和掌握，培养基本操作技能、规范操作程序等，如物理实验、机械基础实验、电工电子实验等，其与基础理论课教学结合紧密，位于实践教学过程的前期，在实践能力培养中，具有引导和奠基的作用。与此同时，实验的过程也是一个职业素质训练的过程，如果从部分开设的排障性实验和设计性实验来说，它还具有创新教育的内涵。因此，实验教学应该抓其过程，所以亦应采用过程评价法。

例如机械制造工艺综合实习的评价要求如下：

① 工艺方案设计能力审评；

② 零件工艺规程编制能力审评；

③ 运用资料能力审评；

④ 对所学知识的运用能力审评；

⑤ 夹具设计图纸与说明书的完成情况审评；

⑥ 答辩。

机械制造工艺综合实习的评价标准如表 10－4 所示。

表 10－4　机械制造工艺综合实习的评价标准

序号	项　　目	成绩比例（%）	审评成绩（%）
1	工艺方案分析和理解能力（外厂工艺实习中）	15	100
2	零件工艺规程编制能力	20	
3	运用资料的能力（信息的获得与处理）	10	
4	对所学知识的运用能力（工艺与夹具、制图规范、公差配合、技术要求）	15	
5	夹具设计水平、图纸与说明书的完成情况（设计进程、图面质量、书面表达等）	20	
6	其他（纪律遵守、团队协作能力）	10	
7	答辩（对知识点掌握程度、应变能力）	10	

3. 综合技术应用能力考核采用综合评价法

综合技术应用能力实训（含毕业实践）是将若干门课程内容（知识、技能），通过实训项目进行有机整合，在实训过程中积累经验，实现对学生专业技术方面的综合训练。这种训练基本上与企业生产一线的真实生产任务相吻合。因每个实训项目占用较多时间，对仪器、设备、场地的要求比较高，需要获取的信息、与其他方面协调的范围也较大，实训过程及实训结果的评价则应考虑多方因素，故应采用过程评价与绝对评价相结合的方法，以促进技术型人才的培养。如数控加工综合实训的评价要求如下：

① 审评对工作现场环境、数控设备、各类工艺装备、数控设备的各种技术资料等的熟悉程度；进而审评对数控机床（含数控车床、数控铣床、加工中心）的结构及组成部分、各技术参数等的熟悉程度，以及对数控车床的主要技术规格、自动回转刀架、控制面板、特有编程指令格式等的熟悉程度；

② 自动编程加工、数控设备程序调试、数控加工调整的专项技术能力的审评；

③ 常见工艺装备的应用能力的审评；

④ 分析和解决机械加工工艺规程设计、数控程序编制、数控加工调试等问题的综合能力的审评；

⑤ 根据生产图样要求对所加工的零件进行质量检测能力的评审；

⑥ 编写技术文件、独立撰写实训报告等的基本能力的审评；

⑦ 劳动态度、纪律及安全文明等方面的正确观念和意识的记录与审评；

⑧ 团队协作精神，与其他成员的协调能力的审评。

数控加工综合实训的评价标准如表 10－5 所示。

表 10－5　数控加工综合实训的评价标准

序号	项　目	成绩比例（%）	审评成绩（%）
1	组件的机械加工工艺规程设计	25	100
2	数控程序编制	20	
3	数控加工调试及数控机床操作（按生产图纸要求检验所加工的零件）	35	
4	实训出勤与遵守纪律情况与协调工作情况	10	
5	答辩（知识点掌握程度、应变与表达能力）	10	

（四）实践课的评价体系

实践教学评价指标体系是由若干个指标构成的有机整体，每个指标都要从一个侧面反映中职学校实践课教学环节状况，各独立指标之间需要相互关联、相互约束、相互完善，形成指标的最佳组合，从而使指标体系优化。建立中职学校实践教学评价指标体系，首先要符合中职学校教育规律和高等技能型专门人才培养的规律，注重反映中职学校实践教学的基本特征，其次还要使得每一项评定指标都必须经过科学论证，能反映中职学校实践教学质量特性，各指标名称、概念要科学、确切。构建评价指标时，首先要突出导向性原则，即明确评估什么、怎样评估和评起什么作用这样几个问题，指标体系要突出重点，引导方向，考虑差异，分类指导，定量为主，定性为辅；其次要注意可操作性原则，即要集中主要精力抓住关键问题、解决主要矛盾。

本书根据实践教育评价模式的四个维度，总结出了中职学校实践教学评价的具体指标。

1. 环境评价

评价内容：中职学校实践教学目标符合企业的需求，师生了解、认同实践教学目标，领导能定期研究实践教学工作；制定实践教学保障工作制度，实践指导教师待遇不低于理论教师；专业课教师都乐于承担实践教学指导任务；实践课学生出勤率较高，动手欲望强。

2. 条件评价

评价内容：中职学校实践教学设备数量种类满足要求，校内实践教学场所种类和面积足够，学生人均设备值超过国家标准，校内实践教学场所种类和面积足够；建立了校外实训基地，学生实训效果好，教学设备和实训基地的利用率高；本行业企业提供设备和资金建设校内实训基地的情况，建立了职业技能鉴定所。

3. 过程评价

评价内容：中职学校实践教学组织管理机构；实践教学计划；实践教学实习实验实训基地建设；实践教学制度管理；"双师型"教师素质及培养外聘兼职教师；实践教学内容；实践教学环节；实践教学方法、手段；实践教学形式。

4. 效果评价

评价内容：中职学校毕业生就业率高，就业满意度高，用人单位对学校毕业生的实践能力认可度高，评价好；学校能开展产学合作，为企业、为社会开展了技能培养和服务等工作，取得了较好的社会效益和经济效益。

中职学校专业课教学评价体系包含许多评价指标，评价指标的选取及具体问题与设计的专业有关，也与能获取的手段有关，如果指标过多，有可能是重复性指标；如果指标太少，可能会缺乏足够的代表性，产生片面的评价结果。中职学校实践教学评价的结果是否客观准确，首先依赖于所选用的评价指标。所以，建立完备的中职学校实践课评价指标体系是评价的关键（见表10－6）。

表 10－6　中职学校实践课教学评价体系

一级指标	二级指标	权重（%）	观测点	级别				评分值＊权重（总分）
				一	二	三	四	
				85～100	75～84	60～74	0～59	
目标和观念（16%）	教学目标	8	实践教学目标明确					
			师生了解、认同教学目标					
	思想观念	8	学校领导重视					
			教师乐教、学生乐学					
教学条件（30%）	教学设备	18	专业实践教学设备					
			校内实践教学场所					
			校外实训基地					
			设备和基地利用率					
			行业企业参与实践教学条件建设					
			职业技能鉴定所					
	师资队伍	12	专业的教师队伍建设					
			指导教师的培养					
			外聘指导教师的能力与素质					
			实践指导教师的能力与素质					
过程（30%）	教学建设与环节	21	实践教学大纲和教学计划					
			课程设置的职业导向					
			实践教学教材的选用与开发					
			实践教学课时及所占比例					
			实践教学方法与形式					
			实践教学的考核					
	教学管理	9	管理机构和人员					
			实践教学管理制度					
			实训基地和设备的管理					
			实践教学日常经费投入					
效果（24%）	学生综合素质	14	学生实践教学报告和评价					
			职业技能证书取证率					
			技能竞赛成绩					
	社会评价	10	用人单位对毕业生职业技能的反馈					
			毕业生的就业情况					

为了便于参加评价的专家更清楚地了解评价指标的内容，准确进行赋分，在上表的基础上增加评价标准，对观测点进行详细解释、说明，具体内容如表10—7所示。

表10—7　中职学校实践课教学评价体系

一级指标	二级指标	观测点	权重（%）	评价标准	等级
目标和观念（16%）	教学目标	实践教学目标明确；师生了解、认同教学目标	8	目标符合本专业企业的需求	
	思想观念	学校领导重视；教师乐教、学生乐学	8	领导能定期研究实践教学工作，制定实践教学保障工作制度；实践课教师乐于承担实践教学指导任务；实践课学生出勤率高	
教学条件（30%）	教学设备	专业实践教学设备；校内实践教学场所；校外实训基地；设备和基地利用率；行业企业参与实践教学条件建设；职业技能鉴定所	18	实践教学设备数量种类满足要求；校内实践教学场所种类和面积足够；建立了校外实训基地，学生实训效果良好；教学设备和实训基地的利用率高；行业企业提供设备和资金建设校内实训基地的情况；建立了职业技能鉴定所	
	师资队伍	专业的教师队伍建设；指导教师的培养；外聘指导教师的能力与素质；实践指导教师的能力与素质	12	中职“双师型”教师队伍数量足够，占专业教师比例达70%以上；有实践教学指导教师培养、培训方案并得到实施；外聘教师的能力与素质符合要求，从行业企业聘请技术能手和能工巧匠承担专业课或实践课程的比例达20%以上；安排有专职校内外实习实训指导教师，能力和素质符合要求	

续表

一级指标	二级指标	观测点	权重(%)	评价标准	等级
实践教学过程(30%)	教学建设与环节	实践教学大纲和教学计划；课程设置的职业导向；实践教材的选用和开发；实践教学课时及所占比例；实践教学方法与形式；实践教学的考核	21	制订了实践课教学计划和实践课程教学大纲；实践课程设置符合培养目标要求，课程体系设置合理；能选用合适的、新出版的实践教学教材，能够自编适用实践指导教材，能与行业企业合作开发实训教材；实践教学总课时数能满足实践项目的要求，实践教学课时占总教学时间的50%以上；教学计划中规定的实践教学均能得到实施；教学内容、方法、形式能适合职业特点，开设了足够的综合性实践训练课，采取了工学结合、顶岗实习等形式；各实践教学项目有考核规范，考核方式合理，成绩较好，综合实训成绩均单独记入学籍表	
	教学管理	管理机构和人员；实践教学管理制度；实训基地和设备的管理；实践教学日常经费投入	9	有专职的实践教学管理机构和管理人员，管理人员素质较高；制定了一整套的实践教学管理制度，执行情况良好；对实训基地、实践教学设备的管理到位，设备运行情况良好；实践课的人员经费、材料经费、工具经费投入足够	
实践教学效果(24%)	学生综合素质	学生实践教学报告和评价；职业技能证书取证率；技能竞赛成绩	14	学生所有的实践教学都撰写了报告，报告和作品都评定了成绩；积极组织学生参加本专业的技能竞赛并取得好成绩；学生能100%参加技能证书考试，获取职业技能证书人数占90%以上	
	社会评价	毕业生的就业情况；用人单位对毕业生职业技能的反馈	10	毕业生就业率高，学生就业满意度高；用人单位对毕业生的职业技能认可度高，评价好	

评价结论分优秀（A）、良好（B）、合格（C）、不合格（D）四种。具体标准为：① 优秀：8 项二级指标中 A≥6 项，C≤1 项，D≤0 项；② 良好：8 项二级指标中 A≥4 项，C≤3 项，D≤0 项，或者 8 项二级指标中 B≥7 项，C≤1 项，D≤0 项；③ 合格：8 项二级指标中 A≥3 项，C≤3 项，D≤1 项，或者 8 项二级指标中 C≥7 项，D≤1 项；④ 不合格：8 项二级指标中 D≥3 项，或者 8 项二级指标中 C≥5 项，D≥2 项。

（五）改进中等职业教育实践课评价方法的保障措施

要想不断完善和发展现有的教学实践课评价方式，不能单单从方法上进行单一的探索和实践，还应建立长效机制，鼓励评价方式的创新，逐步改变人们多年形成的惯性思维，具体做法如下。

1. 建立有效激励机制，提高教师上实践课的积极性

目前仍有一些教师由于思想认识上的问题，以及中职学校用人制度和职称评聘政策对实践教学研究的反向倾斜，只注重本专业理论教学的研究和自身学术水平的提高，对实践教学参与和研究重视不够。为鼓励教师积极投身于实践教学改革与研究，培育一批“双师”型实践教学人员，学校应设立实践课程内容体系改革的专项资金，或者给予教师一定教学工作量的奖励。同时，加强教学监督，制定完善的实践教学质量保障与评估体系。针对实践教学的各个环节制定相应的管理办法，编制工作流程，明确各具体项目时间安排和要求，实行过程质量控制。按照中职学校教学水平评估指标体系要求，定期对实践教学各个环节进行检查评估，将评估结果予以公示，且与晋升职称、评奖、年终奖金等挂钩，充分发挥评估的导向和促进作用。

2. 全面开放校内模拟实验室

课程实验教学是提高学生基本统计业务操作技能和基本统计分析技能的重要环节，是整个实践教学体系的基础。目前各中职学校都建设有一些设施齐备的模拟实验室，如果能够全面开放这些实验室，有限的实践教学“空间”和“时间”将得到更充分、更合理的利用，增加学生动手机会、提高学生动手能力。各个实验室应根据教学的需要，制定出相应的管理制度，确定实验室开放的范围、时间与内容，为学生和教师走进实验室创造最好的条件和更多的机会。同时，鼓励学生积极参与教师的科研课题，让学生了解学科研究领域的前沿知识，开阔学生的视野。

3. 扩大校外实习基地建设

一方面，目前中职学校扩招，学生人数增多，为了保证实习学生与实习岗位的匹配，避免人多岗位少，学生缺少动手机会，成为旁观者的情形，实

践教学必须要有一定数量和规模的实习基地；另一方面，校外实践的内容有认知实习、课程实习、综合实习或毕业实习等，为了配合不同的实习教学计划，也有必要选择一定数量的符合专业实习条件的各种各样的企事业单位或政府部门作为实习基地。企事业单位或政府部门只要在某项技能和素质训练方面具有独到之处，能满足教学计划的要求，就可以成为一个专项的实习基地。有选择地根据实习内容安排实习地点，可以使学生在进行职业能力训练的同时，接触到行业最新的知识和技术，适应社会发展的需要。学生在实习基地实习，虽然给企事业单位或政府部门解决了一些人力资源的问题，但需要企事业单位或政府部门相关业务人员的指导，必然给企事业单位或政府部门工作带来一定的影响。因此，要使企事业单位或政府部门接收更多的学生实习并发展成为稳定的校外实习基地，学校必须加强同企事业单位或政府部门的联系与沟通，并为企事业单位或政府部门提供相应的服务，如员工培训、信息咨询等，甚至与一些企业联合做课题，为企业排忧解难，创造效益。

4. 增加校外实践教学经费投入

学生到校外参加各种社会实践活动，需要经费比较多，而中职学校由于教学经费紧张，校外实践教学经费投入较少，有的学校能省则省，甚至能免则免，所以，经费不足是影响中职学校专业课校外实践教学的一个重要因素。实践教学特别是让学生到真实环境“真刀真枪”的实习，是专业教学的重要组成部分，是必不可少的教学环节。要解决这一问题，学校对学生校外实践教学应给予同课堂理论教学一样的高度重视，把它纳入学生综合培养计划，规定相应的学分、学时，拨给相应的教学经费，由任课教师具体组织实施。

综上所述，实践课的教学评价，除了以上三种常用的评价方法、建立科学全面的评价体系之外，还需要建立长效机制，鼓励评价方式的创新，逐步改变人们多年形成的惯性思维；另外还需要构建一个公平、公正、科学、合理的教学评价环境。教学评价要有利于教师的专业成长；有利于教师树立正确的人生观、价值观、教学观；有利于学生的知识、技能、能力的全面发展；有利于促进教学评价规范、有序、和谐、可持续发展。

参考文献

[1] 何清儒．职业教育学［M］．北京：商务印书馆，1941.

[2] 刘鉴农．职业技术教育学［M］．济南：山东教育出版社，1986.

[3] 李廷．职业技术教育概论［M］．长春：吉林人民出版社，1988.

[4] 王金波．职业技术教育导论［M］．哈尔滨：黑龙江教育出版社，1989.

[5] 吕可英．中国职业技术教育学［M］．济南：齐鲁书社，1991.

[6] 张福珍．应用职业技术教育学［M］．天津：南开大学出版社，1991.

[7] 孟广平．当代中国职业技术教育［M］．北京：高等教育出版社，1993.

[8] 纪芝信．职业技术教育学［M］．福州：福建教育出版社，1995.

[9] 杨达．职业教育概论［M］．北京：中国劳动出版社，1996.

[10] 国家教委职业技术教育中心研究所．职业技术教育原理［M］．北京：经济科学出版社，1998.

[11] 卢双盈．职业教育学［M］．北京：兵器工业出版社，1998.

[12] 严雪怡．论职业技术教育［M］．上海：上海科学技术文献出版社，1999.

[13] 张华．课程与教学论［M］．上海：上海教育出版社，2000.

[14] 张家祥．职业教育学［M］．上海：华东师范大学出版社，2001.

[15] 李守福．职业教育导论［M］．北京：北京师范大学出版社，2002.

[16] 周明星．职业教育学通论［M］．天津：天津人民出版社，2002.

[17] 陈旭远．课程与教学论［M］．长春：东北师范大学出版社，2002.

[18] 刘春生．职业教育学［M］．北京：教育科学出版社，2002.

[19] 王前新，等．高等职业教育教学论［M］．汕头：汕头大学出版社，2002.

[20] 刘合群．职业教育学［M］．广州：广东高等教育出版社，2004.

[21] 邢晖．职业教育发展论纲［M］．北京：高等教育出版社，2004.

[22] 李向东．职业教育学新编［M］．北京：高等教育出版社，2005.

[23] 黄甫全．课程与教学论学程［M］．北京：人民教育出版社，2006.

[24] 邓泽民．职业教育课程设计［M］．北京：中国铁道出版社，2006.

[25] 姜大源．职业教育学研究新论［M］．北京：教育科学出版社，2007.

[26] 钟启泉．课程论 [M]. 北京：教育科学出版社，2007.
[27] 徐国庆．职业教育原理 [M]. 上海：上海教育出版社，2007.
[28] 邓泽民．职业教育教学设计 [M]. 北京：中国铁道出版社，2006.
[29] 马建富．职业教育学 [M]. 上海：华东师范大学出版社，2008.
[30] 张传燧．课程与教学论 [M]. 北京：人民教育出版社，2008.
[31] 徐英俊．职业教育学 [M]. 哈尔滨：东北林业大学出版社，2008.
[32] 徐国庆．职业教育课程论 [M]. 上海：华东师范大学出版社，2008.
[33] 钟启泉．课程与教学论 [M]. 上海：华东师范大学出版社，2008.
[34] 徐英俊．职业教育课程与教学论 [M]. 哈尔滨：东北林业大学出版社，2009.
[35] 孟庆国．现代职业教育教学论 [M]. 北京：北京师范大学出版社，2009.
[36] 朱德全．职业教育课程与教学论 [M]. 重庆：西南师范大学出版社，2010.
[37] 袁华．职业教育学 [M]. 上海：华东师范大学出版社，2010.

后　　记

我们在编写《职业教育教学论》时主要把握了以下四点：一是时代性。我们力图紧紧把握当代国内外职业教育教学理论发展的时代特征，力求体现出鲜明的时代气息。同时我们扩大眼界，努力挖掘和汲取当代国内外职业教育教学理论研究的最新成果，特别是中等职业教育教学理论方面的最新研究成果，使其体现在具体内容之中。我们站在职业教育理论研究的前沿来收集和选取材料，进行理论分析和归纳概括，案例的选取也是当前中职学校里鲜活的、典型的事例。二是问题性。在兼顾全书逻辑性的同时，我们强调了以问题为核心组织材料和内容，在撰写的各个章节中都贯彻了强烈的问题意识，使所研究的问题具有明确的针对性，即针对中职学校课堂理论教学与中职学校教学实践中切实感到困惑的问题进行探讨和分析。三是普及性。在选取材料和写作时，心里时刻想着广大中职学校教师和学生，在注意文字的可读性、深入浅出、通俗易懂的同时，也注意了表述的科学性和准确性。在注意普及性的同时，有些内容也进行了深入研究，使某些问题的撰写具有一定的深度。四是操作性。我们通过一些中职学校教学中典型案例的分析来具体地说明某一职业教育教学理论及其一般应用策略。试图使职业教育理论与职业教育实践有机地结合起来，为广大中职学校教师提供一些具有可操作性的程序和方案，使他们在职业教育理论与职业教育实践两个方面都能有所收益、有所借鉴。

本书可作为职业教育师范类专业本科基础课教材。同时也可供广大职业教育管理工作者、职业教育研究工作者、广大职教教师等使用。全书纲目由编写者共同讨论确定，徐英俊教授主持编写，并负责统稿和修改定稿。参编人员如下：徐英俊（北京联合大学师范学院），第二章、第三章、第四章、第五章、第六章、第七章；李爱国（北京联合大学师范学院），第八章、第九章；曲杰（北京联合大学师范学院），第一章、第十章。

本书在编写过程中参考了各种版本的职业教育学著作，借鉴了中等职业教育教学理论方面的研究成果，引用了中外职业教育学专家学者的大量文献资料，特此致谢。本书的编写得到了各个方面的支持和许多同志的帮助，特别是得到了知识产权出版社纪萍萍责任编辑的指导，在此表示衷心的感谢。由于编写者的学识水平有限，加之编写时间仓促，书中疏漏和错误之处在所难免，恳请专家、学者、读者不吝赐教。

编者

2012 年 1 月